思考の教室

じょうずに考えるレッスン

Introduction to Thinking

戸田山和久
Todayama Kazuhisa

NHK出版

contents

II 実践編

生まれながらのアホさかげんを乗り越える三つのやりかた

序章　「じょうずに考える」ってどういうことだろう？

こんにちは。この本は**「考える」ということについての本**です。

私たちは起きてから眠るまで、ずっと考えている。場合によっては寝てからも考えている。夢のことね。そして考えたうえで何かをやる。ほんとうに何も考えずにやっちゃうことって、じつはあまりない。眼をぱちくりさせるとか、ヒザを叩《たた》かれたので足をぴょこんとあげるとか。そのくらいだ。新型ウイルスが流行《はや》っているぞ、それ！ってんでトイレットペーパーを買い占めに行く人だって、そのいい人なりに考えてやっている。「たいへんだ、お尻をふけなくなったらエライコッチャ」って考えたうえでやっている。

だからこそ、「おいおい、よく考えてからやんなよ」って言われるわけだ。あるいは「よく考えて、からものを言え」とか「よく考えて決めなさい」とかね。こういうお説教ってしょっちゅうされるよね。そのくせ**「よく考える」ってどういうことなの、「よく考える」ためにはどうすればいいの、っ**てことを教えてくれる人はめったにいない。

いないはずだよ。こういう決まり文句を口にする人って、ご本人がちっともよく考えてないんだから。だから、こういうお説教をされたら、「よく考えてからものを言う」ってどういうことなのかよく考えてから言ったら？　と答えればよい。その後どういう目にあうかは保証しませんが。

これが本書のねらいだっ

少なくとも、「よく考える」の「よく」は「長時間」という意味ではなさそうだ。「よく煮こんでから醤油と砂糖で味をつけます」の「よく」とは違うのね。だって、長い間うじうじと考えているうちに行動に移すタイミングを失うことってけっこうあるでしょ。あるいは、ずっとあれこれ考えているうちに、だんだんわけがわかんなくなってきて、けっきょく最悪のことをしてしまった、最初のプランのほうがよかったということもよくある。「ヘタの考え休むに似たり」と言うしね。

それどころか、歪《ゆが》んだ思考にとらわれてしまって、それを止めることができない、ということもときどき起こる。もう、起きている間じゅう同じことをずっと考えている。一つのことをめちゃめちゃ長時間考えている。やめたくてもやめられない。自分が考えをコントロールしているんじゃなくて、自分が考えにコントロールされている状態になる。こうなると「休むに似たり」どころじゃないね。

休むことは少なくとも私たちをリラックスさせてくれるけど、考えることじたいが苦痛な拷問になっちゃうわけだから。

「よく」考えるにはそれなりの時間がかかるので、時間をかけて考えることと、よく考えることはイコールだと思われてしまうけど、そうではない。「よく考える」には、ちょうど良いところで考えるのをやめて行動に移ること、考えのやめどきをうまくつかむこと、考えからうまく脱出することも含まれていそうだ。つまり、「よく考える」とは、むしろ**「じょうずに考え、自分の考えとうまく付き合う」**ことだと言ったほうがよい。

というわけで、「よく考える」は、よく考えてみると、なかなかにヤッカイなことなんだ。そこで、**「よく考える」すなわち「じょうずに考える」とはどういうことなのかをはっきりさせて、それがなぜ大事なのか、何が「じょうずに考える」ことを妨《さまた》げているのか、それができるようになるためにはどうすればよいか、**を教えてあげましょう。**ついでにトレーニングもやってみましょう。**これが本書のねらいだ。

科学とテクノロジー、そして制度

「じょうずな考え」と「ヘタな考え」の違いがうまく表現され、しかも効果的に使われているのは、なんと言っても探偵ものだ。たいてい、推理力バツグンの名探偵と、それほどでもない引き立て役（ライバル探偵、刑事、あるいはワトソン君）が登場する。キミたちに馴染み深いのは江戸川コナンと毛利小五郎の組み合わせかな。小五郎もどうやら探偵らしいので（しかし、毎回失敗しているのに依頼人がいるのが不思議）、考えることを仕事にしている。考える能力が欠けているわけではない。でもコナンにかなわないのはなぜか。**自分の考えをうまくコントロールできないからだ**と思う。自分の先入見や思いこみに引きずられてしまう。思いこみをどんどん強めてしまい、自分の考えを疑ってみることができない。このへんに、「じょうずな考え」と「ヘタな考え」の違いはどこにあるかという謎を解くカギがありそうだ。

それに、コナンは科学とテクノロジーを味方につけて、自分の思考力を増強している。隣に住んでる科学者・発明家の阿笠博士《あがさひろし》にいろいろ助けてもらっているでしょ。時代をさかのぼると、銭形平次ね。銭形平次は江戸時代の人という設定だから、高度なテクノロジーは利用できないと思うかもしれないけど、彼には十手《じって》という道具がある。これは人をぶん殴るためのものではなくて、これをちらつかせて人からいろいろ聞き出すために使う。つまり情報収集装置だ。十手がそんなふうにうまくはたらくのは、それがお上《かみ》から闘っ引きに賜《たまわ》ったものだからで、背景には制度があるということになるね。平次は制度を味方につけることで名探偵になっているんだ。**科学（学問）とテクノロジーと制度による思考力の増強**、このへんにも「じょうずに考える」ことの秘密が潜んでいそうだ。

こんな人たちに読んでほしい！

本書のターゲットは、高校生から大学新入生。まずは、大人への途上にあるキミたちにじかに語りかけたい。とはいえ、**つねひごろ自分はちゃんとものを考えているのだろうかと疑いを抱いている大人のみなさん**もももちろん歓迎だ。

そろそろ進路を決めろと言われる高校生しょくん。センセイからも親からも「よく考えて決めなさい」と言われるでしょ。でも、そもそもよく考えるためにはどういうふうにすればよいのか、これを教わったことはない。いったいどうすりゃいいんだ、と言いたくなるよね。それから、受験勉強と「よく考える」ことはどういう関係にあるのかも気になるところだ。

大学に入りたてのしょくん。これまではセンセイが親切な教材を作ってくれて、全部お膳立てをしてくれたでしょ。がんばって宿題をこなしていれば勉強していたことになっていた。ところが、大学に入ったとたん、「学びかたを変えてもらいますからね、自分で学んで、覚えるだけじゃなくて考えるようになってもらいますからね」とか言われちゃう。そのくせ、自分で学んで考えるってどうするの、ってことは教えてくれない。それも自分で考えろってことか？　というわけで、みんな途方にくれる。パニックになってしまう人もいる。

本書は、そういうキミたちの道しるべになることを願って書いています。最後まで読んで納得してもらったら、もうこの本はいらなくなります。

「よく考えないですます習慣」が身についてしまった人たち

で、大多数の大人は放っておこう。すでに「じょうずに考える」人になっているからではない。大人にはもうあんまり期待できないからだ。たしかに子どものうちはまだ「じょうずに考える」のがヘタ。大人になるにつれ、考えるための方法がだんだん身についていく。と同時に、悲しいことだが、**じょうずに考えないですますためのノウハウ**も身につけてしまう。こっちのほうのノウハウばかりたっぷり身につけてしまうと、じょうずに考えるべきときにじょうずに考えることのできない大人になる。こうなってしまった人はいっぱいいる。これは、学歴つまり「良いガッコウを出ているかどうか」とはあまり関係がない。

いったん「よく考えないですます習慣」が身についてしまうと、なかなかそこから抜け出せない。じょうずに考える、ということをしないでいるのは、それなりに気分がいいからだ。

オレの人生がこんなにツラいのはみんな◯◯のせいだ、って考える人がいる。日本にも世界にも。「◯◯」のところには、「移民」が来たり「イスラム教徒」が来たり「ユダヤの陰謀」が来たり「在日特権」が来たり「いまの政権」が来たりする。こんなふうに考えたところでちっとも生活が楽になるわけではないんだが、少なくともモヤモヤは晴れて気分はすっきりする、らしい。しかも、自分は世の中がよくわかっている、自分は人よりよく考えていると錯覚することすらできちゃう。

自己愛も、ときにはじょうずに考えることの妨げになる。「女の子は仕事なんて向いていないんだから、早くステキなダンナさまを見つけて、おいしいご飯を作ってあげて、可愛い子どもを産んで育てなさい。それが女の子の幸せなんだから」と娘に言い聞かせる母親がいるとする。今後の社会のありかたをよくよく考えたら、おそらくそうではないはずなんだが。そして、この母親じしん専業主婦の生活に虚《むな》しさと不満を溜《た》めこんでいるのに、こういうことを言うとする。どうしてなんだろう。「女の子も手に職をつけて経済的に自立しなさい」と言うことが、自分の人生、自分の選択を否定することになってしまうからだ。誰だって「私の人生はこれでよし」と思いたい。この母親は娘に言い聞かせているように見えて、じつは自分自身に言い聞かせているんだ。

手遅れになる前に

なので、大人はもう手遅れ。じょうずに考えることのできる人は、すでにじょうずに考えることができている。じょうずに考えるのをやめた人がじょうずに考える人になるのは至難の技《わざ》。なぜなら、それをしようとすると、もっとモヤモヤしたり、「もしかして自分ってダメかも？」と思ったりして自己愛が傷つくからだ。これはシンドイ。だから「そういや自分はちゃんとものを考えていないかも」と思って、本書を手に取ってくれた大人の方たち、じつはあなた方のほうが「じょうずに考える」ことに一歩近づくことができているんだ。おめでとう。

というわけで、**まだまだ発展途上にあるみなさんが本書の想定読者だ**。ところで、私が本書を書いたのは、じょうずに考えることが得意だからではない。われこそは思考の名人、と言うつもりはさらさらない。むしろ、**みなさんよりもちょっとだけ先に、「オレって考えるのヘタかも」と気づいたから**なんだ。

それに私も哲学者のはしくれ。哲学者も学者である以上、考えるのが商売なんだけど、**哲学には「考**

える」ということそのものについても考える、という特徴があるのね。なので、哲学を学んだ私は、「考える」というのはどういうことで、その質を改善するにはどうしたらいいのかについて、ちょっとばかり広く、深い知識を頼りに考えることができるんじゃないかと思ってる。

本書の存在意義はそんなところだ。

本書の構成と利用のしかた

本書は二部構成になっている。第Ⅰ部は**基礎編**だ。原理編と言ってもいいかな。**「じょうずな思考」とは何かに答えを出すこと**、そして、**私たちはそれがヘタクソだということに気づいてもらうこと**、この二つを目標としている。第Ⅱ部は**実践編**もしくは**応用編**。私たちはもともと、じょうずに考えられるようにできてはいない。この苦い事実を嚙みしめつつ、とはいってもいつまでも嚙みしめているわけにはいかない。**私たちはもって生まれたアホさ加減を脱却しないといけない**。どうやるか。コナンが阿笠博士の助けを借りるように、私たちもさまざまな補助手段を使って思考の力を増強すればよい。第Ⅱ部は**このためのノウハウをキミたちに身につけてもらうこと**を意図している。

というわけで、本書を読み終えると、キミたちのアタマは生まれ変わったように良くなっている、……なんてことはない。残念ながら。でも、いろんなものの助けを借りて、しょぼいアタマでも前よりちょっとはじょうずに考えることができるようになっているはずだ。

ただし、そのためには条件が一つだけある。**本書はトレーニングブックとして作成した**。だから、練習問題をたくさん用意してある。一人でもトレーニングできるように解答と解説も充実させた。ぜひ、この練習問題に取り組んでほしい。昔から「畳の上の水練」と言ってね、泳げるようになるためには、実際に泳がないとダメだ。**じょうずに考えるためには、やっぱり考えてみないとダメなんだ。**

I

基礎編

じょうずな思考の入口は、
「論理」で開かれる

第Ⅰ部のねらい

じょうずに考えるときもヘタに考えるときも、私たちはとにかく考えてはいるわけだ。じゃあ、両方に共通した「考える」ってどういうことなんだろう。まずはこれを明らかにしよう（第1章）。その次に、「じょうずに考える」ためにまず満たすべき条件だと思われている「論理的に考える」とは何か。これに答える（第2章）。「論理的思考」にできるかぎりシンプルな定義を与えることを目指すからね。その定義で大きな役割を果たすのが、「サポート」と「ツッコミ」という概念だ。この二つについてさらに深く考えてみる（第3章）。さてその次。ほんものを極めるためには、にせもの、まがいものにも通じていないといけない。論理にもこれは当てはまる。論理的思考とは何かをしっかりつかむには、いっけん論理に見えるがそうではない思考パターンのことを知るべきだ。疑《ぎ》似《じ》論理的思考ね。これについて第4章で扱おう。

以上で、論理的思考とはどういうものかをわかってもらえるはずだ。ところが、私たちが生まれつき備えているアタマは、どうやらこの論理的思考があまり得意ではないんだな。この衝撃の事実を示そう（第5章）。だとしたら、いったいどうなるんでしょう、どうしたらいいの、とサスペンスを盛り上げつつ第Ⅰ部は終わり。その答えは第Ⅱ部を待て！

第1章 そもそも「考える」ってどういうことかを考えてみるぞ

思考って「泡型吹き出し」のことさ

これからお話ししたいのは「じょうずに考える」こととそのやりかたなのだけど、その前にまず「考える」ってどういうことなのかハッキリさせておこう。

「考える」とは何か。「思考」とは何か。これにちゃんと答えようとすると、抽象的でややこしいことをいくらでも言うはめになる。哲学や心理学、認知科学の大テーマだもんね。でも、ここでは思いきり話を簡単にしてしまう。

コミックの「吹き出し」ってあるでしょ。英語ではスピーチ・バルーンっていうんだって。いちばんよく目にするのは次ページの左側。**「風船型」**っていうそうだ。何にでも名前がついているもんだね。

口に出したセリフを表している。しっぽの先にいるのが話し手だ。次によく出てくるのが右側。「泡型《あわ》」という。こちらは多くの場合「しっぽ」の部分が小さいマルの並んだものになっている。口には出さずに思っていることを表したいときに使う。

はい。思考とか「考え」ってのは、この泡型吹き出しのことです。そしてその中に書いてあること、それを思考や考えの内容（コンテンツ）という。で、**この吹き出しが頭からぷわっと出てくること、それを「考える」という**。以上。ね、わかりやすい定義でしょ。

こーゆーのを
泡型と言うらしい…

これが
風船型だっッ!!

泡型吹き出しのルーツ

それにしても泡型吹き出しってのは大発明だよね。人の考えとか思いって目には見えない。それを目に見えるように表す工夫だ。誰が発明したのだろうと思って調べてみたけど、よくわからない。でも、けっこう古くからあるみたいだ。安永4年（1775年）に恋川春町《こいかわはるまち》という戯作者《げさくしゃ》が絵と文をかいた『金々先生栄花夢《きんきんせんせいえいがのゆめ》』という黄表紙《きびょうし》がある。「黄表紙」というのは「江戸時代の庶民向けユーモア小説（つまり戯作ね）、挿絵入りで二倍お得」と言えばよいかな。

金持ちになりたくて田舎から江戸に出てきた金村屋金兵衛《かなむらやきんびょうえ》という若者（しかしベタなネーミングだなあ）が、途中で参詣《さんけい》した目黒不動尊の茶店でうたた寝をしたときに見た夢の話だ。大金持ちのあ

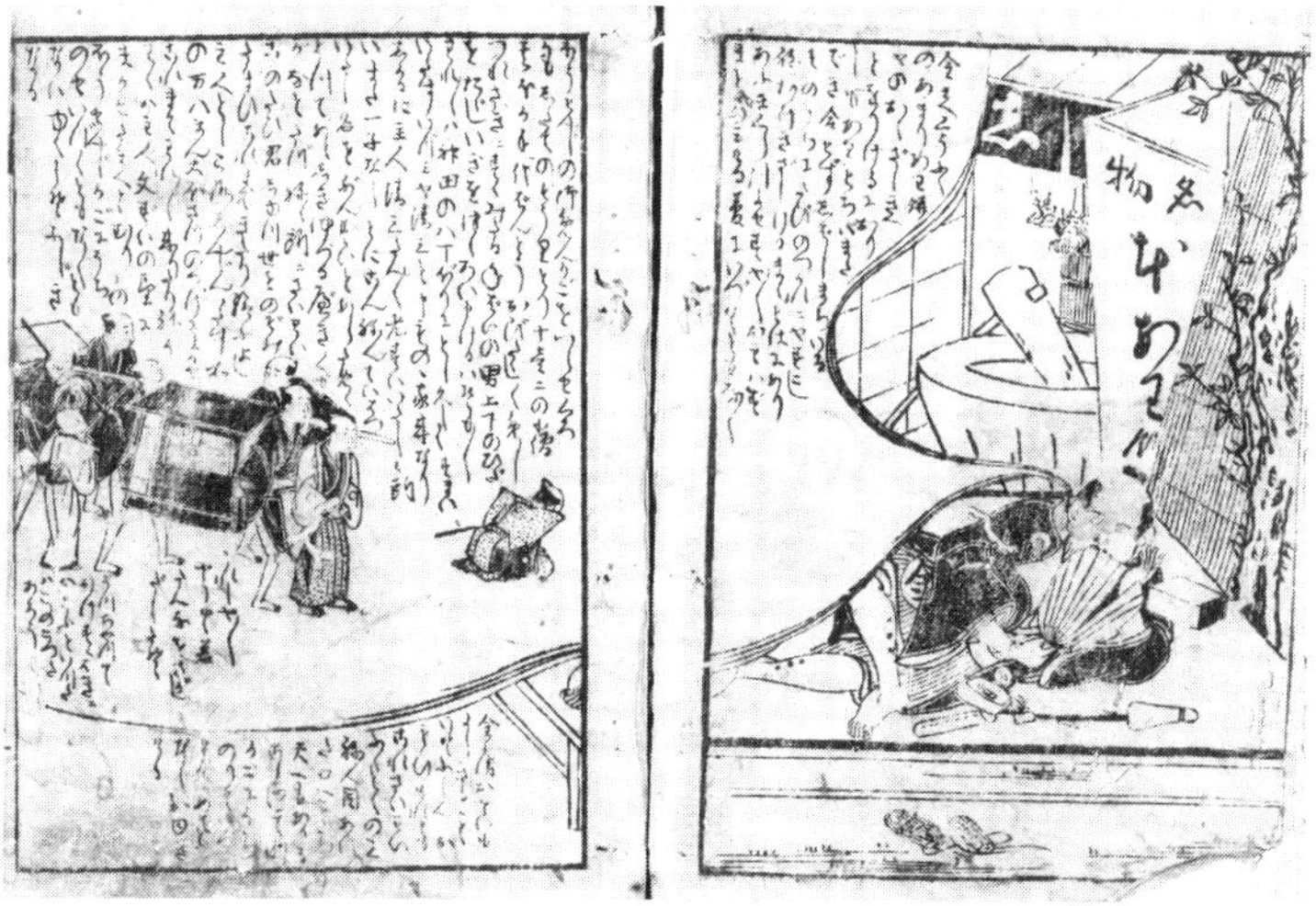

恋川春町『金々先生栄花夢』より（国立国会図書館蔵）

きんどの養子になって、金ピカの高級ファッションに身を包んで遊び暮らしていたが（当時こういう人を「金々先生」といった）、金目当ての取り巻きにダマされたり、遊びに金をつかい果たしたりしたあげく、家を追い出され、無一文に逆戻り。でも、すべては茶店で粟餅《あわもち》ができるまでに見た夢でした、という夢オチのありがちな物語。

で、金兵衛が夢の世界に入っていくシーンが上の絵だ。

横になっている金兵衛の頭から吹き出しが出ていて、その中に、大商人が駕籠《かご》で通りかかり、あとつぎがいないので養子になってくれと言われました、みたいなことが書いてある。つまり、吹き出しの中は金兵衛が見た夢の内容を表している。形は泡型ではないけど、はたらきは泡型吹き出しと同じだ。この時代の黄表紙では、じっさいに口に出されたセリフは、絵の余白にそのまま書きこまれている。吹き

『西遊記』岩波文庫版、第4巻・第37回、267ページ

出しは使わない。吹き出しが使われるのは、**心の中の思い（夢もその一種）を心の外の世界から隔てるため**だということがわかる。風船型が先にできて、泡型はその変形なのだろうと思っていたが、そうでもなさそうだ。

で、このやりかたって中国から伝わったんじゃないかと思う。中野美代子さん訳の『西遊記』（岩波文庫版）を読んでいたら、第4巻・第37回の挿絵にほとんど同じようなものがあった。

三蔵法師がうたた寝をしているうちに見た夢の内容が吹き出しの中に描かれている。中野訳がもとにしているのは、17世紀前半、明の終わり頃に刊行されたバージョン（李卓吾本《りたくごぼん》と呼ばれる）で、挿絵もそこから採ったものとのことだから、金々先生みたいな吹き出しの使いかたは、17世紀の中国にはあったことになる。

私たちは何を使って考えているのか？

というわけで、「考えるイコール泡型吹き出し」という大胆な仮説を唱える私だ。この仮説をとると、「考える」という心のはたらきについていろいろ面白いことが言える。まず第一に、吹き出しの中にかきこまれるのは、言葉だけとはかぎらない。金々先生や西遊記の例でもわかるように、絵が描いてあってもよい。ちなみに、滝田ゆうという漫画家は泡型吹き出しの中に絵を描きこむことで、なんとも言えない味わいをかもし出す名人だった。吹き出しの中に、カナヅチとかドクロが落っこちてくるところを描いて、あきれたりがっかりしたりという心の動きを表現していた。

これと同様に、私たちが何かを考えるときに言葉を使って考えているとはかぎらない。絵とか図のようなものを頭の中に置いて、それを使って考えることもある。

たとえば、掛け布団《ぶとん》にカバーをかけるとき。ほら、四隅にひもがついていて、ズレないように布団に結びつけるやつあるでしょ。あれって、キミはうまくやれますか。私はほんとうに苦手で。どうやってカバーに布団を入れたらいいのか、いちいち考えながらじゃないとできない。そのときは、頭の中で絵をいじっているようだ。あるいは、レストランで出てきた料理で、食材がきれいな形に切ってあるのを見て、どうやったらこういう形に切れるのかを考えているとき。

私たちが考えているときに頭の中でいじっている何か、これをひっくるめて表象《ひょうしょう》という。表象というのは、自分じしん以外の何かを表すためにあるもののことだ。言葉や絵は表象だ。「バナナ」という言葉やバナナの絵は、バナナではない。だから食べられない。でも、実物のバナナを表している。

絵と文字の思考

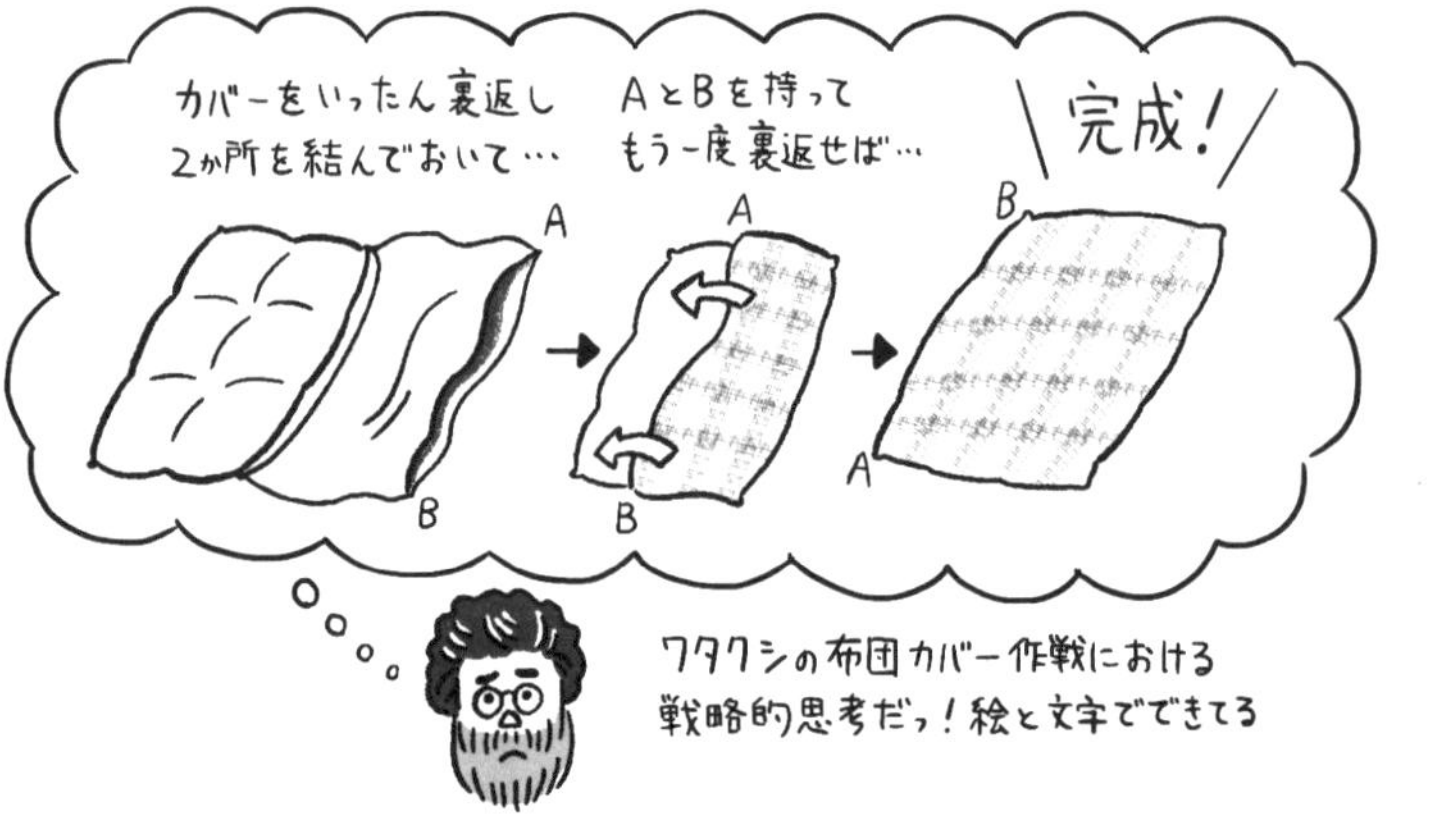
カバーをいったん裏返し
2か所を結んでおいて…
AとBを持って
もう一度裏返せば…
完成!
A
B
A
B
B
A
ワタクシの布団カバー作戦における
戦略的思考だっ!絵と文字でできてる

表象には絵や看板のように、頭や心の外にあるものもあるし、中にあるものもある。中にあることを強調したいときには、**心的表象**とか**内部表象**と呼ばれる。心的表象には、言葉に似たのもあるし、絵に似たものもある。もっと他の形をしたものもあるかもね。ともかく**こういういろんな表象を、組み合わせたり、いじったり、変化させたりして私たちは考えている**。だから「じょうずに考える」ことには、言葉だけでなく図をうまく使えるようになることも含まれる。

それにしても「表象」というのはなかなかカッコいい言葉だ。キミたちも会話のはしばしでぜひ使おう。新しい言葉を覚えたら使わないとダメだよ。

心的表象は、絵とか看板とかとは違って、なにせじかに見ることはできないので、それがほんとうはどんなものなのか、何からできているのか、なぜ私たちはそれをいじれるのか、どうやっていじっているのか、いやそもそもそんなもの本当にあるのか、……わからないことだらけだ。でも、表象を心の中でいじりまわすことが「考える」ということだと仮定すると、いろいろなことがうまく説明できるので、心理学ではきっとそういうものがあるのだろう、とされている。こういうのを**科学的仮説**という。

思考はどうにも止まらない！

ここまでが第一の「面白いこと」。これからすぐに第二の面白いことが言える。**「考える」にはいろいろある**、ということだ。言葉や絵が入っている泡型の吹き出しを何だって「考え」、つまり思考と言ってよいのだとすると、勉強をしたりレポートを書こうとしたりしてうんうん集中して考えるのだけが「考える」ではない、ということになる。

「ハラ減ったなあ」と自分のいまの状態を**モニターする**のも、「何か食べたいな」と**欲求する**のも、「そうだ、冷蔵庫におひやご飯があったはずだ」と**思い出す**のも、「それじゃ卵チャーハンにして食べよう」と**意図する**のも、冷蔵庫で卵を探して「ありゃ、入ってないや」と**気づく**のも、「コンビニで買ってこよう。ついでに麦茶も買ってこよう。途中のポストでハガキを出してからにしよう」と**計画する**のも、コンビニ行ったら卵が品切れで「ちっともコンビニエンスじゃねーじゃん。プンスカ」と**怒る**のも、……みんな「考える」だ。だって、これってみんな泡型吹き出しの中に置くことができるでしょ。

私たちは生きているかぎりずっと考えている。考えるというのは、誰もがいつだってやっている、とてもありふれたことなんだ。そういう意味では、考えるということはちっとも難しいことではない。

むしろ、何も考えないでいることのほうがよっぽど難しくて、特別のトレーニングが必要になる。ヨガとか座禅とか、そのほかの瞑想《めいそう》法のいろいろ。こういう訓練をくぐりぬけて選ばれた数少ない人だけだ、「考えない」ことができるのは。

このように、私たちの頭の上にはつねに泡型の吹き出しがただよっていて、その中にいろんな内容が浮かんでは消え、消えては浮かんでいる。コミックみたいに、ストーリー展開上大事なときだけに、ここぞとばかり吹き出しが現れるのとは違う。そして、吹き出しの中身はたいていくだらない、どうでもいいことなんだ。そのうえ、私たちは一つのことをずっと続けて考えるのがすごくヘタだ。「考え」はあっという間に別の「考え」にとって代わられる。チャーハンのことを考えていた次の瞬間にはレポートのこと、その次にはふくらはぎが痒《かゆ》いこと、さらに次の瞬間には夏休みの計画のことを考え、またチャーハンに戻る、といったぐあい。吉田兼好の言葉を借りれば、「心にうつりゆくよしなしごと」ばかりを考えるように、私たちの心はできている。こういうのを「気が散る」っていうよね。だから、私たちの思考は気が散りっぱなし。

というわけで、**どうでもいいことからどうでもいいことへと、あっちに飛んだりこっちに飛んだり**。これが私たちの思考の特徴だ。このコントロール不可能な思考の動きを全部できるだけそのまま文章にしたらどうなるんだろうね。

それにチャレンジした人がいる。ジェイムズ・ジョイスというアイルランドの小説家だ。ジョイスが1922年に発表した長編小説『ユリシーズ』は、首都ダブリンで、1904年6月16日、たった一日の間に起きた出来事を扱っている。しかも、たいしたことはぜんぜん起きない。それなのに翻訳では３００ページ近くの大長編。なぜこんなに長くなったかというと、ジョイスがこの小説の中でいろんな実験をやろうとしたからなのだね。その一つが、登場人物の「意識の流れ」を一切の編集なしにそのまんまダラダラ書いてみる、という試みだ。案の定、主人公の「考え」はあっちこっち飛び、とてつもなくとりとめないものになった。

この他にもいろんな実験がてんこ盛りの20世紀最大のトンデモ小説。ぜひ読みたまえ、と言いたいところだが、登場人物の考えはどうもエロ方面に飛びがちだ。ヘンに期待しないように、と言っておこう。

考えることができるのは人間だけ？

『ユリシーズ』に脱線したついでに。この小説の第12章には一つの謎があった。**語り手が誰なのか、**という謎だ。多くの読者たちが頭を悩ませてきたが、１９９６年に柳瀬《やなせ》尚紀《なおき》という英文学者・翻訳家が新説をとなえてみんなをびっくりさせた。第12章で自分のことを「俺」と呼んでいる語り手は、人ではない。犬だ、というのね。そう思って読んでみると、なるほど、いままでどう読んだらよいのかわからなかった箇所がよくわかる、目からウロコ、というので、この珍説はけっこう評判になった。

柳瀬さん説が正しいとすると、第12章に書かれていることはすべて、ダブリンの路上に暮らしていた犬の頭上の吹き出しの中身だということになる。そうすると、犬だって考えることができる、と柳瀬さんは思っているわけだ。で、私もそう思う。犬にかぎらず、どんな動物も考えている。のら猫がゴミをあさっていて、私に見つかったときに、姿勢を低くして猛スピードで逃げ出す。私には、その頭の上に「ヤべっ」という吹き出しが見える。犬にペットフードを与える。しっぽを振りながらモリモリと食べる犬の頭上には「食べ物、食べ物、うまい、うまい」という吹き出しが見える。

これって、私が勝手にそのように見ているだけだろうか。つまり、擬人化《ぎじん》しているだけだろうか。ほんとうは考えていない相手を、あたかも考えているかのようにみなす。これが擬人化だとすると、そういうこともある。自動販売機に千円札を入れたのに何度も戻ってきちゃうとき、「だーかーらぁ、しわくちゃの札はいらねえんだよ」とか「おらおら、まっすぐ入れろって言ってんのにわかんねーのかよ」とか、しまいには「あーもうやる気なくした。わりーけどコンビニで買ってくんない」とか思っているような気がする。私だけか？　これは「擬人化」ね。私は、ほんとうは自販機には思考能力がないってわかってる。だから自販機に向かって本気でおどおどしたり、あやまったりはしない。でも、動物の場合、ほんとうに考えていると言ってよいと思う。

なぜそう思うのか。動物の心の中は見えないにもかかわらず。それはね、私たちヒトも動物だからだ。ヒトもつくりの簡単な動物からだんだんと進化した。ヒトになったとたんに、ゼロから「考える」ということができるようになった、この世にいきなり「考える」が現れた、というのは、ちょっと人間を特別扱いしすぎだ。動物も「考え」をもっていた。はじめのうちはすごくシンプルで、ヒトの思考とはあまり似ていなかったろう。ある方向に進化するにつれ、だんだんと複雑なことを考えられるようになる。犬も猫もトカゲもカエルもヒトと共通の先祖をもっている。だから、**ヒトに「考える」能力があるなら、程度の差はあるだろうけど、動物にもその能力は備わっているはず**だ。

だからといって、ヒトも動物も同じように考えることができる、とまでは言えない。犬はかなりしこい動物だ。きっといろんなことを考えられるだろう。だからといって、『ユリシーズ』第12章に書かれているようなことはさすがに考えられない、と私は思う。缶詰のペットフードを食べている犬が「またこれかよ。脂っこいんだよこれは。俺はニッポンジンなんだから、柴犬で。たまには茶漬けでサラサラっていきてえんだよ」って考えていたらちょっとコワい（このセリフは、「笑点」でおなじみの春風亭昇太師匠の新作落語『愛犬チャッピー』に出てくる）。やっぱりこれは擬人化のやりすぎというものだ。「食べ物、うまい」くらいのことしか考えていないだろう（ただし犬の思考の言葉で）。

何のために「考える」があるのか

こんなことを書いていると、さっそくツッコミが入りそうだ。犬はこの程度のことしか考えてないだろう、なんてどうしてわかるのか。証拠はあるのか。……うーん、決定的な証拠はないね。ほんとうのところは犬になってみなければわからないだろうし、犬になったらわかるのかもわからない。でも、弱い証拠ならあるんだ。それを話す前に、そもそも動物の頭上にも吹き出しを置きたくなるのはなぜかを考えてみよう。

たとえば、ベルベットモンキーというサルは、ヘビを見つけたときとワシを見つけたときとで、異なった鳴き声を発して仲間に知らせる。鳴き声を聞いた仲間は、ヘビ用鳴き声とワシ用鳴き声とでそれぞれ違った逃げかたをする。ワシのときは木のおいしげった森の中に逃げる。そこにワシは入ってこられないからだ。逆にヘビは枝を伝って入ってこられるので、地上に逃げる。このようにベルベットモンキーは、何を見たかによって異なった行動（異なった叫び、異なった避難）をする。

こういう行動をうまく説明しようとすると、あるいは、うまく予想しようとすると、サルの頭の上に「ヘビだ！」とか「ワシだ！」という内容の吹き出しを置きたくなる。ヘビを見たとき、あるいは見張りのヘビ叫びを聞いたときは「ヘビだ！」思考が生じて、それが対ヘビ行動を生み出す。ワシを見たときとかワシ叫びを聞いたときは「ワシだ！」思考が生じて、対ワシ行動を促す。

というわけで、「考え」というものはそもそも、刻一刻と移り変わる環境の中で、動物がうまく行動して生き延びるためにあるんだ。これはヒトにも当てはまる。

そうすると、私たちの思考がつねにあっちこっちに飛んでばかりいる、ということの説明がつくかもしれない。草原で草を食べている動物がいるとしよう。「食べ物？　食べ物あった！　うまい。食べ物？　食べ物あった！　うまい……」と考えている。この動物がすごい「集中力」の持ち主で、食事中は食べ物のことしか考えられないとしよう。いっけん、そのほうが食べ物にありつくためには能率的だけど、遠くから猛獣が迫っていたらどうだろう。食べ物のことを考えたり、周りに敵がいないかを考えたり、他のことを考えたり、思考が適当にさまよっていたほうが生き残りやすいだろう。なぜなら、ふつう生きものはいろんなことが同時に起こる環境で暮らしているからだ。**そういう環境では、一度に一つのことしか考えない生きものはうまく生きていけない。**

気の散りやすさとうまく付き合う

というわけで、気が散るのはけっこう大切なことなのである。だから、ヒトの思考も、もともとあっちに行ったりこっちに行ったりするようにできている、と考えるのがよさそうだ。だったらどうするか。ずっと一つのことをとことん考えることができるように集中力を高めるためのトレーニングをするのはどうか？　お勧めしません。だって、これって思考のそもそものありかたに反しているんだもの。無理はしないほうが身のためだ。

だいいち「集中力」って大切だと思われているけど、これって人間を機械のようにこき使うために都合の良い性質、ってことだよ。一心不乱に一つのことに集中してくれたほうが、効率的だよね。クリエイティブでない仕事の場合は。でもこれって、ものすごく不自然なことだ。だから、私のお勧めは、むしろ**「気が散りやすい」という、私たちがもって生まれた思考の特徴とうまく付き合う**ってことだ。

自慢じゃないけど、私はすごく気が散りやすい。私の部屋に隠しカメラがしかけてあって、原稿を書いている私をキミが覗《のぞ》いているとする。きっと「なんて落ち着きのないヤツなんだ」と思うだろう。5分としてじっと座っていない。何行か書くとそのたんびに立ち上がって、麦茶を飲む、洗濯ものを取りこむ、トイレの掃除をする、郵便を取りに行く、夕飯のおかずはおひたしにしようと春菊をゆでる、植木鉢に水をやる、コーヒーをいれる、本棚を整理する、取りこんだ洗濯ものをたたむ……。気が散りっぱなしだ。

小学校の通信簿にも、いつだって「落ち着きがない」「気が散りやすい」「飽きっぽい」って書かれていて、両親はため息をついていた。でも、さすがに気が散り続けて60年、いまではこの気の散りやすさとうまく付き合うことができるようになった。気が散りやすいということは、どういうことか。原稿書きから離れて洗濯ものをたたんでいるときに、その作業にも集中できないということだ。洗濯ものをたたみながら、私の思考はさまよう。で、そのうちに、原稿のことに思考が戻ったりする。そんなときだ。ナイスな言い回しを思いついたり、さっき書いたことの意外な側面に気づいたり、書きもらしていた大事なことを思い出したりするのは。そうしたら、またパソコンの前に戻ればいい。

これを繰り返していると、あら不思議。いつの間にか原稿ができあがっているし、おまけに家事もかたづいている。で、おそらく原稿の出来は、ずっと集中して書いていた場合に比べていいものになっているはずだ（その結果がこれか、と言いたいでしょうが、そこはぐっとガマン）。

何が言いたいかというと、私たちの思考は進化の産物なので、いろんなクセが組みこまれている。まさしく「そういうふうにできている」わけだ。だから「じょうずに考える」ことができるようになるためには、**そのクセをゼロにしようとがんばるのではなく、それをコントロールしながらうまく付き合っていくことが大切**なんだ。これは、本書を最後までつらぬくメッセージだからね。よく覚えておくように。

なぜ犬の思考はヒトの思考よりシンプルだなんて言えるのか？

さて、さっそく論述がさまよい始めていますが、気を取り直してさっきの問いに戻ろう。なぜ、「犬はこの程度のことしか考えてないだろう」などと言えるのか。「考え」は生き延びるのに適切な行動を生み出すためにある、ということをふまえると、次のように答えることができる。

犬の思考がシンプルなのはなぜか。**犬は人間ほどいろんな行動をしないからだ。**うーんとややこしい内容の思考を吹き出しの中に書きこんで、はじめて理解できるような行動を犬はとらない。脂肪分の多いペットフードを毎日与えていたら、食事を拒否して自分から散歩に出かけるようになった、ということはあまりなさそうだ。もし、多くの犬がこういう行動をとるなら、犬も「脂っこいんだよこれは。健康に悪いじゃないか。このままじゃ病気になっちゃう。そうだ、ダイエットしなくちゃ」と考えることができる、と言えるだろう（もちろん犬語から日本語に翻訳してあります）。でも、どうもそうではなさそうだ。病気になってからだが受けつけなくなるまで、与えられるままに食べてしまうのではないかな。だから飼い主が代わりに気をつけてやる必要があるんだ。

このように、犬はたしかにいろんなことをやるけど、ヒトに比べるとそのレパートリーは少ない。だから、犬がもてる「考え」はヒトよりシンプルだと考えるのが理にかなっている。

ヒトの「考える」がもつ三つの特徴

ヒトの「考える」はヒト以外の動物の「考える」と共通したところと違ったところがある。でも、その違いは程度の違いだ、という話をしてきた。ヒトの思考は、動物ほどシンプルじゃない、と言ってきたけど、じゃあどのように「シンプルじゃない」んだろうか。この点をまとめておこう。「じょうずに考える」というのはどういうことかを明らかにしていくための準備になるからだ。

そのために、ひどくシンプルな考えしかできない架空の生きものを想像してみる。その生きものは、二つの思考しかもてない。餌《えさ》を見ると「食べ物！」思考が生じて、その思考によって、近づいていってパクッと食べる行動が促される。敵を見ると「敵！」思考が生じて、逃げる行動が引き起こされる。犬だって猫だってもうちょっとフクザツだろう。でも、これでもけっこううまく生きていけそうだ。

この生きもののシンプル思考と比べて、ヒトの考えはどうフクザツなんだろう。三つあるんじゃないかと思うのね。

（1）思考と行動の間に「タメ」がある

この生きものは、「食べ物！」思考が生じるとすぐさま目の前の餌を食べてしまう。思考と行動が直結している。考えたら最後、即やってしまう。考えるだけで何もしない、ということができない。私たちの場合はそうではない。テーブルの上にシュークリームがある。それを見て「テーブル上にシュークリームあり」思考をもったとしても、すぐに食べるとはかぎらない。思考と行動の間に距離があるんだ。そのおかげで、**同じ思考をいろんな用途に使うことができるようになる。**冷蔵庫に入れてとっておく、きょうだいに見つからないように隠す、おなかをすかせた人にあげる、大統領に投げつける、そして、無視する。ヒトの思考はただ一つの使い道に縛られてはいないし、とりあえず何もしないで考えるだけ、ということができる。

（２）今そこにないものについて考えられる

この生きものは、食べ物に見えるものが目の前に現れたときにだけ「食べ物！」思考を抱くことができる。でも、ヒトはそうではない。今そこにない「もの」や「できごと」について考えることができる。この能力は、私たちにとてつもない恵みをもたらした。いまそこにないものについて考えることができるからこそ、**ヒトはいまだ実現していない目的をもつことができる**。つまり理想とか理

「架空の生きもののシンプル思考」と「ヒトのフクザツな思考」

くいもの
発見
すぐ食べる!!
もし、あったら
たべる→ああなる
かくす→こーなる
とっとく→そうなる
あげる→どーなる
これをシミュレーションという
ここにシュークリームはないのに…
でも なにもしない…

念をもつことができる。だからヒトは希望をもつことができる。ついでにこの能力は、私たちに最大の娯楽ももたらしてくれた。つまり、フィクションだ。

（3）自分の「考え」について考えることができる

ヒトの「考え」は、この二つに加えてもう一つ、すごく大事な特徴をもっている。それは、自分の「考え」について考えることができる、ということだ。私たちは、「自分はいま邪悪なことを考えているな」とか、「さっきから私の考えは堂々めぐりになってるな」とか、「どうしてこのことを考えようとすると感情的になってしまうのだろう」などと考えることができる。あとで見るように、じつはこれってすごいことなんだ。

第一の特徴＋第二の特徴＝シミュレーションができる！

ヒトの思考はこうした三つの特徴をもっているので、動物の考えよりちょいと上等だ。このことについてもう少しつっこんで考えてみよう。こういう特徴があるとどういう良いことがあるのか。

考えることとやることの間に時間差がもてるという第一の特徴と、いまその場に存在しないことについて考えられるという第二の特徴を合わせると、**「やる前に考える」**ということができるようになる。**シミュレーション**だ。やってみる前にいろいろ考えて、いちばん良いと判断したことだけをやることができる。

お米5キロとネギと豆腐を買ってきて、と言われたとしよう。スーパーの入り口でカゴをとりながらまずは考える。お米を最初にカゴに入れちゃうと、重いカゴをもって野菜売り場や豆腐売り場まで行かないといけない。お米はレジのそばにある（たいていのスーパーではそうなってるよね。理由はわかるでしょ？）。よし、お米は最後にしよう。まずネギを買って、豆腐、お米の順にすれば最短距離で、しかも重いものをもってうろつかなくてすむ。よし、行くぞ……みたいなことを、実際に買い物をする前に考えることができる。ダンドリのいい人は、家を出る前にシミュレーションをすませてしまうかもしれない。

やってみる前にあらかじめ考えることができるのは、生きていくのにとても有利なことだ。事前のシミュレーションができなくて、実際にやってみるしかない生きものは、やってみて失敗すると死んじゃう。それぞれが異なる仕方でやって、うまくいったやつが生き残って子孫を残す。……というのを繰り返して、うまくいくやりかたをとるものが次第に増えていく。こんな具合に、種全体で試行錯誤を繰り返してじょうずにやれるようになっていく。こいつらはこういう問題解決しかできない。

もうちょっとカシコくなると、一匹でも試行錯誤ができる。「あるときにはこのやりかた、またあるときには別のやりかた」といろいろやってみる。失敗した方法はだんだんとやらなくなり、うまくいったやりかたばかりをとるようになる。こういうのを**「学習」**っていう。学習できる生きものは、失敗すなわち死、みたいな生きものよりずいぶんカシコい。でも、こいつらは、うまく学習し終えるまでに、ずいぶん失敗して痛い目にあわないといけないし、ひどい失敗をすればやっぱり死んじゃう。

ヒトも学習できる生きものだ。やってみて失敗と成功から学べる。でも、それ以上に、「やる前に考える」ができる生きものでもある。じっさいにやらないうちに「仮にこれこれをやったら死んじゃうかもしれん」と考えることができる。痛い目にあう前に、これをやると痛い目にあいそうだと考えることができて、それをあらかじめ避けられる生きものだ。

「まずは失敗を恐れずにやってみよう」って言われることがあるでしょ。「試行錯誤が大事だよ」って。でも、これって失敗しても死にはしないってシミュレーションができているから、言われるんだよね。人生イチかバチかだ。さあ、スカイツリーから飛び降りてみよう、ってアドバイスするヤツがいたら、ちょっと頭がどうかしている。「まずはやってみたら」というのは、どっちを選んだって命にかかわるほどではないことについて言われる。だから、やってみてから決めればいいんだ。いずれにせよ、**やってみる前に考えることができる。これは生き延びていくのにかなり有利だよね。**

ヒトは、けっこう大きな動物だ。ヒトより大きな動物と小さな動物を比べてみると、小さい動物のほうが種類が多そうだ。イヌ、ネコ、ネズミ、トカゲ、イモリ、カエル、タイ、ヒラメ、カブトムシ、ミミズ……みんなヒトより小さい。ヒトは大型哺乳類《ほにゅうるい》なのだね。……にしては、一匹をとってくるとなんだか頼りない。サイのように分厚い皮膚をもっているわけでもないし、ライオンのように鋭い爪と牙《きば》があるわけでもない。クジラやゾウほどはでかくない。速く走れるわけでもないし、木登りがじょうずなわけでもない。一匹一匹はひどく弱っちい。なのに、こんなに繁栄している。いま、地球には80億近い数のヒトが生きている。こんなにたくさん生きてる大型哺乳類って、他にいないよ。家畜は別として。

生きものは、生き延びるために、それぞれいろんな方法を進化させてきた。毒をもったり、鋭い牙や爪を生《は》やしたり、からだじゅうをトゲだらけにしたり、空を飛んだり……。こういうものをもたないヒトの祖先がとった「方法」の一つが「あらかじめ考えてからやる」だったのだろう。で、これはすごく良い方法だった。でなきゃ、こんなに栄えているわけはない。

第三の特徴＝「反省的ほにゃらら」ができる！

それじゃ、ヒトの「考え」の第三の特徴の利点は何か。私たちは、自分の「考え」について考えることができる。こういう種類の考えを、**「反省的思考」**という。

「反省」というと、キミたちはあまりいいイメージをもっていないだろう。なにか悪さをして叱《しか》られるときに「反省しなさい」と言われる。反省させるためと称して、ご飯をもらえなかったり、ぶん殴られたりする。児童虐待ね。あるいは、自分からすすんで反省することもあるけど、それにはたいてい後悔という感情がくっついてくる。「あー。なんであのとき見て見ぬ振りをしてしまったんだろう。勇気を出して「やめろ」と言えばよかった。ぐわー」とかね。いずれにせよイメージ良くない。でも、ここでいう「反省」というのは、そういう反省とは違う。自分を振り返って考える、というところは似ているかもしれないけど。

「ほにゃららについてのほにゃらら」のことを**「反省的ほにゃらら」**という。たとえば、もっと気高《けだか》い望みをもてるようになりたい、と望んでいる人がいるとする。これは「望みについての望み」だから**「反省的願望」**と言えるね。同様に、「自分の考えについての考え」は反省的思考という。自分のものの考えかたにどんなクセがあるかについて考えているようなとき、「自分の思考傾向について ちょっくら反省的思考をめぐらせてみました」と言ってみなよ、カッコイイぞ。

ヒトの次にカシコいとされているチンパンジーに反省的思考ができるか。これは学者の間でも意見が分かれているようだ。でも、ヒトは反省的思考ができるが、その他大多数の動物にはできない、あるいは苦手。これは正しいだろう。

これが反省的思考の利点だ！

じゃあ、反省的思考ができるとどういういいことがあるのか。二つあると思うのね。まず第一に、**自分の思考の流れをコントロールできる**ということ。私たちは起きている間じゅうずっと考えている、そしてその考えはどんどん移ろってしまう、と言った。さらに、そういうふうに気が散るということは、本来は悪いことじゃないし、うまく付き合うといいことあるよ、とも述べた。でも、気が散っては困るときもあるのよ。一つのことをずっと考え続けることを強いられるときだ。制限時間内にテストの問題を解こうとしているとき。あるいは会議に出席してややこしいことがらについて説明を受けているとき。

説明を聞きながら、ふと夕ご飯のおかずは何にしよう、と思ってしまう。私の場合は確実にそういうことになるね。で、あれこれ迷ったあげく、暑いのでさっぱりと枝豆とカツオのたたきでビールを飲もう、とか決めたりする。このとき、「いかんいかん、考えがそれてしまった」と考えることができないと、私の思考はそれっぱなしになる。これでは、説明を理解して適切に対処することはできないぞ。あとになって怒られる。

こういうふうに、自分の思考がいまどうなっているかをモニターして、うまくコントロールするために反省的思考は役に立つ。他の例をあげるなら、「あれ、さっき考えたことと矛盾することを考えているぞ。もう一度考え直そう」とか「なんだこれ、さっき考えたことと結局同じじゃないか。別の視点から考えてみよう」とか。とはいえ、完全にコントロールすることなんて無理なんだけどね。

反省的思考の利点、その二。自分がいま考えている、その思考の流れをその場その場でコントロールするだけでなく、反省的思考によって、**これまでの自分の考えかたがもっていたクセやゆがみに気づくことができる**。それによって、**これからの自分の考えかたをより良いものに改善することができる**。これは、第一の利点より、もっと長い時間にわたる話だね。

先日、『主戦場』というドキュメンタリー映画を観た。すごく面白かった。その中に、自分の考えのゆがみに気がついてそれを自分で直した人が出てきた。その人は、第二次大戦中に日本軍がしでかしたさまざまな悪さについて、それはそんなに悪いことではない、言いがかりをつける韓国・中国人のほうが間違っていると主張する活動にとても熱心に参加していた（こういう人たちを歴史修正主義者という）。

ところがあるとき、自分が日本軍はそんなに悪くないと考えていたほんとうの理由は、戦中の日本が批判されると自分じしんが攻撃されたような気になってしまい、そうして傷ついた自分を守るために、日本軍のやったことを正当化しなければならないと思ってしまったからなんだ、ということに気づいた。そうして、客観的に見れば自分のかつての考えかたはひどく偏《かたよ》っていたことを認めるようになった。

というわけで、この人は自分で自分の思考傾向を修正することができた。これは、まさしく自分の考えについて考えることができたからだ。

というわけで、まとめ。**反省的思考のおかげで、私たちは自分の思考をコントロールし改善することができる。**カンペキにできるわけではないが、**ちょっとはできる。**でも、この「ちょっと」でもできる、ということがすごく大切なんだ。

【練習問題①】

私の勤める大学では、夏休み中にオープンキャンパスを実施してきた。ところが、新型コロナウイルス感染拡大のため、たくさんの人をキャンパスに集める行事は開催できなくなってしまった。そこで、今回はインターネットを使ったウェブ開催にしようということで、そのプランを練る会議が開かれた（これもやっぱり遠隔会議）。それに出席しながら、私の思考はやっぱりさまよいまくっている。こんな具合だ。

「ウェブ上でのオープンキャンパス、いいんじゃない？　毎年、熱中症対策に苦労してたし。だいたい、なんで真夏にやるのよ、しかも名古屋で。あ、高校が休みのときじゃないとダメか。でも、炎天下をゾンビみたく歩いている高校生が気の毒だよなあ。かき氷屋をやったら儲《もう》かるだろうな。保育園の父母会か町内の子ども会に頼んで屋台を出してもらったらいいかも。きっと飛ぶように売れるぞ。原価安いし。一杯１００円として、２０００人に売れれば……。そういや最近かき氷って食べないなあ。歳とったから歯にしみる。そうだ、歯医者に行かないと。いやいや、いまはかき氷も歯医者もどうでもよくて。だから、ウェブ上でやるってのは、いいアイディアだ。なにが「だから」だ。いやしかし、そうするとなにも決まった日にやる必要はなくて、オンデマンドで映像を随時発信でもよくないか？　あ、でもそれじゃ、高校生にキャンパスの広さを味わってもらうことはできないな。ん、それだって、いつでも見に来てくださいよ、でもいいんじゃないか？　なんで俺たちオープンキャンパスやってんだろ。いや、これってだけど実施側の理屈かもしれないな。高校生目線で考えないと……」

さて、ここで問題。私はいろんなことを考えていますが、**この中でシミュレーションをしているとみなせるところはどこでしょうか**。また、**反省的思考をしているとみなせるところはどこでしょうか**。

第2章　これが、「論理的思考」の世界でいちばんシンプルな定義だ！

「じょうずに考える」と「論理的に考える」

本屋さんのビジネス書の棚に行くと、「なんとか思考でウハウハ金儲け」みたいな本がたくさん並んでいる。水平思考、戦略的思考、グローバル思考、デザイン思考、アルゴリズム思考……。えーっ、ビジネスマンになると、こんなにいろんな考えかたを身につけないといけないの、と思っちゃう。全部身につけて、どんなときにはどの思考法を使うのかを切り替えて考えなきゃならないの？　だったらビジネスマンのみなさんはタイヘンだ。ご苦労様。

意地の悪い見かたをするなら、こんなにいろいろ提案されてるってことは、どれもイマイチだったからかもしれない。それに、思考法の本を書くことじたいがビジネス《しょうばい》だ。他の人と同じことを言っていては商売にならないから、いろいろ「ユニーク」な思考法が編み出されることになる。

でもね。この本では王道を行くよ。つまり、へんに個性豊かな「革新的思考法」を提案するのではなく、みんなが「じょうずに考えるってそういうことだよね」と合意してくれそうな「ものの考えかた」の正体をはっきりさせて、それを身につけてもらうことにする。

さてそこで、「じょうずに考える」ってどういうことだろうと自分に問いかけてみると、まずは「**論理的に考える**」ということかな、という答えを思いついた。同じような答えをしてくれる人は多いだろう。

もちろん、必ずしも論理的思考イコール「じょうずな思考」とはかぎらないと思う。「じょうずに考える」のほうが「論理的に考える」よりもたくさんのことを含んでいる。どうしたら失敗の責任を他人になすりつけることができるかを周到に厳密に考えました、というのは論理的思考かもしれないけど、「じょうずで、良い思考」とは言いたくないなあ。だけど、「**論理的に考えるべきときに、ちゃんと論理的に考えることができる**」というのは、じょうずに考えるための一つの条件であるとは言ってよさそうだ。

論理的つながりを表す「なぜなら」「だから」

じゃあ、「論理的」とか「論理」ってどういうこと？　じつは、これにビシッと答えることは難しいんだ。でも、おおよそのイメージをつかんでもらうことはできる。

「そういえば」でつながる関係

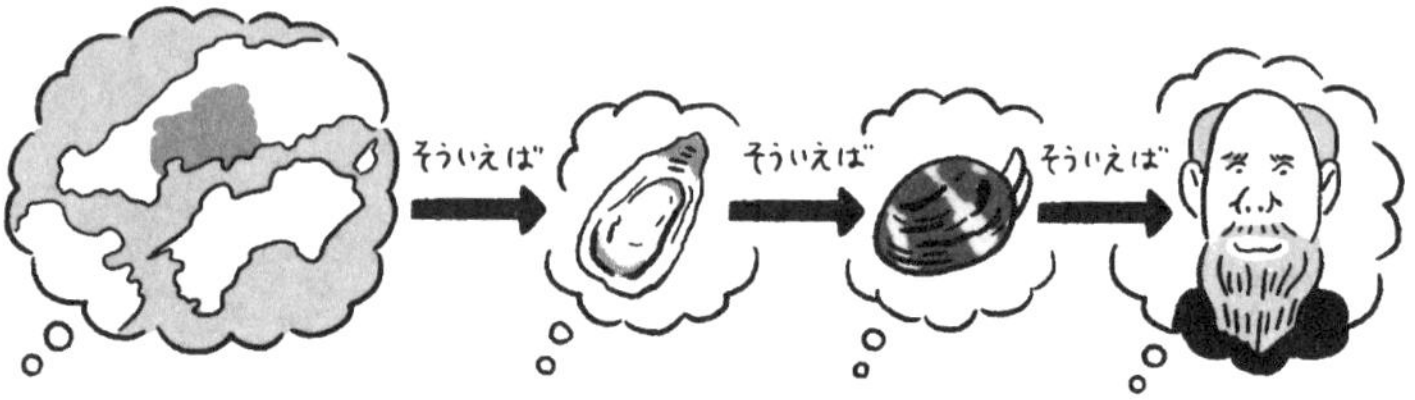

第1章で、私たちの考えは、あっちへ行ったりこっちへ行ったりするのが特徴だ、と述べた。一つの考えから別の考えへと、考えはつねに飛んでいく。あるときは、ぜんぜん関係ない考えに飛んでしまうことがある。

キミがレポートのテーマを考えているとしよう。そのとき、家の外から「ガシャーン」という音が聞こえて、「はっ。自動車事故かも！」と思う。キミのレポート思考と事故思考とはまるでつながりがない。事故思考は、外から音が聞こえたという偶然のできごとによって、キミの思考の流れの中に割りこんできたと言える。

前の考えと後の考えにつながりがあることもある。そのつながりの種類はいろいろだ。たとえば**「連想」**というつながりかたがある。レポートを書くために広島県の人口を調べているとき、ふと、広島名産のカキのことを考え、ぼくはカキよりアサリのほうが好きだな、とアサリのことを考え、アサリの味噌汁が大好きだったおじいちゃんのことを考え、おじいちゃん自慢の長いひげのことを考える。こんな具合に考えと考えがつながっていくこともある。これが「連想」だ。

一つの考えが別の考えと連想でつながっているとき、その「つながりの部分」だけを取り出して、言葉で表そうとするとどうなるだろう。**「そう**

いえば」がピッタンコじゃないかな。

広島県の人口はだいたい280万人か**↓そういえば↓**広島はカキが有名だな**↓そういえば↓**ぼくはあまりカキは好きじゃない。貝ならやっぱりアサリだな**↓そういえば↓**おじいちゃんもアサリの味噌汁が大好きだったっけ……。

という具合。もう、広島県はどっかに行っちゃった。

「論理」というのも、**「前の考えと後の考えのつながりかた」**の一種と考えたらよい。ただし、連想とはだいぶ違うつながりかただ。連想が「そういえば」でつながっているのに対して、論理的なつながりは、**「なぜなら」**とか**「だから」**という言葉で表すことができる。たとえば、

ぼくはカキが好きじゃない**↓なぜなら↓**カキは見た目が気持ち悪いから
カキは見た目が気持ち悪い**↓だから↓**ぼくはカキが好きじゃない

これは論理的つながりのいちばん単純でわかりやすい例だ。

言葉たちはどういう関係でつながっているの？

論理的思考について勉強しようとするとき困っちゃうのは、この論理的つながりや、論理的につながった二つの考えそれぞれの呼び名がたくさんあって、こんがらがっちゃうということだ。

「主張」と「理由」の関係

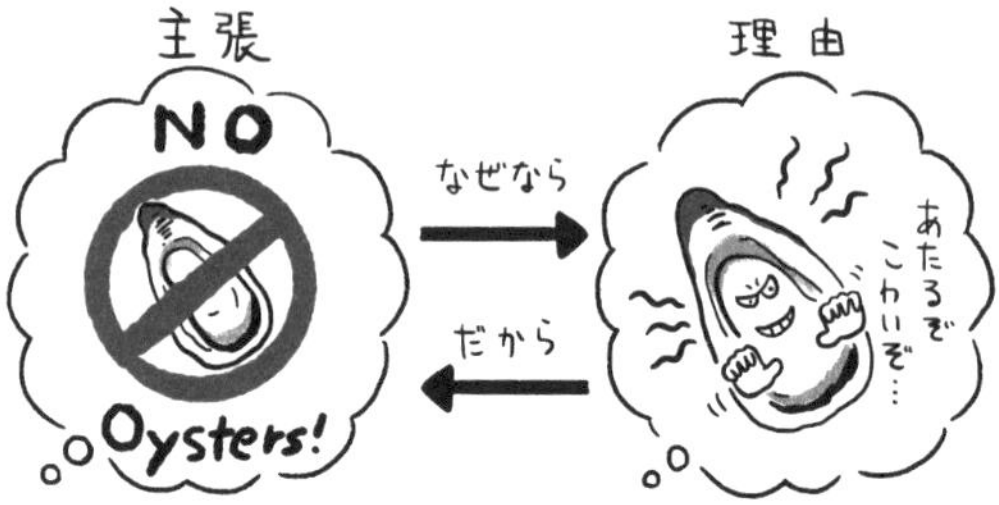

たとえば、「カキは見た目が気持ち悪い」というのは「ぼくはカキが好きじゃない」の**「理由」**ともいうし、**「根拠」**ともいう。そのとき、「ぼくはカキが好きじゃない」のほうは、**「主張」**とか**「判断」**と呼ばれる。言葉遣いがペアになってるんだ。まとめるとこんな感じ。

ほにゃららという**判断・主張**↓なぜなら↓ほにゃららの**理由・根拠**
ほにゃららの**理由・根拠**↓だから↓ほにゃららという**判断・主張**

別のペアもある。「ぼくはカキが好きじゃない」は、「カキは見た目が気持ち悪い」ということから何が出てくるか、何が言えるかを述べているとも言えるね。「ふーん。カキは見た目が気持ち悪いのね。だからなんなの？」への答えを述べている。こういうのを**「帰結」**とか**「結論」**という。そして「帰結」とペアになる言葉は**「前提」**だ。

つまり、

ほにゃららという**結論・帰結**↓なぜなら↓ほにゃららの**前提**
ほにゃららの**前提**↓だから↓ほにゃららという**結論・帰結**

……ややこしいなあ。でも、論理的思考とか論理的文章についての話って、いろんな人がいろんな言葉を好き勝手に使うので、読み手は混乱しちゃう。だから、ここで整理しておくといいかな、と思ったわけ。

大事なのは次の二つ。これらの漢字言葉のペアたちは、みんな同じことを違った角度から表しているだけだ。だから、こうした言葉の微妙な違いにこだわる必要はない。そして、ここでは「なぜなら」と「だから」を代表に選んだけど、論理的つながりを表す言葉はこの二つにかぎられない。たとえば「だから」の代わりに「ゆえに」でもいいよね。

そこで、次の練習問題をやってみたまえ。

【練習問題②】

次のつなぎの言葉たちを、「だから」の仲間と「なぜなら」の仲間に分けてみよう。理由が「……」のところに来るか「〜〜」のところに来るかを考えればよい。意外に難しいよ。この問題をつくっていたら、頭がクラクラしてきたもん。

「……。したがって〜〜」「……。なんとなれば〜〜」

「……。というのは〜〜だからだ」「……。だとすると〜〜」

「……。なので〜〜」「……。なぜって〜〜」「……。だって〜〜」

「どうして……なのか。それは～～」「……。このため～～」

「……。よって～～」「……。それゆえ～～」「……。その結果～～」

「……。そのため～～」「……。そうであればこそ～～」


こんな具合に、いろんな言葉が論理的つながりを表すのだけど、この本では「だから」と「なぜなら」で代表させちゃう。さらに、「だから」や「なぜなら」で表される**前後の思考のつながりそのもの**を表す言葉も導入しておこう。**「サポート関係」**とか**「サポートする」**という言いかたを使うことにする。

理由・根拠・前提が判断・主張・帰結・結論をサポートする
理由・根拠・前提と判断・主張・帰結・結論の間にはサポート関係が成り立つ

という具合に使う。

サポート関係でつながった考え、それが論理的思考だ。そして、**考えと考えをサポート関係でつないで考えていくこと**を**「論理的に考える」**という。はい。こうして論理的思考のいちばんシンプルな定義ができました。

「論理」という漢字の成り立ちを調べると……

というわけで、いくつかの考えをサポート関係でつなげたものが「論理的思考」だ。だとすると、考えや、その考えを表す文、発言をただ一つだけ取り出して、「これって論理的ですかね？」と問うても意味がないということになる。「広島といえばカキですね」は論理的な文でしょうか、ってナンセンスだ。**論理はいくつかの文と文との関係、考えと考えの関係について言われる。**

「論理」という漢字の成り立ちを振り返ってみると、このことがよくわかる。まずは「論」のほうから。「言」つまりごんべんがついているから、言葉に関係していることがわかる。

つくりの「侖」はどういう意味だろう。他にこのつくりをもった字は、と探すと、「輪」「倫」「淪」などがある。「淪」って「さざなみ」のこと。「侖」の「冊」みたいな部分を見てみよう。4本の縦棒は、竹や木の細長い板を表す。横棒はそれを紐《ひも》で結びつけているようすを表している。紙が発明される前は、こういう竹簡《ちくかん》・木簡《もっかん》と呼ばれるものに字を書いていたんだ。「侖」では、この竹簡・木簡を表す部分の上に、さらに横棒があって、その上に「へ」みたいな部分がある。これはどちらも「集まってますよ」ということを強調するためにある。つまり、同じような形をしたもの（同じ種類のもの）がきれいに並んで多数集まっているようすを表すのが「侖」だ。

自転車の車輪を思い浮かべてごらん。まんなかの軸に向かってたくさんの車軸（スポーク）が集まっている。にんべんがついた「倫」は、人がたくさん集まってつくられる「世の中」のことだ。さんずいがついた「淪」つまりさざなみは、小さな波がたくさんきれいに並んでいる。というわけで、

「論」は言葉がたくさん集まったもの。あるいは文が並んでつくっている集まりを表している。

それじゃ、「理」のほうはどうか。「王」はおうへんという。王様に関係するのかと思いきや、これは「玉」なのだ。「玉」といえば宝石や貴重できれいな岩石のこと。瑠璃《るり》はラピスラズリ。玻璃《はり》はガラス（昔は貴重品）。琥珀《こはく》、珊瑚《さんご》、瑪瑙《めのう》。みんなおうへんがついている。「環」とか「球」は、こういう石で作った装身具の形を表す。面白いのは「班」だ。刀を表す「リ」が宝石の間にめりめりと入りこんでいる。鋭利な刃物で貴石を二つに割っているところだ。だから「分ける」という意味になって、グループ分け、つまり班活動の「班」になった。

そういえば、「珈琲《コーヒー》」なんていう当て字もあるね。コーヒー豆がいかに高級品だったかがわかる。

では「理」はどういう意味か。これも宝石に関係あるのか。宝石や岩石の名前でこの字を含んでいるものはあるかな。「大理石」が浮かんでくるだろう。「理」は宝石や岩石のもつ「すじ状の模様」を表している。大理石はきれいなすじめ（マーブル模様）が特徴の石でしょ。

だとすると、「論理」は、「言葉の秩序だった集まり（論）がもつすじめ（理）」つまり「文の集まりがもつすじみち」という意味になる。ほら、**やっぱり文の集まりが考えられていて、その文と文をつなぐものが論理**ということになるでしょ。

なぜ「サポート」が必要なのか

さっきの例の「ぼく」は、自分はカキが好きじゃないってことを言いたい。しかし、たんにカキが苦手だと言ったのでは説得力がない。じっさい、「あ、そう。じゃ違うものを注文しよう」と言ってもらえるとはかぎらない。その前に「え、なんで?」と聞かれる。理由を聞かれるわけだ。言い換えれば、ただ主張するだけじゃなくて、それをサポートしろよ、って要求される。で、この要求に応えるべく「ぼく」が考えたサポートが、見た目がキモいということだったわけ。

サポートを与えることで、主張（カキは嫌い）の説得力がちょっとアップする（あくまでも「ちょっと」だけ）。理由が主張を応援しているみたいな感じ。なので「サポート関係」と呼んだんだ。

サポート関係とは、**理由・根拠が判断・主張の説得力を高め、前提が帰結・結論の正しさあるいは確からしさを高める**、そういう関係だ。まとめよう。

> **「論理的に考える・書く・話す」とは、つねに自分の思考・主張にサポートを与えることに気を配りながら、思考や文をつなげていくことである。**

ワンタンメン推論とルヴェリエ推論

ところで、どういうことをすると判断・主張・帰結・結論をサポートしたことになるのだろう。じつは、これはいろいろなのね。数学ではふつう「証明」という独特のサポートを与えないといけない。キミが、素数はいくらでもたくさんあるんじゃないか、つまりどんな素数にも必ずそれより大きな素数があるんじゃないかと気づいたとする。ここで「素数」というのは、1とそれ自身でしか割り切れない数のこと。キミはそれを主張する。あるいはそう判断する。そのときに、

素数2にはそれより大きな素数3がある。素数3にはそれより大きな素数5がある。素数5には7がある。7には11がある。11には13がある。「だから」どんな素数にもかならずそれより大きな素数がある。――

とやったのではサポートしたことにならない。キミがまだ試したことのないすごく大きな素数の場合、それより大きな素数が見つかるかどうかわからないからだ。

こういうときは、どんな素数についても成り立つような「証明」をしなければならない。こんな感じ。二つの場合に分けているところがポイントだ。

nを素数とする。で、次に$n!+1$という数を考える（$n!$というのは、nから順に1つずつ小さい数をどんどん掛け合わせていって、1になるまで掛け合わせた数。たとえば$6!$は$6\times5\times4\times3\times2\times1$、$4!$は$4\times3\times2\times1$を表す）。$n!+1$はnより大きな数である。そして、$n!+1$は素数であるかないかのいずれかである。そこで、

（i）$n!+1$が素数である場合

$n!+1$はnより大きな素数である。したがってnより大きな素数は存在する。

（ii）$n!+1$が素数でない場合

n!+1はそれ自身より小さな数で割り切れるはずだ。その数はいくつかの素数の積だ。その素数の一つをxとしよう。ところが、xはn以下の数ではありえない。n!+1は、n以下のどんな数でも割り切れないからだ（必ず1余る）。そこでxはnより大きな素数ということになる。したがってnより大きな素数は存在する。

（i）（ii）のいずれの場合も、nより大きな素数が存在する。したがってnより大きな素数はつねに存在する。

キミたちの人生で、数学の問題を解くとき以外に、自分の主張にこんなに厳しいサポートを求められることはめったにないだろう。実例をたくさんあげれば、主張をサポートしたことにしてもらえることも多いはずだ。

たとえば、「この店はワンタンメンが定番みたいだよ」「なんで?」「さっきから入ってきたお客がみんなワンタンメンを注文しているもん」。キミはこの店の客の注文を全部（創業以来ツブれるまでのすべて）調べたわけじゃないけど、日常生活でキミの主張をサポートするには、これでもまあ合格だろう。じっさい、自然現象や社会現象についての学問的主張だって、その大部分はこんなふうにサポートされている。もちろん、実際に調べた実例（サンプル）から、全体の傾向を推測したり、全体の傾向についての主張をちゃんとサポートするためには、統計学という学問を身につけてもらう必要がある。

ルヴェリエによるサポート

こういうサポートのやりかたを「帰納《きのう》」というけど、別にこの言葉を覚えてもらう必要はない。大事なのは、サポートにはいろんなやりかたがある、そしてそれは時と場合によって異なる、ということだ。

他にも、こんなやりかたがある。現実の科学の歴史から例をとってみよう。1781年に天王星《てんのうせい》が発見されて、太陽系の惑星は、水星、金星、地球、火星、木星、土星と天王星の計七つということになった。しばらくして、ユルバン・ルヴェリエというフランスの天文学者が、天王星の外側にもう一つ惑星がある、と主張した。キミだって「なんで?」「どうしてそう言えるわけ?」と訊《き》きたくなるだろう。ルヴェリエがその主張に与えたサポートは次のようなものだった。

じっさいに観測された天王星の軌道は、ニュートン力学を使って理論的に計算した天王星の軌道と微妙にズレている。これは、天王星の外側にもう一つ未発見の惑星があって、その引力の影響を受けて天王星の軌道がズレているのだと考えるとうまく説明がつく。「だから」天王星の外側にもう一つ惑星があるに違いない。

これがサポートになっていることはわかるかな。「天王星の外にもう一つ惑星がある」という主張が、**それだけでなされたときよりも、そう考えたほうがよい理由、そう考えたくなる理由がいっしょに示されると、この主張の確からしさ・説得力が少しアップする。**こういうサポートを「アブダクション」とか「最良の説明への推論」っていうんだけど、いまはこの名前も覚えなくていいや。サポート関係に何種類あるかとか、それを精密に分類するとか、そういうのは物好きにやらせておきゃいいんだ。

【練習問題③】

次の主張をサポートする、あるいはサポートするとされている理由・根拠はどのようなものだろうか。言い換えれば、どのような理由・根拠を与えれば、次の主張のそれぞれをサポートできるだろうか（もちろん、完全にサポートしてなくてよい）。自分で思いつくことは難しいものもある。調べてみよう。また、この問題は、主張がほんとうに正しいかどうかは問うていないことに注意してほしい。あくまで、サポートするとしたらどんな理由・根拠が必要かを考えてもらうための問題だ。

（1）レオナルド・ダ・ヴィンチの『モナ・リザ』は、じつは女装したレオナルドの自画像である。

（2）地球は太陽の周りを公転している。

（3）れんこんを茹《ゆ》でるとき、酢を加えると黒ずまない。

（4）雑誌の漫画をスキャンして画像をホームページで配信してはいけない。

サポートにツッコミを入れるということ

というわけで、サポート関係にはいろんなのがあることがわかった。このうち、数学の証明だけは別格で、すごく強いサポート力の持ち主だ。いったん証明がちゃんとなされてしまえば、もうその主張はぜったいに正しいということがわかる。でも、他の種類のサポートにはそこまでの力はない。

たとえば、ワンタンメンの件ではこんなことも考えられる。この店のワンタンメンはじつはあまりおいしくないし、定番メニューでもない。でも、キミが訪れたときに、たまたま全日本ワンタンメン研究会の団体がこの店に来ていた。この研究会は、どの店に入ってもワンタンメンを味見することにしている。なので、次から次へとワンタンメンの注文が続いたのだ。店主もさぞかし戸惑ったことだろう。あるいは、この店はワンタンメンがイチオシだというウソの情報がネットに流れたとかでもよい。

こういうケースも考えられるので、ワンタンメンの場合、キミのあげた証拠・理由はたしかに主張をサポートしてはいるけど、そのサポート力は十分ではなかった。ちょっと確からしくなるけど、それはあくまで「ちょっと」だけ。「ぜったいに正しい」ところまではいかない。これは「弱いサポート」だ。

ところで、いま、もし全日本ワンタンメン研究会があったら、と考えてみたわけだけど、これは何をしたことになるのだろう。キミがおこなった論理的思考のサポート関係を疑ってみたのだ。**キミが打ち立てようとした理由と判断の間のサポート関係はそれほどのもんじゃないよ**、と指摘したわけだ。これをサポート関係への「ツッコミ」と呼ぶことにしよう。

数学の証明は結論をサポートする。この証明にミスがなければ、もうそのサポート関係にツッコミを入れることはできない。文字通りツッコミどころがないというわけだ。これに対して、ワンタンメンケースでは、けっこう強力なツッコミを入れることができる。同じことは、ルヴェリエにも当てはまる。

ルヴェリエは、天王星の外側に惑星がありそうだよと言った。つまりは予言した。じっさい、ルヴェリエに検証を依頼されたドイツのヨハン・ガレが、その翌年の1846年に、ルヴェリエの予測した方角に惑星があることを発見した。これが海王星《かいおうせい》だ。ルヴェリエの主張は結果的に大当たりだったわけだが、これはルヴェリエの推論にツッコミどころがなかったことを示しているわけではない。次の項で触れることにするけど、**主張がサポートされていることと主張が当たっていることとは、まったく別物なのである。**

STAP細胞の場合は……

ルヴェリエの与えたサポートが、数学の場合のようにパーフェクトでなかったことは、次の事例からわかる。

予言が当たったことに気を良くしたルヴェリエは、今度は水星の動きに目をつけた。水星の観測上の軌道も、ニュートン力学によって理論的に計算した結果とズレていたからだ。そこでルヴェリエは、水星の内側に未発見の惑星がありそうだと考え、それに天王星の場合と同じサポートを与えた。海王星の発見で自信を深めたのかどうかは知らないが、ルヴェリエはその未知の惑星に「ヴァルカン」という名前までつけた。ローマ神話の火、火山、鍛冶《かじ》の神の名前ね（なんせ太陽にいちばん近いことになるので、熱いんだ）。西洋では惑星にローマ・ギリシアの神さまの名前をつけるでしょ。火星は戦争の神マルス、木星はいちばん偉い神さまのジュピター、「天王星」もギリシア神話の天の神にちなんだ「ウラヌス」の直訳だからね。

ところが、ヴァルカンの場合は予想が外れた。ご存知のように、いままでそんな惑星は見つかっていない。いまでは、水星の軌道のズレはルヴェリエとは違う仕方で説明されている。聞いたことあると思うけど「一般相対性理論」というやつ。太陽はすごく重いので、相対性理論によればまわりの空間が歪《ゆが》む。そうすると太陽にいちばん近いところにある水星の軌道は、空間の歪みを考えないニュートン力学での計算結果とそぐわない、ということになる。

ルヴェリエの与えたサポートは、天王星の場合は結果オーライだった。だからパーフェクトだったように思えてしまう。しかし、ほぼ同じサポートを与えた水星についての主張は結果的に間違いだった。サポートは完璧なものではなかった、ということになる。じつはツッコミどころがあったのである。つまり、**相対性理論を考えに入れてないじゃん**、というツッコミだ。

だからといって、ルヴェリエが自分の主張の証拠・理由と考えたことがらは主張のサポートになっとらんとか、ルヴェリエのサポートは科学的ではなかった、ダメサポートだったと言いたいのではない。正真正銘の立派なサポートだったと思う。アインシュタインが相対性理論を提唱したのは20世紀のはじめだ。それより半世紀も昔の人であるルヴェリエには知る由《よし》もない。だから、当時の科学的知識に照らして考えれば、「水星の内側に惑星がある」は「天王星の外側に惑星がある」にひけをとらない良い説明だったのである。

だから、**主張が結果的に正しいかどうかと、サポートがきちんとなされているかどうかは区別しないといけない**。ルヴェリエの説は、（当時の知識に照らして）ちゃんとサポートされていたんだけど、結果的には間違いだった、つまりそれなりの証拠や根拠をともなって主張されていたんだけど、あとで正しくないことがわかった主張なんだ。こういう例はいっぱいある。科学の歴史をひもとくと、そういう「あとから見て間違いだったことがわかった科学的主張」がざくざく出てくる。

これに対して、「結果的に当たっていたんだけど、ちゃんとサポートされずに主張されたことがら」は**「あてずっぽう」**とか**「まぐれ当たり」**と同じで、科学の手続きの中には入ってこない。あるいは入っちゃダメだ。

このどちらでもない例もある。小保方晴子《おぼかたはるこ》さんという研究者が、論文のもとになる実験データをでっちあげていたことが明らかになって、科学者たちの非難の的《まと》になった。

STAP細胞という、人体のどんな細胞にもなれる「万能細胞」のつくりかたを発見したというのだけど、自らそういう細胞をつくったということの証拠となるはずのデータにインチキがあった。このとき、「それでもたしかにSTAP細胞はできていたんです」といくら抗弁してもダメだし、「ほんとうにSTAP細胞があるかどうか」を問題にしてもいけない。問題になっているのは、STAP細胞ができたという主張が結果的に正しいかどうかではなくて、小保方さんが自分の主張に与えた「サポート」がまともかどうか、そこに不正が含まれていたかどうかなのだから。

「じょうずに考える」を、より論理的に定義してみよう

というわけで、次のことがわかった。**サポート関係は程度の問題である。**数学の証明のように、ちゃんとやれば根拠・理由が主張を100%サポートすることもある。その逆に、根拠・理由が主張をまったくサポートしない場合もある。「根拠・理由」がでっちあげだったり不正を含んでいたり、そもそも根拠・理由を示さないでたんに主張したりするだけ、といったケースがこれに当たる。ほとんどの場合はこの両極端の間にある。根拠・理由は主張を「ある程度」サポートする。主張の信憑《しんぴょう》性や確からしさをちょっと高め、主張の説得力をちょっと増す。

最初に、「論理的に考える・書く・話す」とは自分の思考・主張にサポートを与えることに気を配りながら思考や文をつなげていくことである、と述べた。これではまだ足りなかったかなと思う。なんでもよいから理由を考えたり言ったりしさえすれば「論理的思考」になる、というのでは安直すぎるからね。「論理的に考える」ことが「じょうずに考える」ことの一部であるなら、なおさらそうだ。

「論理的観点から見てじょうずに考えるとはどういうことか」に答えなくてはいけない。

そこで、51ページのまとめを次のように修正しよう。

「論理的観点から見てよく考える・書く・話す」とは、つねに自分の思考・主張にできるだけ強いサポートを与えることに気を配りながら、思考や文をつなげていくことである。

「お前はなぜ人を殺したんだ」「太陽が黄色かったからさ」というのは、たしかに理由をあげているので、そういう意味（理由に基づいて何かを言ったりやったりする、という意味）では論理的なやりとりと言ってもいいんだけど、「じょうずな」論理的やりとりではない、と言いたくなる。じっさい、こういうのを「不条理」って言うんだし。

【練習問題④】

サポート関係には強弱がある。このことを実感してもらうための問題をやってもらおう。

「辛味《からみ》の強い大根おろしが好みだったら、おろしたてを食べなさい」という主張に、次の何通りかの理由が与えられたとする。これらの理由を、キミがサポートの強いと思う順に並べてみよう。

（1）しゅっしゅ、ぱっ、辛っ……なんかいかにもそんな気がするじゃん。

（2）料理教室でそう教わった。

（3）大根おろしをつくって、すぐに食べたのと、30分おいて食べたのの辛さを比べてみて、そう思った。

（4）大根おろしの辛味成分であるイソチオシアネートは揮発性《きはっせい》なので、時間が経つと減ってしまいます。

（5）同じ大根で、30分前につくった大根おろしと、おろしたてのものとを同時に食べ比べてみて辛さを比べたら、おろしたてのほうが辛かった。

（6）これまで何度も大根おろしを食べてきたけど、おろしたてのほうが辛かったように思う。

（7）同じ大根で、30分前につくった大根おろしと、おろしたてのものとを、100人に同時に食べ比べてもらったら、おろしたてのほうが辛いという人が圧倒的に多かった。

（8）たしか、おばあちゃんがそう言っていた。

（9）いいから黙って俺の言った通りにしろ。

第3章 サポートとツッコミについて、さらにツッコんでみよう

さて、前の章では、「論理的にじょうずに考える」とはどういうことかを考えてみた。繰り返すよ。「つねに自分の思考・主張にできるだけ強いサポートを与えることに気を配りながら、思考や文をつなげていくこと」。そうすると次に考えねばならないのは、**「強いサポート」って何だ、**ということだ。

この章では、サポートについて、さらにはツッコミってそもそも何をすることかについて、ツッコんで考えてみよう。

「ツッコミ」の正体を明らかにしてみよう

ところで「強いサポート」って、もうちょっとちゃんと言うとどういうことなんだろう。100%

と0%の中間ケースでは、サポート関係にツッコミを入れることができる。あなたの根拠・理由は主張をそんなにサポートしていないよ、あるいはその程度のサポートじゃダメだよ、そんなのちっともサポートになってないよというツッコミである。

というわけで、サポート関係の強弱は、それにどのくらい強いツッコミを入れることができるかと「うらはら」の関係にある。不条理殺人のケースでは「太陽が黄色いことが人を殺す理由になるもんか」というツッコミがしたくなるし、そのツッコミのほうが強力に思える。そこで、「強いサポート」というのを**「ツッコミに負けないサポート」**と考えてみよう。

そうすると、**サポート関係にツッコミを入れるというのはそもそもどういうことなのか**を考えてみる必要がある。その答えはすでに述べてあるのだけど、あらためてちゃんと言っておこう。

たとえば、52ページで見た「どんな素数にもそれより大きな素数がある」にサポートを与えるとき、「2には3がある。3には5がある……」と、いくつかケースをあげただけでは、ツッコまれてしまうだろう。すでに述べた通り、まだ試していないすごく大きな素数の場合、それより大きな素数が見つかるかどうかわからない（ほんとうはいつでもあるんだけど、あるとわかったわけではないので、そういう場合が考えられる）。こういうツッコミだ。

つまり、「サポート部分（2にはそれより大きな素数3がある。3にはそれより大きな素数5がある）は成り立つが、主張・結論部分（どんな素数にもそれより大きな素数がある）は成り立たないケース」が考えられるじゃん、少なくともそういうケースがないと言えてないじゃん、とツッコんでいるわけだ。

こういう**「サポート部分が成り立つが主張・結論部分は成り立たないケース」**をサポート関係に対する**反例**と言うことにしよう。

「全日本ワンタンメン研究会が来ていたかも」というツッコミは何をやっていることになるだろう。キミが見た客が全員ワンタンメンを注文したということは成り立ったとしても、それはたまたまであって、この店に食べに来る客のすべて（あるいはほとんど）がワンタンメンを注文することは成り立たないということ、つまり反例がありうることを指摘している。

太陽の質量による空間の歪み（相対性理論の効果）を指摘するツッコミは、水星の軌道がニュートン力学とズレているということは成り立ったとしても、水星の内側に惑星があるということは成り立たない場合があるでしょ（つまり反例があるでしょ）と言っている。**ツッコミとは、サポート関係に対する反例を示すことだ。**

ツッコミをコワがると、どうなるか？

ツッコミが反例を指摘することだとしよう。そもそもなんでこういうツッコミができるんだろう。それは、結論・主張で、前提・理由で述べたことを超えた**「新しいこと」**を言って、その新しい結論・主張を同じ前提・理由でサポートしようとしているからだ。わかりにくいね。具体例をあげる。

素数の例では、いくつかの具体例（2とか3）についての結果を理由にして、すべての素数について主張している。ほら、言っていることが増えている。前提・理由では言われていない新しいことが主張されている。ワンタンメンの例では、キミが今日見た客の注文を理由にして、その店のすべての客の注文について主張してる。これも言っていることが増えている。ルヴェリエの例では、水星の動きについての話を理由にして、未知の惑星の存在が主張されている。ここでも、前提・理由に含まれない新しいことが言われている。

これらの三つに共通しているのは、サポートする理由・根拠部分（**サポート部分**と呼んじゃおう）が言っていることがらより、サポートされる結論・主張部分が言っていることがらのほうがなんらかの意味で**増えている**、ということだ。だから、その増えた部分に間違いがまぎれこむかもしれない。これが、サポート部分が正しくても、結論・主張部分が間違っているケース、つまり反例だ。

ということは、反例を指摘される、つまりツッコまれるということは、**新しいことを言おうとしていることの裏返し**、ということだ。ツッコまれる危険を冒《おか》さないと新しいことは言えない。だから、逆に言えば、ツッコミをどうしても避けたいなら、何も新しいことを言わなければよい、ということになる。たとえば、次の自称「サポート」を見てみよう。

（1）水星の内側にもう一つ惑星がある。なぜなら、水星の内側にもう一つ惑星があるからだ。

（2）水星の内側にもう一つ惑星がある。したがって、水星の内側にもう一つ惑星がある。

これ、反例ないのよ。「なぜなら」あるいは「したがって」の前と後に同じ文がある。だから、「サポート部分が正しいのに、結論・主張部分が間違っているケース」はありえない。だって、そんなケースがあったら、同じ文が正しくて間違っている、ということになっちゃうから。

かくして(1)と(2)には反例はぜったいにない。だから、たんに反例によるツッコミを受けるかどうかだけで考えると、これは論理的思考のお手本だということになっちゃう。だけど、これって何も新しいことを言っていないことに注意しよう。サポート部分で言っていることを超えるようなことを何も結論・主張していない(ただ繰り返しているだけ)。だからこういうのを**同語反復**という)。

こんな同語反復を「じょうずな論理的思考」とは呼びたくないよね。だから、こういうことになるんじゃないかな。

> 「じょうずな論理的思考」とは、自分がこれまでに知ったり考えたりしたことを超えたことがらを考え、主張しようとすること。しかし、それだとツッコミが入る可能性がある。その可能性を引き受けて、できるかぎり強力なツッコミは阻止できるように、サポート関係をしっかりつくりあげながら考え、主張しなければならない。これが「強いサポート」ということである。

ところで、自分の考えにはツッコミが入るということを自覚して何かを言ったり考えたりする、これって臆病者にはなかなかできない。**論理的思考には勇気がいるんだ。**

【練習問題⑤】

次の「論理的思考」にはどんな反例がありそうか、考えてみよう。

（1）私が発明した望遠鏡で月を観察したら、でこぼこがたくさん見えた。したがって、月はゴツゴツした岩石からできているらしい。

（2）肉食を拒否するが穀物は食べてもよいとするベジタリアンの考えかたは間違っているんじゃなかろうか。というのも、牛や鶏のような動物を食べるのも、米や大豆のような植物を食べるのも、命を奪っていることには変わりないからねえ。

（3）古典落語の登場人物はみんな根はやさしくて細《こま》やかな人情を解する人ばかりですからね。江戸時代の町人は殺伐《さつばつ》とした現代人にはない心の豊かさをもっていたのではないでしょうか。

（4）大根おろしはおろしたてのほうが辛味が強いんだぜ。同じ大根で、30分前につくった大根おろしと、おろしたてのものとを、１００人に同時に食べ比べてもらったら、おろしたてのほうが辛いという人が圧倒的に多かったという実験結果があるんだ。

（5）４の２乗は16。１＋６は７。５の２乗は25。２＋５は７。６の２乗は36。３＋６は９。７の２乗は49。４＋９は13。ほら、２桁の平方数の10の位と１の位の数を足すと必ず奇数になっているね。

有効なツッコミとやりすぎのツッコミ

とりあえず「強いサポート」とは、ツッコミの入れにくいサポートのことだった。だから、「強いサポート」とは何かを考えるためには、**ツッコミが有効なのはどういうときか**をもうちょっと掘り下げておく必要がありそうだ。

というわけで、次のやりとりを見てほしい。AくんとBくんの家の近所においしいラーメン屋があって、おじいさんが一人で切り盛りしている。二人ともその店をとてもひいきにしていたとしよう。そこである日の会話。

A：あのラーメン屋、廃業したぞ。
B：え、なんで？
A：さっき通りかかったら、店の扉に「店主体調不良のため3月10日をもって閉店しました」って張り紙がしてあったんだ。
B：ああ、そうなのか。あそこはうまかったのに、残念だな。

Bは「なんで？」と尋ねているけど、これはラーメン屋が廃業したのはなぜかを問うているのではない。そのラーメン屋が廃業したとAが判断・主張する、その根拠・理由を尋ねているんだ（と、A

は思った)。つまり、なんでお前はそう思うんだ、と問うているのね。Aに、主張をサポートしろよ、と要求している。それにこたえて、Aは張り紙があったことを根拠としてあげている。最初の発言をサポートしたわけだ。

こんなふうにして、**二人して論理的思考をしている**と言っていいだろう。論理的なコミュニケーションは、論理的思考を共同作業でやるための手段だ。

ここで、「3月10日で閉店という張り紙があったからといって、廃業したとはかぎらないぞ、店主の冗談かもしれないじゃないか」とツッコもうと思えばツッコめるということに注意しよう。でもBはそれをしなかった。そういうツッコミもありうるけど、この際は言いっこなしだ、そんなツッコミはヘリクツだ、やりすぎだ、場違いだと判断したわけだね。

このことからわかるのは次のことだ。サポートが強いというのは、「なるべくツッコミが入らない」ということだと言ったけど、それは「考えられるかぎりのどんなツッコミも入らない」という意味ではない。**その状況で適切な**ツッコミはない、ということを意味する。

考えられるかぎりのツッコミを入れまくる、無理してでも反例を考えてツッコむという人を**「懐疑論者」**(スケプティック)という。懐疑論者は、「われわれはほんとうは何も知らないんだ、知った気になっているだけで、じつはサポートなんて成立しない。みんなただの思いこみだ」という結論を出したくて議論している。だから、なんでもヤミクモにツッコミを入れるんだ。でも、ふだんの生活で考えたり議論したりする場合、有効なツッコミ(やってよいツッコミ、適切なツッコミ)と、それをやったらやりすぎだというツッコミは、なんとなく区別されている。

で、場に即した有効なツッコミとは何か、というのは一概に決められない。対話の参加者がどういう人か、どういうことがらについて、何を目指して話をしているのか（あるいは考えているのか）、参加者がそれぞれ何を知っているのかに左右される。仮にこの会話が4月1日《エイプリルフール》になされたもので、二人とも店のおやじが冗談好きだということを知っている、という状況なら、さっきのツッコミは適切で有効なツッコミになるかもしれない。

どうすれば論理的に考えた（対話した）ことになるのかの具体的な基準は、**思考や対話を取り巻く状況、とりわけそれをおこなっている人たちの共通知識に左右される**、ということがわかった。

いっけん、サポートのあるなしがきっぱりと決まっているように思える数学の世界にも、じつは似たようなことが当てはまる。

数学の一部には、こういう流派がある。「しかじかかくかくの条件を満たす数がある」と主張するためには、じっさいにそういう条件を満たす数を見つけ出すか、見つけるための手続き《アルゴリズム》を示さないといけない、という流派だ。こういう流派にとっては、「そういう条件を満たす数が存在しないと仮定すると、矛盾が生じる。だから（いくつかは知らないけど）そういう数は存在する」という証明は、証明にならない。じっさいにその数を見つけたわけではないからだ。

でも、大部分の数学者は「ないと仮定すると矛盾が生じるから存在するんでしょ」という証明でも（この証明のしかたを「背理法《はいりほう》」という）、存在を主張するための十分なサポートになっていると考え

サポートが有効かどうかは人によって異なる

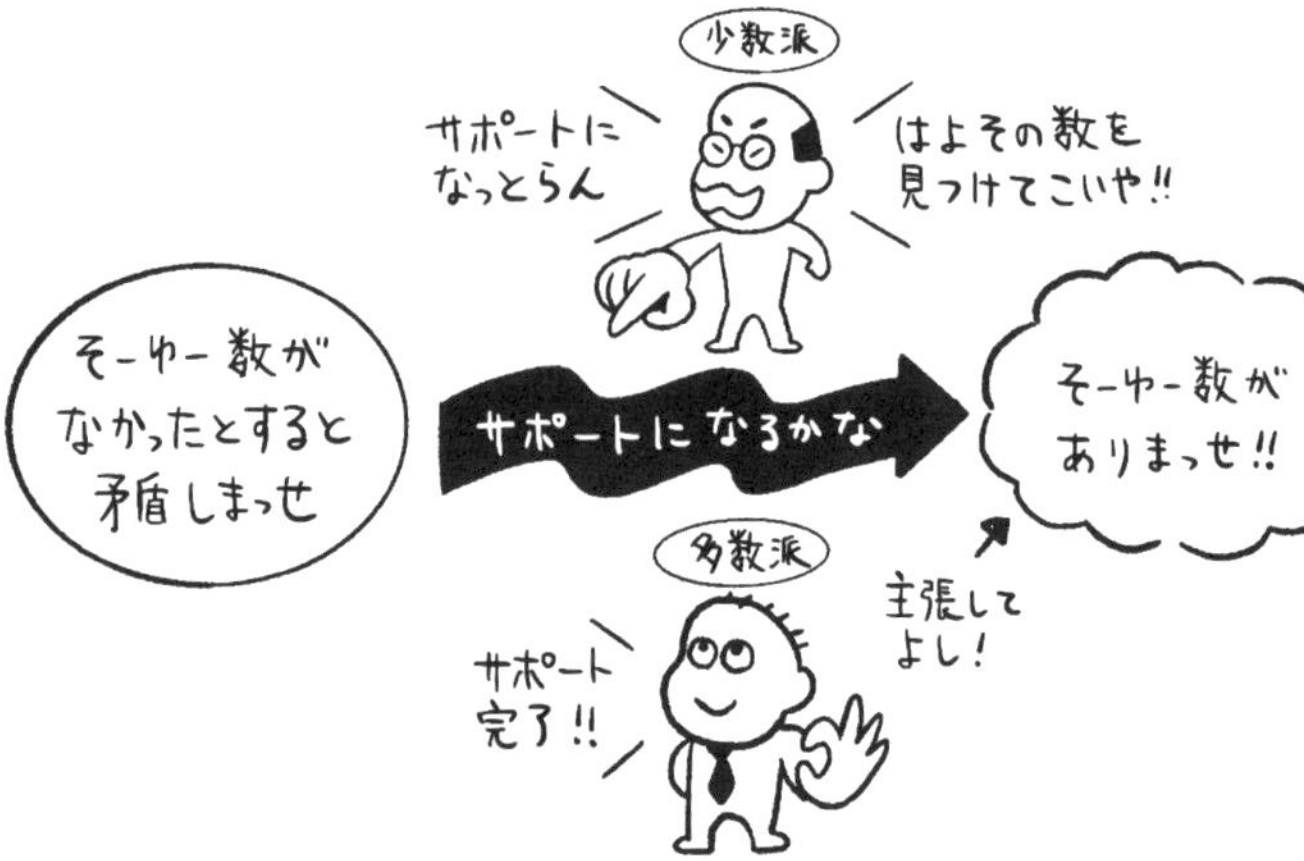

ている。ということは数学での「サポート」も、相手によりけりということになる。

根拠が間違っている場合、どうする?

さっきの会話の続きを想像してみよう。AとBは話をしながら、くだんのラーメン屋の前を通りかかった。たしかに張り紙がしてある。そこで、読んでみると、「店主体調不良のため3月20日まで閉店します」と書いてあった。おい。廃業してないじゃん。一時休業じゃないか。Aは日にちを間違えたうえに、店のおやじが高齢なものだから、てっきり廃業したと思って、「まで」を「をもって」と読み違えていたのだ。

さてこのとき、Aの主張へのサポートはどうなるだろう。Aの主張は「根拠なし」ということになるんじゃなかろうか。ということは、主張がサポートされたものであるためには、67ページでまとめたみたいに根拠と主張との「サポート関係」にツッコミを入れにくい、だけじゃダメみたいだ。**その根拠そのものが正しくないといけない。**そこで、「強いサポート」の定義を次のように修正しよう。

「強いサポート」とは、
（1）主張と証拠の間のサポート関係に、その状況に応じた有効なツッコミを入れることができず、なおかつ、
（2）証拠がそれじたい正しいと考えられる（あるいは合意ができている）ようなサポートのことである。

これって考えてみれば当たり前のことだよね。正しくないことがわかった根拠を使っても、サポートしたことにはならない。

栃木県ケースと奈良県ケース

そうすると、主張にサポートがなくなってしまうのは、
（1）主張と証拠の間のサポート関係がツッコミどころ満載か、
（2）そもそも証拠にあげられたことがらに間違いが含まれているか、

（1）と（2）の両方

という場合になる。たとえば、

――それ食べちゃダメ！**（主張）**

――なんで？

――だって、それベニテングタケでしょ。ベニテングタケって有名な毒キノコだよ。**（二つ合わせて証拠）**

「それ」がほんとうにベニテングタケで、ベニテングタケがほんとうに毒キノコなら、それを食べちゃダメだろう。だから、この証拠と主張のサポート関係には「適切なツッコミどころ」は（常識的に考えて）ない。でも、「それ」と指されているキノコが、じつはベニテングタケではなかったなら、食べちゃダメという主張はサポートされていない。これは（2）のケースになる。

次の例はどうかな。

――栃木県の県庁所在地は栃木市だよね。

――なんでそう思うの？

——だって、青森県の県庁所在地は青森市でしょ。それから、千葉県のは千葉市でしょ。

この場合、証拠とされているものは、どちらも正しい。青森県庁は青森市にあるし、千葉県庁は千葉市にある。だけど、証拠と主張のサポート関係には「適切なツッコミどころ」がある。青森県の県庁所在地は青森市であることと、千葉県の県庁所在地が千葉市であることから、栃木県の県庁所在地が栃木市であることは「出てこない」からだ。じっさい、栃木県の県庁は宇都宮市にあって、このことじたいが、言われているサポート関係の反例になっている。

これは、証拠は正しいことを言っているんだけど、サポート関係にツッコミができる場合に当たる。

(1) のケースね。

注意してもらいたいのは、次の場合だ。

——奈良県の県庁所在地は奈良市だよね。

——なんでそう思うの？

——だって、青森県の県庁所在地は青森市でしょ。それから、千葉県のは千葉市でしょ。

奈良県庁はじっさい奈良市にあるので、結論として主張されていることがらじたいは間違いではない。でも、証拠としてあげられていることがらはこの結論をちっともサポートしてはいない。ツッコミはこうなる。

「たしかに、奈良県の県庁所在地は現に奈良市だけど、そのことと、青森県と千葉県の話は関係がないよ。青森県の県庁所在地は青森市で、千葉県の県庁所在地は千葉市だけれども、奈良県の県庁所在地が別の市、たとえば天理市とか桜井市であるといったケースは十分ありうる話だ。じっさい、島根県とか三重県、石川県、愛知県みたいに、県名と県庁所在地の名前が食い違っている県はたくさんあるよ」

「反例」があることを指摘するというのは、つまり「証拠・根拠が成り立っていて、結論・主張が成り立たない場合」があることを指摘する、ということだ。ここで注意しないといけないのは、ツッコミで具体例としてあげる「反例」は、現実にある必要はないということだ。

現実には、奈良県の県庁所在地は天理市ではない。しかし「反例がある」というのは、**「それなりの理由があって、反例があると考えることができる」**という意味だ。**反例は頭の中にあればよい。**この場合は、県名と県庁所在地の名前が食い違っている県が現実にいろいろある、というのが「それなりの理由」になっている。逆に、もし県名と県庁所在地名は同じでなければならないという法律があるなら、県名と県庁所在地の名前が食い違っているケースというのは、法律上「ありえない」ことになり、まともな反例ではなくなる。

四つのケースがある

わかってほしいのは、前章でも述べた通り、**結論がたまたま当たっているということと、証拠にちゃんとサポートがなされていることは違う**、ということだ。次の四つの場合が全部ある。

（a）結論が証拠にサポートされていて、しかも正しい
（b）結論が証拠にサポートされていたが、結果的に正しくなかった
（c）結論が証拠にサポートされていないのに、たまたま正しい
（d）結論が証拠にサポートされておらず、しかも正しくない

（a）だといいね。（b）の典型例は、証拠がちゃんとあるので一時期信じられていたけど、後になってみて間違いだとわかった科学上の仮説だ。たとえば、そうねえ。前章で見たルヴェリエのヴァルカンの例かな。他には、生物の種は変化しない、というのはどうだろう。その後、進化論が広く受け入れられるようになって間違いだということがわかったけれど、これは18世紀までは科学上の大発見とみなされていた。そしてそれをサポートする証拠もたくさんあった。いろんなかけあわせの実験をしてみても、そう簡単に新種が生じることはなかったからだ。種は変わらないという説は、進化論にやっつけられた、キリスト教の古くさい迷信みたく扱われることがあるけど、そうじゃない。

（c）は、さっきの奈良県の例だね。こういうのを**「まぐれ当たり」**という。（d）は、栃木県の例。

この実例は世の中にあふれている。残念ながら。証拠もなく、おそらく正しくもないことがどれだけ声高に叫ばれているか。ちょっと考えただけで絶望的な気分になるよね。

【練習問題⑥】

次にあげた「論理的思考」は、それぞれ本節で分類した（a）から（d）の四つのケースのどれに当たるだろうか。考えてみよう。

（1）神はすべてのものを照らす太陽を宇宙の不動の中心に据えたに違いない。したがって、太陽が地球の周りを回っているのではなく、地球が太陽の周りを回っているはずだ。

（2）金以外の元素からなる物質を反応させて金を生み出そうとする錬金術を人類はずっと試みてきたが、一度も成功したことはなかった。したがって、ある元素を他の元素に変えることは不可能らしい。元素は不変だ。

（3）女性には科学分野でのノーベル賞受賞者はいない。だから、女子生徒は理系に進学するべきではない。

（4）連続した二つの数の積は必ず偶数になる。なぜなら、連続した二つの数の一方は偶数、他方は奇数であり、偶数と奇数の積は偶数だからである。

さて、「強いサポート」であるためには、有効なツッコミが考えられないサポート関係になっているだけではダメで、証拠じたいが正しくなくてはいけない、たんに証拠があげてあるだけでは不十分。ここまではよい。でも**自分が使っている証拠が正しいってどうやってわかるんだろう。**あるいは、**相手にそれを認めてもらうにはどうしたらよいのだろう。**

残念ながら、自分がサポートのために使おうとしている証拠が、ほんとうに正しいのかどうかをすぐに直接に確かめることができるとはかぎらない。また、自分はそれが正しいと確信していても、相手も同じように正しいと認めてくれるかどうかはわからない。

どうしよう……。

解決法がある。自分にも相手にも、より正しそうだと思ってもらえるような証拠を使うんだ。つまり、**ちゃんとサポートされた証拠**だ。

こういう「証拠」だったら良かったのにね

これならちゃんとした
証拠と言ってよいかも
ラーメン思考
廃業しました
TAKE FREE

じぇじぇっ！のCさん現る

というわけで、主張をサポートするために、証拠を使うわけだけど、その証拠じたいもサポートされている必要がある。つまり、**証拠にも証拠がないといけない。**

ラーメン屋廃業問題についての別の会話を想像してみよう。

こんどはAくんとCさんの会話だ。ただし、CさんはBくんに比べて、やや疑り深い（懐疑論者っぽい）、もしくはラーメン愛が強く、どうしても廃業したと信じたくないとしよう。

A：あのラーメン屋、廃業したぞ。
C：じぇじぇっ、なんで？（じぇじぇって古いが、思わずこう言ってしまったところに彼女の衝撃の大きさが表れている）
A：さっき通りかかったら、店の扉に「店主体調不良のため3月10日をもって閉店しました」って張り紙がしてあったんだ。
C：でも、ちゃんと張り紙にそう書いてあったの？　見間違えとか。ちゃんと見た？
A：ちゃんと見たよ。昼間で明るかったし、メガネもかけてたし。
C：でもでも、明るくって視力がちゃんとしてても見間違えってあるでしょ。そうだ、Aくん、酔っぱらってたんでしょ。
A：酔っぱらってなんかないって。昼から酒なんか飲むか。
C：でもでもでも、酔っぱらいにかぎって自分は酔ってないとか飲んでないとか言うじゃない。ホントに「しらふ」だったって証拠ある？

いくらでも続けられるけど、原稿料稼ぎと思われるとシャクだからこのへんでやめておいて、二人が何をやっているかを考えてみよう。「じぇじぇっ」の後で、CはAの主張にサポートを出せ、と言っている。ここはBのやったことと同じ。それに対してAは証拠を述べている（張り紙に書いてあったこと）。ここもさっきと同じ。

違ってくるのは「でも」からだ。Cは見間違えの可能性を指摘している。これは、張り紙にほんとうに「店主体調不良のため3月10日をもって閉店しました」と書いてあったとどうして言えるのか、証拠を出せと要求していることになる。これに答えてAは、

見間違えはない（主張）
なぜなら、明るいところでメガネをかけて見たからだ（根拠）

というサポートを与えようとしている。

「でもでも」でCがやっているのは、このサポート関係に反例を指摘してツッコミを入れるということだ。その反例は、Aが酔っていたかもしれないという、ありうるケースだ。このとき「明るいところでメガネをかけて見た」が成り立っていたとしても、「見間違えなし」のほうは成り立っていないということになる。そうするとAは、その反例は現実のケースではないと言わないといけない。というわけで、酔っていたわけではない、と主張する。

それに対して「でもでもでも」でCは、酔っていなかった証拠があるの、と問うている。酔ってな

かったという主張をサポートしなさい、と言っている。こんなふうにして、証拠にサポートが与えられると、それにツッコミを入れたり、その証拠の証拠にサポートをさらに求めたり、という具合に続いていく。

理屈のうえではサポートへのサポートへのサポートへのサポート……、あるいは証拠の証拠の証拠……はいくらでも続いてしまう。でも現実にはどこかで止まる。これがものすごく大事なことだ。

なぜ、どのようにして、サポートのサポートのサポートの……は止まるのだろう。二人が、「これは十分なサポートと言っていいだろう」とか、「これ以上ツッコミを入れても、もうそれは適切ではなくなるよね」といった**合意に達する**からだ。AとBはかなり早いうちに合意に達した。AとCだって、そのうちに合意に達するだろう。あるいはどっちかがキレるかもしれないが。「いーかげんにしろ」って。

そうすると、**ツッコミ→サポート→ツッコミ→サポート……の果てしない連鎖をうまいところで断ち切ることは「じょうずな論理的思考」にとってとても重要だ**ということがわかる。断ち切るためには、一人で考えているなら、自分にとってこれはもうそれ以上のサポートがいらないだろうというところを見つけることが必要だ。他の人といっしょに考えているなら、「これはもうツッコまないでいいよね」と合意できるところを見つけることが必要になる。73ページで、強いサポートの定義（2）として、「証拠がそれじたい正しいと考えられる（あるいは合意ができている）ようなサポート」と書いたのは、こういうことが言いたかったんだ。

論理的な愚か者になってはいかんよ

というわけで、それ以上のサポートを要求したり、サポート関係にツッコミを入れるのをどこでやめるか、ってけっこう大事なのだ。やめどきを間違えてそれを続けてしまうと、かえって論理的なやりとりからそれていってしまう。**論理的思考の技術には、どういうときに論理的思考をやめるかをうまく判断するということも含まれる**わけだ。

それどころか、**「いまは論理的に考え、語るべきときなのか」を見極める**ことも大事だ。どんな人とどんなときにどんなことがらについて話していても、サポートは万全かをつねに気にして、ツッコミどころはどこかを探し、相手にツッコミを入れまくってしまう人がいる。ひどいときは、たんに相手をいたぶるためにそういうことをしたりする。相手に自分の「頭の良さ」を誇示して優位に立ちたいためだけにそういうことをする。こんな人は、**「論理的な愚か者」**と呼んでおこう。いっけん頭のいい、スルドい人に見えるかもしれないが、ほんとうはアホである。

論理的な愚か者になってはいけない。たとえば、キミが久しぶりにおばあちゃんに会いにいったとしよう。小さいときにずいぶん可愛がってもらった。ふと、どうしているかなと気になったので訪ねてみよう、というわけだ。おばあちゃんは、キミの顔を見るなり「来てくれるんじゃないかと思ってたよ」と言う。なぜなの、と訊くと、おばあちゃんは「今朝ね、お前の夢を見たからだよ」と答える。このとき、それではサポートとして十分じゃないね、とツッコまないでしょ、ふつう。おばあちゃんはキミと予知現象の有無について議論がしたいわけではない。お前に会えてうれしいよ、と言いたいんだ。いまは論理的に考え、語る場合ではない。
というわけで、キミが目指すべきは次のことだ。

（1）いまは論理的に考え、語るべきときなのかを見極めることができる。
（2）論理的に考え、語るべきときにはそれができる。
（3）時と場合（相手が誰かも含む）に応じて、どのていど論理的に考え、語ればよいのかの見極めができる。

こうやって書き出してみると、難しそうに思える。だけど、これってまともな大人なら自然とできるようになっているはずのことだ。これが難しいということは、ひょっとしたらまともな大人になるのが難しいということかもしれないが。

【練習問題⑦】

ツッコミ→サポート→ツッコミ→サポートをどこまでも続けるとだんだんヘンなことになるということを実感してもらうための問題だ。AとCの架空の対話は「でも」×3でやめておいたが、これをもう少し続けてみよう。Cさんにもっとツッコんでもらい、Aにサポートさせるとどうなっていくか。このシナリオの先を書いてみよう。

第4章 論理的思考のようで論理的でないベンベン、それは何かと尋ねたら……

「論理的思考の敵」から身を守れ

論理的に考え、語ることを避けようとする人がいる。それも、苦手だからやりたくないというんではなく。そういう人は、そもそも目的からしておかしい。

論理的に考え、語り、議論することのそもそもの目的は何か。これについては最終章でじっくり整理してみたいと思ってる。でもここで、ちょっとだけ先取りして言っちゃうと、論理的思考・議論は、**「みんなの幸せにかかわることがらについてみんなで議論して、納得ずくで決める」**ということを一つの目的にしている。

そうすると、「みんなの幸せ」を目指していない人、あるいは「みんな」の範囲がごく狭い人。つまり、自分の「お友だち」、社会の特定の階層、自分と考えの近い人たちの幸せだけを優先させる人。ひどい場合は自分一人の利己心や幼稚なプライドを、いろんな人々からなる社会・コミュニティ全体の幸福に優先させるような人。こういう人は論理的思考・議論を避けようとする。なぜなら、そういう人の主張は、そもそもサポートが貧弱なうえに、ツッコミどころが満載で、しかもそのツッコミに耐えられないからだ。

あるいは、そもそも「みんなで議論して決める」のがイヤな人も、論理的思考・議論を避けたがる。議論によってみんなを説得するかわりに、脅《おど》したり、忘れたふりをしたり、感情に訴えたり、外に共通の敵をでっちあげたり、突然キレたりする。そして、決まってこう言う。「議論は終わりだ。決断の時だ」

キミたちは、こういう**「論理的思考の敵」**になってはいかんよ。大げさに言えば、論理的思考の敵は人類の敵であり、幸福の敵である。と同時に、論理的思考の敵から身を守るすべを身につけることも大切だ。本章では、そのためにどうしたらよいのかを教えてあげよう。

疑似論理的思考って何だ？

あからさまに論理的思考・議論を避けているのは、誰の目にもわかりやすい。国会審議で質問されて、関係ないことをえんえんと話して時間をつぶしてしまおうとするとか。何を聞かれても同じ紋切り型の答え（たとえば「ご本人が適切に対応されることと思う」）を繰り返すとか。こういうのは見てりゃすぐにわかる。ああ、議論したくないのね。議論から逃げているのね。

ヤッカイなのは、**いっけん論理的に見えてほんとうのところは論理的ではない思考や議論**だ。つまり、主張や結論にサポートを与えているように見えるが、その「サポート」がぜんぜんサポートになっていないというケース。これは、気をつけないと見逃してしまう。

論理的思考のようで論理的でないもの。これは**疑似科学**ってやつに似ている。疑似科学って、ノストラダムスの予言とかご先祖の祟《たた》りとか心霊写真とか、いわゆるオカルトとごっちゃにされることも多いけど、じつはちょっと違う。科学では解明できない不思議がこの世にはある、と主張するオカルトは疑似科学ではない。疑似科学というのは、そういう現象を科学的に扱うと称する活動のことだ。あくまでも、科学のにせもの。だから疑似「科学」なのである。

超能力を「科学的に」研究するとする「超心理学」、神が生きものを現在の形につくったとする聖書の記述を「科学的に」証明しようとする「創造科学」などが代表的な疑似科学だ。科学を名乗るので科学っぽくふるまっている。学会をつくったり、論文誌を発行したり、白衣を着て実験や調査をしたりする。大学に講座をつくったりもする。でも、中身をよく調べてみると、いろんな点でフツウの科学とは異なっている。

ここで扱おうとしているのは、うっかりすると論理的思考・議論に見えてしまうが、ほんとうはそうではないものだ。伝統的には「詭弁《きべん》」とか「誤謬《ごびゅう》」と呼ばれてきたけど、**「疑似論理的思考」**と呼んだほうがよいかもしれない。あるいは、日本語には「ヘリクツ」という表現がある。これってうまい言い回しだよね。リクツでは割り切れないこと、リクツを超えたものということではなくて、あくまでリクツなの。でもほんとうのリクツではなくて、「屁《へ》」のような実体のないリクツ。

　ここから先は、疑似論理的思考・議論（へリクツ）の代表的なものを六つお目にかけよう。こういう考えかたをする人、こういう議論をする人は世の中にたくさんいる。知らずにやってしまう人もいるし、知っててあえてやっている人もいる。まずはこういう人たちから身を守ってほしいんだ。

その①――同語反復とその仲間たち

　前章で**同語反復**って何かを説明した。「水星の内側にもう一つ惑星がある。なぜなら、水星の内側にもう一つ惑星があるからだ」みたいに、サポート部分と主張とがまったく同じ文で表されているやつだ。これって、たしかに反例はない。だからといって、まともな論理的思考とは言えない。「なぜなら」で二つの文がつながっているから、論理的思考みたいな形をしているかもしれないが、じつは疑似論理的思考だ。

　水星の例みたいにあまりに露骨なのは、すぐに疑似論理的だとバレる。けど、世の中にはけっこう手の込んだインチキ議論がある。**すぐには同語反復だとわからないように偽装した同語反復**だ。その偽装方法は二つある。まず第一に、「なぜなら」の前と後の文をちょっと違った言葉に言い換えると、同じ文ではなくなるので、同語反復に見えにくくなる。

　例をあげよう。アメリカのある雑誌の質問コーナーで、次のようなやりとりがあったそうだ（単純になるように少し書き換えてある)。

> **質問**:ハーバード大学の高名な経済学者ケネス・ガルブレイスは結局ノーベル経済学賞を受賞できませんでしたが、それはなぜですか?
> **答え**:おそらくノーベル賞委員会が、ガルブレイスの業績は賞を与えるのに十分ではないと判断したからでしょう。

「ノーベル経済学賞を受賞できなかった」と「ノーベル賞委員会は業績が賞を与えるのに十分ではないと判断した」ってほとんど同じことの言い換えじゃない? だからこれって、「受賞できなかったのは受賞できなかったからだ」と言っているのとほとんど変わらない。この「回答」は、じつのところ何も言っていないのに等しい。質問した人は、ノーベル賞委員会がガルブレイスの業績は受賞に値しないと判断した理由を知りたいのに。でも、世の中にはこういうのってけっこうある。こんな答えを書いて原稿料をもらえるなんていい仕事だね。ぜひやりたい。

第二の偽装方法は、**「なぜなら」を何重にも連ねることで、全体をややこしくするというやりかた**だ。たとえばこんなふうに。

> 私たちの教祖様は最終解脱者《げだつしゃ》だ。なぜなら、そのように経典《きょうてん》に書かれているからだ。で

はなぜ、その経典を信用してよいのか。それは教祖様がお書きになったものだからだ。ではなぜ、教祖様がお書きになったものは信用できるのか。それは教祖様が宇宙の原理を悟《さと》っておられるからだ。なぜ、教祖様が宇宙の原理を悟っておられるのか、それは、教祖様は最終解脱者だからだ。

まわりまわって結局「教祖様が最終解脱者なのは教祖様が最終解脱者だからだ」とサポートしているわけで、たしかに見かけ上は同語反復じゃないけど、同じことをやっている。こういう疑似論理的議論・思考は、**「循環論法」**とか**「論点先取《せんしゅ》」**とも呼ばれている。

その②——主張の中身ではなく「人」を攻撃する

論理的思考・議論では、サポートしたりツッコんだりは、本来、**主張のなかみ（内容）に対しておこなわれるべきだ**。ところが、主張のなかみではなく、**それを主張している人にツッコミを入れることによって**、主張そのものにツッコミを入れたと錯覚させることがしばしばおこなわれている。「その主張をしているのはほにゃららなヤツだから、その主張は間違いだ（信用できない）」という具合。こういうタイプの議論は**「対人論法」**とも言われる。

で、じつにいろんなことがらが「ほにゃらら」のところに来るんだ。

・能力（アホである）
・人格や性格（だらしないヤツである）
・人間関係（誰それの友だちである、誰それの弟子である）
・経歴（もと過激派の活動家である、刑務所にいたことがある）
・学歴（大学を出ていない、○○学の教育を受けていない）
・職業（「反日」新聞の記者である、御用新聞の記者である、タレントに「すぎない」）
・過去の言動（かつてこんなことを言っていたヤツである、かつて○○の活動家だった）
・性的アイデンティティ（男である、女である、同性愛者である）
・民族的出自（在日韓国人である、ヒスパニックである、アフリカ系である）
・社会階層（ブルジョアである、労働者階級の出身である）

ふむ。ありとあらゆることがらが対象になっているね。

たとえば、米国の陪審員《ばいしんいん》制度のもとでの法廷で、こんなことがあった。タバコ会社の元社員が、会社による健康データ捏造《ねつぞう》をマスコミに告発して、秘密保持の契約違反で訴えられたという裁判があった。このとき、陪審員の「心証」を悪くするために、訴えられた社員は、内部告発とはなんの関係もない若者時代の万引きの「前科」をほじくりだされて批判された。言うまでもないことだけど、考えなければならないのは、彼のおこなった内部告発が会社との契約に違反し

これが「対人論法」だ！

ているかどうか、そもそも秘密保持の契約が公共の利益に照らして妥当なものであるかどうかであって、彼が非の打ち所のない人かどうかではない。

こういうことが起こらないはずの科学の世界でも、次のようなことがあった。１９３０年代のドイツでの話。ヒトラー率いるナチスが勢いを増しつつあった時代だ。フィリップ・レーナルトとヨハネス・シュタルクという、どちらもノーベル物理学賞をもらった大物が先頭に立って、「ドイツ科学運動」が巻き起こった。二人とも純粋ゲルマン人で、実験重視の伝統的立場、しかも熱烈な愛国主義者だった。彼らは、当時生まれつつあった量子力学と相対性理論（20世紀の新しい物理学の二本柱になった）にたいそう批判的だった。理論的・抽象的すぎて、実験・観測の裏づけが足りなかったからだ。

これだけだったらまともなツッコミだ。しかし、ナチスを支持していた二人は「量子力学と相対性理論は間違った理論だ。なぜなら、それを推進しているのがユダヤ人だからだ。そしてユダヤ人は現実離れした抽象理論をもてあそび、真の創造性をもたない」という批判をおこない、シュレーディンガーやアインシュタインといったユダヤ人物理学者の弾圧に乗り出した。結局、シュレーディンガーもアインシュタインも他国に亡命せざるをえなくなった。

言うまでもないと思うけど、物理学の理論の正しさと、それを唱えている学者の民族的アイデンティティとは何の関係もない。相手が唱えていることがらの中身に有効なツッコミができないが、とにかくツッコみたいとき、当面の議論とは無関係の、**相手の属性をとらえてそれを攻撃する**、ということがけっこう頻繁になされる。残念なことだけど。

その③──「わら人形」論法

自分の主張をサポートするのに、自分と対立する主張をサポートする議論にツッコミを入れてやっつける、というやりかたをとることがある。捕鯨賛成を主張するために、反対派の議論を批判するとか。これは正当なやりかただ。ただし、ちゃんとやるなら。

この場合「ちゃんとやる」には二つのことが大切だ。まず、やっつけようとする相手の考えかたを正確にとらえたうえで批判する。そして、相手の主張の最も強くサポートされている部分、あるいは最も強いサポートを批判する。でも、これは「言うは易《やす》くおこなうは難《かた》し」の典型で、じっさいにはなかなか守られない。

たとえば、**相手の考えかたを歪めて解釈し、批判しやすくしたうえで批判する**。それには、批判しようとしている相手の主張をうんと極端なものにしてしまえばよい。極端な主張はツッコみやすくなるからだ。つまり、ツッコみやすい主張ということは、弱い主張ということだ。

最悪の場合、実際にはそんな考えの持ち主はいないよ、というような人をでっちあげて、その**架空の人の考えを批判することで、自分の考えをサポートしてしまえ**、ということになる。このときでっちあげられる人（そんな人はめったにいないのに）を**「わら人形」**という。これはもとは英語ね。日本でわら人形は人を呪うときに使うみたいだけど、英語で「わら人形（straw man）」は、取るに足らない弱い敵を表す。たとえば、こんな議論だ。

> 子どもを虐待した母親はみなＤＶ夫の被害者でもあるのだから免罪《めんざい》されるべきだという意見は間違っている。子育ては母親の仕事なのだから、児童虐待のケースで処罰されるのはまずは母親であるべきだ。

ここで言いたいのは、児童虐待がおこなわれた場合、父親だけでなく母親もちゃんと処罰せよということなのだけど、そのサポートの一つとして、「虐待した母親はみな夫によるＤＶの被害者だから免罪されるべきだ」という主張をやっつけている。しかし、これはずいぶん極端な主張だ。まず、子どもを虐待する母親が全員ＤＶ被害者であるとはかぎらない。それに、夫の暴力の被害者である場合だって、母親の責任がすべて免除されるべきだと考える人もほとんどいないだろう。その事情を酌《く》んでやるべきだ、と考える人はたくさんいるだろうが。つまり、こんな極端なことを言っている人はほとんどいないのである。そして、極端だからやっつけやすい。これはわら人形だ。この手の議論はメディアにあふれている。キミも見たことがあるだろう。

このように、わら人形ってけっこうありふれている。悪意をもってわざと使われるときもあるけど、むしろつい使ってしまうことも多い。たとえば、

A：しかし関西の人ってヨシモトの芸人が好きだよな〜。
B：んなことないよ。うちんとこのお母ちゃんヨシモトだいっ嫌いやで。

Bがやったような反論を「ウチのオカン型反論」という（ウソ、いま私が名づけた）。ウチのオカン型反論は、たった一つ、あるいはごく少数の例外をあげて、相手に反論しようとする。無効な反論だ。それで反論になっていると思うってことは、相手の主張を、たった一つの反例でアウトになるような主張だとみなしているということを意味する。つまり、Aが「関西人は全員ヨシモトの芸人が好きだ。例外なし！」という極端な主張をしていると決めつけて反論していることになる。もちろん、Aはそんな極端な主張はする気がない。たんに、関西は他の地域に比べて吉本ファンが多い、くらいのことしか言ってない。だから、Bのやっていることってわら人形でしょ。

ウチのオカン型反論は、わら人形論法の一つのバリエーションだと言えるね。

その④——どうでもよい細かな点に議論をすりかえる

相手の主張を批判しようとするなら、その最も強くサポートされている部分、あるいは最も強いサポートにツッコミを入れないといけない。これをいいかげんにすまそうとすると、**相手の主張やサポートのどうでもよい些細《ささい》な点を批判して、相手の主張の全体がダメであるかのように見せかける**、ということになる。たとえば、次の会話を考えてみよう。

A：ボクのいるところでタバコを吸うのはやめてくんないかな。誰もいないところで吸って、キミが身体を壊すのはキミの勝手だ。だけど、副流煙《ふくりゅうえん》でボクに迷惑をかけるのはやめてくれ。せっかくの料理の香りがわからなくなっちゃうし。

B：なに言ってんだ。そんなにスルドイ鼻の持ち主じゃないだろ。

タバコを吸わないでくれという主張に対して、Aが与えているメインのサポートは、「自分は副流煙の被害にあいたくない（あわない権利がある）」ということなのに、Bは料理の香りがわからなくなる、という、「副流煙の被害」のうちどちらかといえば些細な点をとらえて、そこにだけ反論している。

こういう疑似論理的議論には**「燻製《くんせい》ニシン」**というあだ名がついている。なんでかと言うとね。イギリスでは猟犬を訓練するとき、注意をそらせるのに、燻製ニシンを使うんだそうだ。そこから「注意を他にそらせるもの」という意味になったらしい。

【練習問題⑧】

次にいくつかのヘリクツの例をあげてある。「だから」「からだ」が出てくるので、いっけん何かで何かをサポートしているように見えてしまうが、みんな疑似論理的だ。それぞれ、どういう点でダメなのかを説明してみよう。

（1）「動物園や水族館はやはりあったほうがよいと思う。まず生き物の生態を、実物を通して学ぶ教育機関として重要だ。また、研究機関としても大切な働きをしているし、希少動物の保護にも役立っている。それに、地域の娯楽施設にもなっている」
「娯楽施設なら遊園地とか他にもいっぱいある。それに、動物虐待だというのでイルカショーもやらない水族館なんて娯楽施設とは呼べないんだから、やっぱり水族館なんていらないよ」
（2）「ジョギングのやりすぎはかえって心臓によくないらしいよ」
「信用できないね。キミは太っていて走るのが苦手だからそういうことを言うんだろう」
（3）「遺伝子組み換え作物の是非などの科学・技術に関する意思決定に、科学の専門家でない一般市民に参画してもらおうという考えかたがあるようだが、それは間違っていると思う。科学者より一般市民のほうが数が多いので、なんでも多数決で決めてしまうなら、科学の専門知識が活《い》かせなくなるからだ」

（４）「私の発言が女性差別であるとのご指摘ですが、そのような意図は毛頭ないとはいえ、差別的であるとのことで傷ついた女性の方がもしいらっしゃるならそれは失言ということになりましょうから、その点に関してはおわびを申し上げることにやぶさかではない、と思う次第であります」

ヘリクツ父さん登場！

というわけで、ヘリクツ・オン・パレードも中盤にさしかかりました。これまでに登場した四種類の疑似論理は、どちらかというと議論とか論争といった場面で出くわすタイプのものだった。だからキミは、誰かがそれをやっているのに出会ったときは、ダマされないぞ、と注意しておけばよい。そのために、「循環論法」「対人論法」「わら人形」「燻製ニシン」といった名前を知っておくことは、けっこう役に立つ。

相手が疑似論理的議論をしてキミを煙《けむ》に巻こうとしたときに、「なんだかおかしな議論だなあ、へンだなあ」と思うだけで、どこがどうおかしいのかちゃんとわからないと、結局はまるめこまれてしまうかもしれない。そんなとき、「あっ、これはわら人形だ」とか「こいつ、燻製ニシンでごまかそうとしているな、その手に乗るものか」と思うことができると、ちゃんと疑似論理から自分の身を守ることができる。名前をつけるってけっこう大切なんだ。

さてここから本章の後半部分。いまから紹介する二つの疑似論理は、議論の仕方だけじゃなく、むしろ考えかたそのものにも深くかかわっている。だから、誰かがそれを使ってキミをダマそうとするかもしれないが、それだけじゃなく、**キミじしんがその思考法にハマってしまい、自分で自分をダマすハメになる**かもしれない。二重に注意が必要なアイテムだ。

キミが学校から帰ってきて息抜きにゲームをしていると、珍しく早く帰宅したお父さんがそれを見つけて、「勉強はどうした、勉強は。ゲームする暇があったら勉強しなさい。勉強していい成績とって、いい会社に入っていい給料もらえばいい暮らしができる。そんときゃ、いくらだってゲームもできるだろう。それとも、いま勉強サボってゲームして、就職もできずに一生棒にふるつもりか。えっ。どっちを選ぶんだ」。

まあ、至るところツッコミどころ満載な説教だけど、親はやらかしてしまいがちだ。で、ここで注目したいのは、この議論全体の構造。いちおうどっちを選ぶかを聞いているように見えるけど、お父さんの答えはもう決まってる。ゲームをやめて勉強する、だ。ということは、お父さんはキミ相手に次のような議論をしていることになる。

A（勉強）するかB（ゲーム）するかのどちらかだ
Aすると良い結果になる（将来のリッチな生活）
Bすると良くない結果になる（ダメ人間くん認定）
誰でも良くない結果は避けるべき

以上を根拠・理由として、結論は、

だからAしなさい

これは、サポート関係はまともだ。だから、いっけんまともな議論に見えてしまう。しかし思い出してほしい。サポートがちゃんとしているためには、根拠・理由と結論の関係がちゃんとしているだけでなく、**そこで使われている個々の根拠・理由じたいも正しくないといけない**、ってことをだ。

この場合、いちばん怪しいのは最初の根拠だ。つまり、AするかBするかのどっちかしか選択肢がない、というところ。「ゲームしないで勉強する」と、「勉強しないでゲームする」の他に、制限時間を設けてゲームを楽しみ、後の時間は勉強するという選択肢がある。しかも、その制限時間を何時間にするかで、いくらでもたくさんの選択肢がある。

その⑤――「ジレンマ」もしくは「強いられた二者択一」

お父さんの議論は、選択肢がたくさんあることを隠し、両極端の二つの選択肢しかないかのように思わせて、自分の好みのほうを選ばせる、疑似論理的議論だ。**「強いられた二者択一」**と呼ばれている。ようするに**「AかさもなくばBか」**ってやつ。

これって、ものすごく良くない議論の仕方だと思う。なぜなら、とても暴力的だから。「国を愛さないヤツらは出ていけ」というヘイトスピーチ系お得意の言い回しってまさにこれ。そんな二者択一（国を愛するか出ていくか）を受け入れる筋合いはないわい、と言っておけばよい。

で、これって他者から押しつけられるだけでなく、自分からこうした思考に落ちこんでしまうこともあるから要注意だ。

Aするか B するかのどちらかだ
Aすると困ったことになる
Bしても困ったことになる
ゆえに、いずれにしても困ったなあ

こういう思考パターンを**「ジレンマ」**という。私たちの悩みのほとんどはこういう形をしているんじゃないかな。「義理と人情の板ばさみ」とか、「あちらを立てればこちらが立たず」とか、いろんな言い回しでジレンマを表現してるしね。

ジレンマが本物であることもある。つまりほんとうに、「いずれにせよ困ったことになる」ことも多々ある。だけど、頭の中だけのジレンマにすぎない場合もけっこう多い。つまり、自分で勝手に二者択一を自分に強いているだけ、ということもある。なので、アドバイスはこうなる。ジレンマに陥りそうになったら、**AとBの他に選択肢が隠れていないかをつねに探したまえ。**

絵本作家のヨシタケシンスケさんの『それしか ないわけ ないでしょう』に、こんな一節があった。


おとなはよく／「コレとコレ、どっちにする？」とかいうけれど、／どっちもなんかちがうなーっておもったときは、／あたらしいものをじぶんでみつけちゃえばいいのよ！

ヘリクツ父さんの逆襲

というわけで、お父さんの「強いられた二者択一」論法を斥《しりぞ》けて、ゲームに精を出すキミだ。でも、そんなキミの姿を見て、お父さんはすごく心配になったらしい。こんなことを言い出した。

「ものの本によるとな、ゲームは依存性があるらしいぞ。ちょっとだけ、と思ってやっていても、そのうち夜も昼もずっとやり続けることになる。そうすると、もっとスリルのあるゲームをやりたくなる。スリルのあるゲームって、ギャンブル性の高いものだよな。だからそのうちお前はギャンブルに手を染めることになるぞ。パチンコ屋とかに出入りするようになる。そうすると、お金が足りなくなる。足りないからローン会社で借金するようになる。借金が雪だるま式に増えて、どうにも返せなくなる。そうすると、盗みを始める。どこにしようか、そうだな。コンビニだ。お前はコンビニに押し入る。最近のコンビニはセキュリティがしっかりしているからな、警察に通報されてしまう。やばいと思ったお前は、つい店員を殺《あや》めてしまう。そうすると、お前は人殺しに目覚めてしまい、シリアルキラーになっちゃう。警察が放っておくはずはない。いずれ捕まって、死刑になる。だから、ゲームをやるとお前は死刑になる」

その⑥——「滑りやすい坂」またの名を「雪だるま」論法

おーい、お父さん大丈夫？　と言いたくなるが、これが「滑《すべ》りやすい坂」論法、またの名は「雪だるま」論法というものだ。だけど、これってめちゃくちゃな議論というわけでもない。だから、疑似論理的思考なんだ。どういうことかと言うと……。

この論法って、次のような形をしている。

AならばB
BならばC
CならばD
DならばE
EならばF
FならばG
GならばH
よって、AならばH

これね、場合によっては正しい。数学の場合だ。長〜い証明ってあるでしょ。それって、いま見たような形をしている。これは数学では十分なサポートになっている。それは、そこで使われる前提（「AならばB」とか、この例では七つある）のどれもが100％正しいからなんだ。

でもね、ここに出てきた「ならば」が、「しかしかしたならば、かくかくの結果になる」という因果関係の「ならば」のとき、こういう形の議論は滑りやすい坂になってしまうことがある。**因果関係の「AならばB」はたいてい例外があって、100％正しいことはまずない**からだ。パチンコをやる人の全員が、お金がなくなるまでやり続けるわけではない（そうなっちゃう人もいるけど）。借金ができた人の全員が、盗みをするわけではない（やっちゃう人もいるけど）。人を一人殺した人がみんなシリアルキラーになるわけではない。

ということは、ここに出てくる「◯ならば△」のほとんどが、「そうなることもあるけど、そうならないこともある」、あるいはせいぜい「そうなることも多いけど、そうならないこともある」なんだ。そうすると、全部をくぐり抜けて「AしたためにHしちゃった」になるケースって、ほとんどないということになる。

この論法あるいは思考パターンって、けっこうアブない。「強いられた二者択一」論法のときのお父さんは高圧的で権力的だったけど、今回のお父さんは心配性でしょ。**「滑りやすい坂」論法は心配とか恐れと結びつきやすい。**そして二つが結びついたとき、すごく良くないことが起こる。

ロシア革命によって社会主義国のソビエト連邦ができ、第二次大戦直後、毛沢東が率いた革命によって、今度は中国が社会主義国になった。アメリカはこれをものすごい脅威ととらえた。冷戦の始まりだ。放っておけば、朝鮮半島も、日本も、そしてついにはわが国も共産主義化してしまうかもしれない（こういうのを「ドミノ理論」っていった）。それはなんとしても避けなければならない。

労働者の権利のための運動にちょっとでも関心をもつと、いずれ共産主義者になり、ソ連のスパイになり、共産主義革命を企《くわだ》てるようになる、そして、いずれアメリカも共産主義国になってしまう。お父さんと同じ「滑りやすい坂」思考だ。

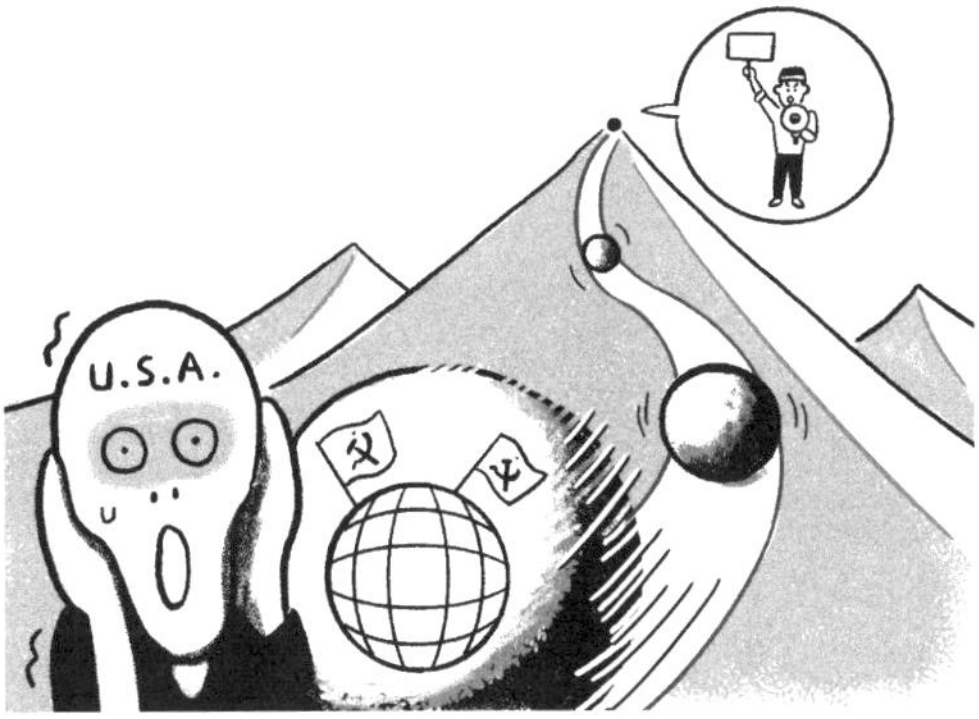

心配のタネが雪だるま式に大きくなっていく！

こうした恐怖心に駆られて「赤狩り」が始まった。共産主義者かもしれない、ソ連のスパイかもしれないと疑われた人々が次々と逮捕され、牢屋に入れられたり社会的地位を失ったりした。密告が強いられ、仲間を売って自分だけは助かろうとした人も、その後ずっと良心の呵責《かしゃく》にさいなまれたり、周囲からの軽蔑の目にさらされることになった。

というわけで、ちゃんとした論理的思考と疑似論理的思考をきちんと区別して、疑似論理的思考に陥らないように気をつける人が増えることは、私たちの社会が健全であるために、とても重要なんだ。

【練習問題⑨】

ジレンマはいつでも疑似論理的思考だと誤解されると困るので、次の問題を用意した。

（1）52〜53ページで「どんな素数にもそれより大きな素数がある」ことの証明を紹介した。じつはあれ、ジレンマと同じ形をしている。まずはこのことを確かめてみよう。

（2）次の悩みもジレンマの形をしている。でも、こっちは疑似論理的思考と言ってよいと思う。なぜそう言えるのかを示したい。そのためにはサポートになっていませんよ、とツッコミを入れればいい。次の思考にできるかぎりのツッコミを入れてみよう。言っとくけど、ツッコミどころ満載よ。

仕事を辞めて結婚するか結婚を諦《あきら》めて仕事に生きるかのどちらかね。
仕事を辞めて結婚すると社会に参加する機会がなくなってむなしい。
結婚を諦めて仕事に生きると家族とのふれあいがもてなくてむなしい。
いずれにしても私の人生はむなしいわ。

第5章 しかし、私たちのアタマは論理的思考に向いていない、という「不都合な真実」

AランチかBランチか、それが問題だ

さて、本書もいよいよ佳境《かきょう》に入ってきた。ここまでは、論理的にじょうずに考える・書く・話すというのはどういうことかを明らかにしてきた。でも、私たちのオツムはそれほどデキが良くないのね。むしろヒトの脳は論理的思考にあまり向いていないと言ったほうがよいくらいだ。それじゃあ、どうしたらよいのだろう。これが本書の第Ⅱ部、後半戦のテーマだ。

しかしその前に、第Ⅰ部の最後で、私たちはそんなに論理的思考が得意ではないという事実に気づいてもらおう。気づいたら、なぜそうなのかを考えよう。そのうえで、どうすればよいのかを第Ⅱ部で考えていこう。

というわけで、こんな例から始めてみる。キミの学校には学生食堂があって、二種類の日替わりランチを出してくれる。AランチとBランチだ。値段は同じ。どっちも同じくらいおいしい。しかもキミは好き嫌いのまったくない良い子ちゃんだ。だから、いつもどっちのランチを頼むかで迷ってしまう。決め手がないから、もう悩むこと悩むこと。チケットの販売機の前でずっと決めかねていると、後ろに並んでいる友だちから「早く決めてくれよ。イライラ」と言われる。すみません。

そこでキミは、毎朝ウチを出る前に、その日のランチをどっちにするか、百円玉を投げて決めておくことにした。表が出たらAランチ。裏が出たらBランチ。これで問題解決。で、今日は木曜日だ。今週はここまで、月曜日に表、火曜日に表、水曜日には表と、三回連続で表が出ている。そこでキミはこう考えた。今日も表が出そうだぞ。

でも、これは間違いなんだ。前の日に表と裏のどっちが出たかは、次の日にどっちが出るかに関係ない。**いつも、表が出るか裏が出るかは五分五分だ。**だから今日も、表のほうがより出やすいとか、そういうことはない。あくまで五分五分。このことが飲みこみにくいなら、毎日違うコインを投げると考えてみたらよい。昨日投げた百円玉は、今日投げる十円玉となんの関係もないことがはっきりするだろう。昨日の百円玉が、今日の十円玉に「昨日、表を出しといたからヨロシク」と伝えたりしない。

二つのダメ推論

この間違いをもうちょいちゃんと分析してみよう。証拠と主張とサポート関係という論理的思考のパターンに当てはめてみると、キミは次のような推論をしたことになる。

月曜日には表が出た
火曜日には表が出た
水曜日には表が出た
したがって、木曜日にも表が出るだろう

でも、これって良い論理的推論ではない。月曜日から水曜日までにどちらが出たかは、木曜日にどっちが出るかとなんの関係もないので、三つの「証拠」は結論をちっともサポートしていない。これは有名な間違いなので、**「ギャンブラーの誤謬」**という名前がついている。

逆の間違いもある。木曜日のコイン投げの結果も表だったとしよう。四回連続で表が出たというわけだ。キミの「木曜日にも表が出る」という予想は見事に当たったことになる。ここでぜったいに思い出しておかねばならないのは、**結果として当たっていたから、キミのおこなった推論は成功だった、良い論理的推論だったということにはならない**、ということだ。キミの推論はサポート関係が成り立っていないのでダメな推論だった。でも、まぐれで結論が当たった、というのがほんとうのところ。

さて、今週は月曜日から木曜日までずっと表が出続けている。で、金曜の朝にキミはこう考えた。そろそろ裏が出てもいいんじゃないか。今日は裏が出そうだぞ。この推論のどこがダメか、もうわかっているね。

月曜日には表が出た
火曜日には表が出た
水曜日には表が出た
木曜日には表が出た
したがって、金曜日には裏が出るだろう

四つの「証拠」は、主張が成り立つか（成り立ちやすいか）になんの関係もない。だから、相変わらず主張はサポートされていない。

でも、ゲームをやっているときとか、ついこのように考えてしまわないか？　ずっとダイヤが出ているのはおかしいから、そろそろクラブやハートが出るんじゃないか。これも有名な間違いで**「逆ギャンブラーの誤謬」**という。表、裏、どっちの結論を出しても間違った推論なんだね。でも、私たちはついそういうふうに考えてしまう。

「珍しいことが起きたぞ」と「よくあることが起きたぞ」

もうちょっとランチの事例を続けてみよう。コイントスめしを始めて二週間がたった。第一週は、表表表表表だった。第二週は、表表裏表裏となった。二週目の終わりに、キミが次のように思ったとしよう。一週目は五回連続「表」なんてずいぶん珍しいことが起きたけど、二週目はよくある結果に落ち着いたな。

ブーッ! 間違い警報発令。「よくある結果に落ち着いた」というのを、「表表表表表より表表裏表裏という並びかたのほうが起こりやすい」という意味で使っているなら、キミは間違っている。

すでに言ったことの繰り返しになるけど、前の日に表裏のどちらが出たかは、次の日にどちらが出るかと関係ない。どの日も、表が出るか裏が出るかは五分五分（確率2分の1）。だったら、表表表表表と五回連続で表が出るのは、「前に何が起きたかにかかわらず確率2分の1で起こることがら」が五回起きたので、2分の1を五回かけて、32分の1の起こりやすさで起こる。じゃあ、表表裏表裏はどうか。これも、前に起きたことによらず確率2分の1で起こることがらが五回起きている。なので、やっぱり32分の1。**どっちも起こりやすさは同じ**なのだ。

でも、なんだか表表裏表裏のほうが「ありそう」に思えてしまう。なぜだろう。五回百円玉を投げて表裏がどういう順序で出るかを全部書き出してみよう。

（a） 表表表表表

（b）表表表表裏　表表表裏表　表表裏表表　表裏表表表　裏表表表表

（c）表表表裏裏　表表裏表裏　表裏表表裏　裏表表表裏　表表裏裏表

　　表裏表裏表　裏表表裏表　表裏裏表表　裏表裏表表　裏裏表表表

（d）裏裏裏表表　裏裏表裏表　裏表裏裏表　表裏裏裏表　裏裏表表裏

　　裏表裏表裏　表裏裏表裏　裏表表裏裏　表裏表裏裏　表表裏裏裏

（e）裏裏裏裏表　裏裏裏表裏　裏裏表裏裏　裏表裏裏裏　表裏裏裏裏

（f）裏裏裏裏裏

目がチカチカしてきたぞ。数えてみると全部で32通りある。この一つずつは同じ起こりやすさで起こる。だから、表表表表表も表表裏表裏も起こりやすさは32分の1。ここまではいいね。

表表裏表裏は、「三回表、二回裏」のグループ（c）に属している。グループ（c）は10通りある。だから「三回の表と二回の裏が混ざって出る」というのは表表表表表の10倍起こりやすい。では、表表裏表裏のほうが表表表表表より「ありそう」に思えるのはなぜかというと、表表裏表裏がグループ（c）の代表とみなされてしまうからだ。もし仮に、表表裏表裏が、もっとおおざっぱな「表と裏が混ざって出る」の代表と考えられているとするなら、もっとたくさんを代表している（（b）〜（e）の30通りを代表している）。

いずれにせよ、私たちは、表表裏表裏をそれじたいとして理解するのではなく、**それと似たたくさ**

んのケースの代表として見てしまう。だから、表表裏表裏の起こりやすさを正しく評価することができなくなって、「いかにも起こりやすい」「ありそう」だと思ってしまう。

【練習問題⑩】

ギャンブラーの誤謬や逆ギャンブラーの誤謬は、私たちが確率についてちゃんと考えるのが苦手であることを示すほんの一例にすぎない。次の四つも、確率についてよくやってしまう思考のミスだ。どこが間違っているかきちんと指摘できるかな。

(1) こんにゃくをよく食べる人のなんと92%は一生大腸ガンにかからなかったそうですよ。こんにゃくは大腸ガンの予防に効果があります。今晩のおかずにいかがですか。

(2) 私の課のよしこ先輩はさくらんぼが大好物で、90%の確率でさくらんぼの産地を正しく判定できる特殊な能力の持ち主である。私たちの課に、P県の支社からつとむさんが出張してきたので、P県がある東北地方の郷土料理を出すお店に連れていった。つとむさんはたいへんに強い郷土愛の持ち主なので、「ぼかあP県のもの以外は食べませんよっ」と言ってふんぞりかえっている(ヤッカイなやつだ)。それでも無事に会食は進み、最後にデザートとしてさくらんぼが出てきた。店員さんに産地を聞くと、うちではP県かQ県のさくらんぼしか使っていません、とのことだった。つとむさんは「Q県のものなんか食べるもんか」と言うので、よしこ先輩がまず味見をすることになった。よしこ先輩が「これは間違いなくP県産よ」と言うので、私たちは安心してデザートを食べた。

（3）この地域で1年のうち雨の日はおよそ3分の1だそうだ。1年のうち道路が水に濡れている時間はおよそ2分の1ほど。1年間で一人の人はおよそ1000分の1回転ぶ。1年間のうち一人の人が頭を打ってケガをする回数は1万分の1回だそうだ。今回、ぼくは雨の日に濡れた道で滑って転んで頭にケガをしたけど、これって1/3×1/2×1/1000×1/10000 の確率で起こることが起きたわけで、ものすごく珍しいことが起きたことになるな。

（4）毎朝、わが社のかつお節入りコーンフレークを食べてから学校に行く生徒さんは、そうでない生徒さんに比べて、うんとテストの成績が良いことがわかりました。さあ、頭の良くなるＤＨＡのたっぷり入ったわが社のコーンフレークを食べて今度のテストもバッチリだ！

私たちは「あるある」にヨワい

私たちは典型例の代表だとみなしたものを、実際以上に起こりやすいと判断するようにできているらしい。これと似たしくみで生じてしまう判断ミスの例をもう一つあげてみよう。次の問題を考えてみてほしい。

Aさんは最近タピオカドリンクにはまっている。特にお気に入りなのは、抹茶ミルクにタピオカを入れたものだ。友だちと連れ立ってあちこちのお店に出かけて飲み比べをしている。いつか、本場の台湾に女子旅に出かけたいと思っている。10月の31日はハロウィンの仮装をして渋谷に出かけた。夜遅くまで楽しんでいたら、両親に叱られてしまった。

さて、Aさんは次のどちらである可能性のほうが大きいだろうか。

（1）Aさんは都内の女子高生である。

（2）Aさんは流行に敏感な都内の女子高生である。

（2）と答えてしまったキミ！　間違っとるよ。都内の女子高生のうち、流行に敏感なのはその一部だ。都内の女子高生の中には、流行に敏感な人とそうでない人がいる。だから、「都内の女子高生である」可能性のほうが、「都内の女子高生でしかも流行に敏感である」可能性よりも大きいはずだ。

でも、多くの人が（2）と答えてしまう。それは、タピオカだの女子旅だのハロウィンが好きだのという情報に、「流行に敏感な女子高生」というAさん像が、よりピッタンコだからである。「いかにもあるある」だ。なので、私たちは（2）の可能性を大きめに評価してしまう。

都内のイケてる女子高生（想像図）

ことがらそのものではなく、典型例の代表として見てしまう傾向が私たちには備わっている。そのため、起こりやすさや可能性の判断を誤ってしまう、というわけだ。

最初の数字があとあとまで尾を引く

私たちにもともと備わっている判断傾向のせいで生じる間違いの具体例をあげ出すとキリがない。もう少し紹介しておこう。今度のは、トゥベルスキーとカーネマンという超有名な心理学者がやった実験だ。

国連の加盟国のうちアフリカの国は何%くらいを占めると思いますか、と実験に参加してくれた人たちに尋ねる。正確に知っている人はほとんどいないので、みんな当てずっぽうで答えることになる。このとき、ルーレットを回して、出た数字をみんなに伝えて、それよりどのくらい大きい（小さい）と思いますか、という聞きかたをする。ルーレットで出た数字が10だったグループの場合、みんなの答えの平均は約25%になった。一方、ルーレットの数字が65のグループでは答えの平均は約45%だったそうだ。

これって、おかしいでしょ。だって、ルーレットで出た数字は、答えを求められている数字となんの関係もない。そしてなんの関係もないとみんなもわかっている。なのに、その関係ない数字に判断がひっぱられてしまったのである。どうやら、私たちは、**何かを見積もるのに、最初に与えられた値を出発点にして、それに調整を加えることで答えを見つけようとする傾向**があるみたいだ。でも、たいていの場合、その調整は十分におこなわれず、最終判断が最初にスタートした値に影響されてしまう。

飛行機と自動車とどっちがアブナイ?

飛行機と自動車とどっちが危険な乗り物だろう。なんとなく飛行機のほうがアブナイから怖いと思っている人は多いだろう。私も飛行機は好きじゃない。できるかぎり陸路で行きたいと思っている。それに、やっぱり乗っていて怖いのは飛行機だ。特に、突然ガクンと機体が落っこちて、からだがフワッと浮く感じがするとき、コワイなあ。

でも、コワイのとアブナイのとは違う。怖いと思うのは私の勝手だが、危ないかどうかはもっと客観的に決まっているはずのことがらだ。そこで、どっちがより危険なのか数字で調べてみよう。

交通機関の「危なさ」を測るにはどういう数字を使ったらいいだろう。真っ先に思いつくのは事故で亡くなった方々の数だ。2018年に飛行機事故で命を落とした人の数は世界中で556人。自動車事故の死亡者数は日本だけで3532人(これでも統計を取り始めた1948年以降で最も少ないんだそうだ)、世界全体では約135万人(これは2016年の数値)。圧倒的に自動車事故のほうが多いね。

そうか、自動車のほうが飛行機の何千倍もアブナイんだ、スッゲー自動車って危険、と早とちりしてはイケナイ。だって、自動車に乗る人のほうが飛行機に乗る人よりずっと多いんだから。利用者が多ければ、事故に巻きこまれる人も多くなるよね。というわけで、**同じ利用者数あたりの死亡者数を比べないといけない。**１９９５年に出た本にのっていたちょっと古い数字になるけど、こんなのが見つかった。利用者数１００万人あたりの事故による死者数は、自動車が０・０２７人、飛行機は１・８人。こんどは飛行機のほうがアブナイということになったぞ。

でも、これじゃ航空会社は納得しないいんじゃないかな。**一人の利用者がどのくらいその乗り物に乗っているか**を考えに入れていないからだ。飛行機はいったん乗ると、かなり長い間乗り続ける。アメリカやヨーロッパに行く便では10時間以上乗らないといけない。これに対して、そんなに長い間自動車に乗り続ける人は、いるにはいるけど（運転手さん）、それほど多くはない。たいていの人は、通勤や通院、買い物、送り迎えに使ったりしている。「ちょっとそこまで」なのである。あとは、ただ駐車場をふさぐだけ。当の自動車会社じたい、この稼働率の低さは社会のムダだと考えて、一家に一台じゃなくていいんじゃないのと言い出しているくらいだ。

10時間乗り続けて遠くまで行く間に事故にあっちゃった、というのと、近所まで5分乗ってたら事故にあっちゃったというのを一律に扱うのはおかしいんではないの、ということになる。そうすると、乗っていた時間あたり、あるいは移動距離あたりの数字で比較しないといけないような気がしてくる。「利用者数あたり」と「移動時間または距離あたり」のどっちも考えに入れて比べるにはどうしたらよいだろう。

そういうときよく使われるのは、**「利用者一人がこれだけの時間（距離）移動する間に、平均して**

どれくらい死亡事故にあってしまいそうか」だ。具体的には、事故死亡者数を利用者数と一人当たりの平均移動時間（距離）の両方で割り算してあげればよい。

そういう数字として、同じ本にこういうのを見つけた。一人が1マイル移動する間にどのくらい事故で死にそうかというデータだ。ただし、この数字はすごく小さくなるので、わかりやすいように100億倍しておいた。それによると、自動車は0・55、飛行機は0・38になる。自動車のほうが危険、という具合に逆転している。

でも、今度は自動車の味方から反論が出そうだ。ほとんどの飛行機事故は離陸するときと着陸するときに起きている。いちばん長い時間、長い距離を進む水平飛行のときは事故が起きにくい。そうすると、水平飛行の時間・距離（しかもたっぷり）も含まれる移動時間・距離で割り算してしまうと、飛行機のほうの数字が小さくなりすぎるのではないだろうか。「利用者数あたり」のほうが公平に比べているのではないか。

というわけで、「飛行機と自動車とどっちがアブナイ」問題にただ一つの答えはない。客観的数字で議論しましょうね、というのはよいとしても、**どのような数字を使って比べるかによって結論は変わってしまう。**

なぜ飛行機のほうがアブナイと思っちゃうのか？

わかったことは、自動車に比べて飛行機のほうがずっと危ないとか、その逆だとか、一概には言えないということだ。どういう数字を使うかによって「どっちが危ないか」は逆転してしまう。にもかかわらず、私たちの多くがなんとなく飛行機のほうが危ないのではないかと思いこんでいる。なぜだろう。

心理学者たちによれば、答えはこうなる。それは、**飛行機事故のほうが目立つ**からだよ。自動車事故はよほどのことでないかぎり報道されない。日本全国で、一日に平均して10人亡くなっているのだ。そりゃいちいち報道しないだろう（それでよし、と言ってるんじゃないからね）。一方、飛行機事故は必ず報道される。めったに起こらないが、いったん起きてしまうといっぺんにたくさんの人が亡くなる。無残に散らばった破片とか、燃えあがる機体の映像を何度も見せられる。センセーショナルに報道される飛行機事故のほうが、言葉は悪いが「劇的」なのである。飛行機はアブナイという記憶が残る。そして「事故」と聞いたときに思い出しやすい。

どうやら私たちは、目立つ事例、つまり最近起きた、派手に報道され、印象に残りやすく、感情を揺さぶる事例、そのため記憶にとどまりやすく、思い出しやすく想像しやすいような事例を頼りに考えるようにできているらしい。この思考傾向が悪さを働くと、そうした**目立つ出来事をじっさい以上に「起こりやすい」と判断してしまう**ことになる。

さっき出てきたトゥベルスキーとカーネマンはこんな実験をしている。アルファベットの「k」で始まる英単語（king とか know とか）と三つめの文字が「k」であるような英単語（ink とか ankle とか）のどっちが多いでしょう、と質問する。多くの人が「k」で始まる単語と答えるが、ほんとうは三つめが「k」のほうが倍近くもある（どうやって勘定したんだろうね）。なぜだろう。そりゃ「k」で始まる単語のほうが思いつきやすいからだ（じっさい、この原稿を書いていて、inkとankleを思いつくのにすごく苦労した）。

【練習問題⑪】

以下に示す判断の間違い傾向が、それぞれここで紹介した、

(a) 典型例（あるある）を使って判断しがち

(b) はじめに判断した値に引きずられ調整が十分できない

(c) 目立つので思い浮かべやすい事例を使って判断しがち

のどれによって引き起こされるのかを考えてみよう。

(1) コンビニ、美容院、歯医者さんを日本で多い順に並べるとどうなるでしょうという問いに答えてもらったところ、コンビニ、歯医者さん、美容院の順番だという答えが最も多かった（42・4%）。でも、実際には美容院、歯科医院、コンビニの順である。(https://note.com/kodaikusano/n/n73a39a92abfb)

(2)「今度のうちのクラスの担任は関西の学校から転勤してきた先生だってさ」「おっ。それじゃ、お笑いが得意そうだね。ホームルームの時間が楽しみ」

(3) クラスを二つのグループに分けて、片方には問題Aに答えてもらう。もう片方には問題Bに答

えてもらう。そうすると、同じアルゼンチンの人口を尋ねているのに、問題Aに回答した人の答えはBに回答した人の答えよりも大きな数字になる傾向がある。

問題A

第1問　アルゼンチンの人口は、1億人より多いか少ないか？

第2問　では、正解は約何人だと思うか？

問題B

第1問　アルゼンチンの人口は、100万人より多いか少ないか？

第2問　では、正解は約何人だと思うか？

「確証バイアス」にご用心

ここまで、私たちの頭は論理的に考えるのがあまりじょうずではないかもよ、という例をあげてきた。三種類の例を紹介したけど、これらはみんな「どのくらい起こりやすそうか」についての判断にかかわるものだった。「あるある」な典型例を使って考えたり、思い浮かべやすい事例を使って考える傾向が私たちにはあって、それを自覚しないで判断するとヘンなことになる。

そこで、いきなり判断する（即断する）のはやめましょう、とりあえずそれは仮説としておいて、**仮説が正しいかどうか実験や観察や調査をやって確かめましょう**、ということになる。けれども、今度はここに落とし穴がある。仮説を確かめようとするときも、私たちには困った傾向があるんだ。

それをわかってもらうために、ちょっとしたゲームをやってみよう。参加した気分になって読んでちょうだい。まず、私が三つの数を並べる一つのルールを心の中に思い浮かべておく。キミの役割は次のような問答を通じてそのルールを当てることだ。

キミは三つの数の列を言う。その列が私の考えたルールに当てはまっているなら、私はイエスと言う。そして、当てはまらなかったらノーと言う。この問答を繰り返して、キミは私の思い浮かべたルールがどんなルールかを推測する。

ゲームのやりかたはわかったかな。それじゃ、最初にヒントを一つ出しておこう。「2、4、6」はイエスだ。私の頭の中にあるルールに当てはまっている。次はキミの番だ。どんな質問をするかな。ほんとうはキミたちの一人ひとりとプレイしてみたいところだけど、それは無理なので、よくあるなりゆきを書いておこう。だいたい次のようになるんじゃないかと思う。

キミ：1、3、5はどうですか？
私：イエス。「1、3、5」は私の頭の中のルールに合っています。どう？　ルールはわかった？
キミ：うーん「2ずつ増えていく三つの数」というルールかな。
私：なるほど。ではそれを確かめるために、他にどんな数字の列を尋ねればいいかな。
キミ：3、5、7？
私：イエス。

キミ：じゃ、100、102、104はどうすか？

私：イエス。ここまでの質問で、確実に当てられたと言っていい？

キミ：ええ、ぜったい確実ってことは言えないけど、最初よりずっと自信が出てきました。やっぱり「2ずつ増えていく三つの数」でしょ？

たいていはこんなやりとりになる。キミがあげた数字の列は、どれもルールに当てはまっている。でも、「2ずつ増えていく三つの数」は正解ではない。私が考えたルールは「三つの数がみんな違う」だったんだもん。なーんだ。

キミは、「2ずつ増えていく三つの数」というルールじゃないかしら、という仮説を立てたわけだ。だから、「1、3、5」「3、5、7」「100、102、104」という例を次々に考えて、自分の仮説が正しいことを確かめようとした。で、そのつど「イエス」という答えをもらって、どんどん確信を深めていった。

けれども、このままだと何時間やってもキミは正解にたどり着けない。キミは「2ずつ増えていく三つの数」という仮説（キミ仮説）を捨てて、あるいは修正して「みんな違う三つの数」という仮説（正解仮説）に取り替えないといけないんだけど、キミ仮説を満たす数の列ばかりを挙げて仮説を確かめようとすると、この場合、キミ仮説を満たすものはすべて正解仮説も満たすので、いつも返ってくる答えは「イエス」になっちゃう。だから、キミは自分の仮説が間違いだということにいつまでたっても気がつけない。

キミがするべきことは、**自分の仮説に反する例を試してみることだ**。たとえば、「1、3、7」と言ってみる。そうすると、私は「イエス」と言う。ここではじめて、「2ずつ増えていく三つの数」じゃないな、と思える。そうすると、私は「イエス」と言う。そこで仮説を手直しする。「だんだん増えていく三つの数」とか。これを確かめるときにも、「1、3、9ですか?」とか、そんな質問ばかりしていてはダメだ。あえて仮説に当てはまらない例を訊いてみる。「1、9、3」ですか?　答えはまたもやイエスだ。そうするとまた仮説を変えないといけない。という具合にやっていると、やがて正解仮説に達するだろう。

でも、たいていの人は、確かめたい仮説に反する例を思いついて、それで仮説を試してみるということがとっても苦手なんだ。なぜか、自分の仮説に当てはまる例ばかりを探そうとしてしまう。こうした私たちの心の傾向は**「確証バイアス」**と呼ばれている。

「心の命ずるままに」やってるとどうなるか

こんな具合に、私たちの心にはいろいろヘンなクセがある。心理学者はその「クセ」を**「バイアス」**と呼んでいる。もともとは対角線とか斜めの線といった意味だ。ここから、まっすぐから逸《そ》れていってしまう「かたより」を意味するようになった。

これらのバイアスは、私たちを「じょうずに考える」から遠ざける。その結果どうなるか。**「自分の信じていたいことを信じる」**ようになるんだ。よく考えてはじめてたどりつける結論は、しばしば、これまでの自分の思いこみをくつがえす（そうでなかったら、そもそもよく考える必要なんてない、とも言えるね）。それを受け入れるのはつらい。じっさい「不都合な真実」という言葉があるでしょ。私たちには、**これまで考えてきたこと、これまで信じてきたこと、信じていたいことをなるべく変えたくない**、という強い欲求がある。

私たちの心に備わっているバイアスは、客観的証拠を無視したり、つごうの良い証拠にだけ注目したり、自分の狭い経験から「あるある」だと思うようになったことだけに基づいて判断したりすることを促す。それによって、私たちをこうした強い欲求のとりこにしてしまう。こうして、信じたいことを信じ続けるようになってしまう。

そこで、「信じたいことを信じる」のパターンをいくつか紹介しておこう。

「信じたいことを信じる」の４パターン

(1) 迷信やオカルト、疑似科学

これだけ科学も科学教育も発展しているのに、迷信やオカルトはなかなかなくならない。なぜなんだ、と思うでしょ。これらを信じている人たちは、たんにダマされているのではなく、**自分でも信じていたいから**だ。

ウディ・アレン監督の映画『マジック・イン・ムーンライト』を観てごらん。舞台は心霊現象や降霊術が流行っていた１９２０年代の南仏、主人公は奇術師スタンリー（コリン・ファースが演じてい

る）だ。彼は、オカルトはすべてインチキ、そんなものを信じるような者は知性の欠けた愚か者だと考える懐疑論者である。

ある日、スタンリーのもとに依頼が舞いこむ。知り合いがアメリカからやってきた降霊術師のソフィ（ギョロ目のエマ・ストーンがやってる）を信じこんでしまい、彼女に大金を注ぎこもうとしている。ぜひトリックを暴いて目を覚ませてやってほしい、という依頼だ。対決する二人。ソフィはスタンリーに次のように言う。「嘘もある人生のほうが幸せよ」

ソフィは、ある老婦人に頼まれて、彼女の夫の霊を呼び出し、生前に浮気していたのではという疑惑を解いてあげたりしている。この老婦人にとって、夫の霊が帰ってきて、愛していると言ってくれたということは、残された人生を前向きに過ごすために必要な「信じていたいこと」なのである。老婦人はソフィにダマされているわけだけど、ダマされることを自ら望んでもいる。古代ローマ時代のことわざにも、「人々はだまされることを望む」というのがあるくらいだ。

（2）自分の属しているごく狭いグループの考えをそのまま自分の考えにしてしまい、そこから抜け出そうとしない

自分のグループとは違う考えの持ち主を敵とみなし、その人の言うことに耳を傾けようとしないばかりか、攻撃の対象にする。周りの人（ただしごく狭い範囲のお友だち）と同じ考えをもっていれば、安心だし、守られている気がするからね。

（3）「そうなるといいな」イコール「そうなるに違いない」になってしまう

ある国のなにかと物議をかもす大統領（誰だかわかるね）が「春になれば奇跡のように新型ウイルスは消えてなくなる」と発言して、国際的に呆《あき》れられた。まあ、みんなを勇気づけるためにウソだとわかってて言っているなら話は別だが、もし仮に本人もそう信じていたなら、かなりおめでたい思考だ。こういうのを**「希望的観測」**（ウィッシュフル・シンキング）という。

（4）自己欺瞞

以上の三つは、はたから見ると愚かだし迷惑千万であることも多いのだが、困ったことにご本人的にはけっこうハッピーなのである。でも人の心はもうちょいフクザツ。次のようなこともある。

キミがAということを信じているとしよう。一方で、キミはうっすら、Aは間違いではないだろうかとも疑っているし、「Aじゃない」ということをサポートする証拠をいくつかもっているとする。にもかかわらず、キミはAを信じていたいので、Aに不利な証拠に目をつぶったり、Aに有利な証拠ばかりを集めたりして、なんとかAを信じ続けようとしている。こんな場合、**キミは自分で自分をダマすために必死になっている**。これを「自己欺瞞《ぎまん》」という。

自分で自分をダマしていて、しかもうっすらそのことに気づいている。これ、本人にとってもあんまり愉快な状態ではないよね。でも、そこに救いがあるような気もするんだ。

（1）から（3）の状態は、主観的には気持ちいい。だからこそ、その状態から抜け出そうとしない。でも自己欺瞞はあんまりハッピーではない。そうすると、そこから抜け出したくなる。どっちに抜け出すかは人それぞれ。「Aじゃないかも」という疑念を完全におさえつけてしまって、もと通り、ということもありうる。逆に、「Aだと思っていたけど間違っていた。ほんとうはそうじゃないんだ」と自分の考えを修正できるかもしれない（39～40ページで紹介した、『主戦場』という映画に出てきた人はこれに成功した人だ）。そうすると自己欺瞞は、信じたいがゆえに自分が深く信じこんでしまっていたことから抜け出すための第一歩になるかもしれない。

極めつきは「偏見・ステレオタイプ・スケープゴート」

「信じたいことを信じる」がとる第五の形は、偏見とかステレオタイプと呼ばれている。これはとりわけ困った問題をもたらすのと、心のバイアスがどのようにからみ合ってそれが生まれるのかがわりとよく研究されている、という二つの理由で、節をあらためて扱うことにしよう。

たとえば、社会に暮らすマイノリティ（少数派・非主流派）の一人が凶悪犯罪を犯したとする。凶悪犯罪じたい珍しいことだが、マイノリティが犯したとなるともっと珍しい。ニュースに取りあげられる。主流派・多数派の起こした事件はあまり報道されないのに。というわけで、この事件はいろんな意味で「目立つ」。そうすると、目立つ事例をよく起こることであるかのようにとらえてしまう、というバイアスのおかげで、その報道に触れた人は「○○人は凶悪なヤツらだ」と思うようになる。

このような考えを抱くようになると、確証バイアスによって、○○人が犯罪を犯したというニュースにばかり注目するようになる。多数派・主流派も犯罪を犯すのだが、その情報は無視されるか、忘れられてしまう。こうして、その人の「○○人は凶悪だ」という思いは訂正されるどころかどんどん強められてしまう。

こうして生まれてくるのが**「偏見」**というやつだ。「◯◯人は凶悪だ」という偏見を抱くようになると、凶悪な◯◯人というイメージが「あるある」になる。証拠もない「あるある」イメージが偏見に満ちた思考をサポートするようになる。このように社会の特定のグループに対して貼られる、「◯◯人は〜だ」「〜といえば◯◯人」みたいなレッテルを**「ステレオタイプ」**という。

さらに偏見は、（2）で紹介した「自分とは異なるグループを敵とみなす傾向」といっしょになって**「スケープゴート」**を生み出す。ほんとうは自分たちのせいでもある困ったことを、ある別のグループのせいにして非難したり攻撃したりすることで、自分たちの責任から目をそらす、そのためにでっちあげられる「いけにえ」のことだ。「オレたちがこんなに困っているのはみんなあいつらのせいだ」「あいつらさえいなくなればオレたちはもっとハッピーになれる」の「あいつら」のこと。

西洋のキリスト教社会ではユダヤ人にスケープゴートの役割が押しつけられてきた。いまの米国ではアフリカ系、東洋系そしてメキシコ系移民。こんなふうに、偏見・ステレオタイプ・スケープゴートは私たちの社会をひどく生きにくいものにしてしまう。おそらくキミだってなんらかの偏見やステレオタイプをもっているはずだ。だって、私たちの心はそもそもいろんなバイアスを備えていて、偏見やステレオタイプはそうしたバイアスの産物だからだ。

「名古屋人はえびふりゃーが好き」とか「関西人特有のギャグセンス」とか「理系男子はオタクっぽい」と思ったり言ったりしたことのない人はいないだろう。こんなお国自慢レベルの偏見はそんなに実害はないかもしれないけど、バイアスに支配されたダメ思考という点では、社会にとんでもない害悪をもたらす差別的な偏見と変わるところはない。

なぜ心にバイアスが備わってるんだろう

では、なんで私たちの心はこんなバイアスをもっているのだろう。答えは、**私たちの心も進化の産物だから**、というものだ。進化の産物だから、ヒトが進化してきたそのときその時の環境の中で、生き延びるのに都合の良い性質をもつようになっている。心に備わったバイアスは、生存に都合が良いところがあるんだ。だから、いまでも残っているのである。

どういうふうに都合が良いかというと、**情報処理をするのにかかるコストを節約することができる**んだ。ヒトにかぎらず、生きものは外から取り入れた情報を処理して、状況に応じてうまい行動を選んで生きていく。でも、そのための情報処理には時間とかエネルギーといったコストがかかる。ヒトの脳の重さは体重の2％しかない。でも、取り入れたエネルギーの20％も使っている。さらに、処理しなければならない情報はたくさんある。しかも待ったなし。

森の中からシマシマの巨大なネコみたいな動物が飛び出してきた。「トラかもしれない」と思う。このとき、トラでない可能性もあるからというので、反証例をいろいろ探そうとして、時間とエネルギーを費やす生きものは、うまく生き残れないかもしれない。むしろ、「シマシマだ。トラだ。きゃー逃げろ」という、あまり深く考えない生きもののほうが生き延びやすいかもしれない。

正確さや厳密さばかりを求めてコストをかけすぎるのは、生き残るうえで有利な戦略とはかぎらない。厳密さや正確さをちょっとばかり犠牲にしても、情報処理コストを節約して、状況に素早く対応するほうがよいときもある。飛び出してきたのがほんとうはトラでなかったとしても、いいじゃないか。トラかどうか厳密に確かめようとしてぐずぐずしているうちに食われてしまいました、というのよりはるかにマシだ。

典型例で代表させて考えるのも、コストの節約になる。そして、たいていの場合はそれでうまくいく。この世では、典型的なことは同時に「起こりがち」なことでもあるから。思いつきやすい事例で考えるのも、たいていはうまくいく。この世で起こりやすいことは、思い浮かべやすいことでもあるから。

生き残るのに都合が良かったからこそ、私たちの心にはいろんなバイアスが備わっているんだ。だから、こうしたバイアスを完全になくしてしまうということはできない。**根本的な「頭脳改革」は、どだい無理な話だ。**

というわけで、私たちの脳はもともと論理的思考向きにできてはいない。むしろヘタくそだ。生まれつきいろいろなバイアスが備わっていて、論理的に考えることを妨げている。でも、たんに自分が生き延びればいいやというのではなく、この世がほんとうのところどうなっているのかを知りたいよとか、どうせ生きるなら道徳的にも正しく生きたいよと思うようになると、心にもともと備わっているバイアスがジャマになってくる。差別や偏見をなくして、自由で平等な世の中にしたい、と願う人にとって、偏見の原因になっているバイアスはそのジャマをするものとして立ちはだかってくる。

真理を知るとか、より良い社会を築くといった目標を実現するには、よくよく考えないといけない。でも考えるために私たちがもっている唯一の器官である脳みそがその目標の実現を妨げることがある。**考えるために備えているただ一つの手段が考えることのジャマをする。**

「じょうずに考える」ことはキミ個人の幸せだけでなく、社会の健全さにも直結している。そしてじょうずに考える人になるためには、自分の心に備わっているバイアスをどうにかせにゃならん。じゃあ、どうするのか。それが第Ⅱ部のテーマだ。

【練習問題⑫　思考のバイアスについての興味深い話】

最近発見されたある病気は、ただちに6000人を死に至らしめる。さて、ここに二つの新薬が開発されたとしよう。A薬によって救うことのできる人数はちょうど2000人である。一方、B薬は6000人全員を救える可能性が3分の1だけあるが、一人も治せない可能性が3分の2ある。さて、あなたが厚労大臣ならどちらの薬を採用するか。この問題にかぎっては、あまり深く考えないで直感的に答えてみよう。種明かしは解答のコーナーでします。

【第Ⅰ部のまとめ】

・そもそも「考え」は、刻一刻と移り変わる環境の中で動物がうまく行動して生き延びるためにある。

・ヒトの思考も進化の産物なので、いろんなクセが組みこまれている。「じょうずに考える」ことができるようになるためには、そのクセをコントロールしながらうまく付き合っていくことが大切。

・ヒトの思考の特徴は、思考と行動の間に時間差があること、いまそこにないものについて考えられること、自分の「考え」について考えることができることの三つ。この特徴は大きな利点がある。

・論理的に考えるべきときに、ちゃんと論理的に考えることができるのは、じょうずに考えるための必要条件。

・論理的観点から見て「よく考える」とは、つねに自分の思考・主張にできるだけ強いサポートを与えることに気を配りながら、思考をつなげていくことである。

・じょうずな論理的思考とは、自分がこれまでに知ったり考えたりしたことを超えたことがらを考え、主張しようとするときに、ツッコミが入る可能性があるのを引き受けて、できるかぎり強力なツッコミは阻止できるように、できるだけ強いサポート関係をつくりあげながら考え、主張することである。

・「強いサポート」とは、主張と証拠の間のサポート関係に、その状況に応じた有効なツッコミを入れることができず、なおかつ、証拠がそれじたい正しいと考えられる（あるいは合意ができている）ようなサポートのことである。

・逆に、主張にサポートがなくなってしまうのは、主張と証拠の間のサポート関係がツッコミどころ満載か、そもそも証拠にあげられたことがらに間違いが含まれているかのいずれかの場合である。

・いっけん論理的に見えてほんとうのところは論理的ではない思考を、疑似論理的思考という。同語反復、主張の中身ではなく「人」を攻撃すること、「わら人形」論法、どうでもよい細かな点に議論をすりかえること、強いられた二者択一、「滑りやすい坂」論法などがある。これにダマされたり、自ら陥ったりすることに注意すべし。

・じつのところ、私たちはそんなに論理的思考が得意ではない。典型例を使って判断しがち、はじめに判断した値に引きずられ調整が十分できない、目立つので思い浮かべやすい事例を使って判断しがち、自分が立てた仮説に当てはまる例ばかりを探そうとする、信じたいことを信じる、といった弱点がある。

・そうした弱点があるのは、もともとは情報処理をするのにかかるコストを節約するためで、それなりに利点があったからだ。

II 実践編

生まれながらのアホさかげんを
乗り越える三つのやりかた

第Ⅱ部のねらい

第5章でわかったこと。人間の心にはバイアスが備わっており、私たちが「じょうずに考える」ことを妨げている。私たちが生まれつきもっているアタマは、じょうずに考えるのに最適設計、というわけではない。こりゃ困ったねえ。

でも、困ってばかりではいられない。どんなにしょぼいアタマであっても、それを使って考えるしかないから、できることは、何らかの補強手段でそのアタマを補ってあげることだ。ざっと分類すると、次の三つの手段がある。

①テクノロジーを使って考える。
②みんなで／他者といっしょに考える。
③考えるための制度《しくみ》をつくって考える。

第Ⅱ部の実践編（6～11章）では、①から③までの具体的なやりかた・考えかたについて、それぞれ二つの章を使って紹介していこう。

第6章 まずは、語彙を増やすことから始めよう

——テクノロジーを使って考える①

科学のしくみに学ぶ

さて、生まれながらのアホさかげんをいかに乗り越えるか。考えるためのヒントは「科学の発展」という事実のうちにある。

ヒトは一人ひとりをとってみるとそれほどカシコくはない。これは前章で指摘した通り。しかも、昔に比べて特にカシコくなったとも言えない。いまから2000年以上昔に活躍した、ソクラテスとか孔子とかガウタマ・シッダールタ（お釈迦《しゃか》さまのこと）と、私の「個人としてのアタマの良し悪し」を比べてみたら、私はぜったいにかないそうにない。比べることじたい思い上がってんじゃねえのと言われそう。

けれども、人類全体として見たら、ずいぶんカシコくなったようにも思える。ここに名前をあげた大昔の先哲たちは、遺伝子の本体がＤＮＡであることも、宇宙にブラックホールという天体があることも知らなかった。いまの人類は、一日で地球の裏側まで旅ができるようになったし、いろんな生きものの遺伝的性質を好きなように変えることすらできるようになりつつある。もちろん、この２０００年の間に科学がとてつもなく発展したおかげだ。

このことからわかるのは、**科学は「ヒトの一人ひとりがもつ愚かさを乗り越える手段《やりかた》」を備えているらしい**、ということだ。それはどんな「手段」かというと、「第Ⅱ部のねらい」にあげておいた次の三つだ。

> **①テクノロジーを使って考える。**
> **②みんなで／他者といっしょに考える。**
> **③考えるための制度《しくみ》をつくって考える。**

科学はこの三種類の手段をうまく組み合わせて、人の「考える」能力をうんと強化した。そのおかげでこんなに発展したんだ。たしかに、科学者はいろんな**テクノロジー**を使う。観測機器、実験機器、コンピュータ。それだけではない。コンピュータでデータを処理するときに使う統計手法やいろんな「理論」も、人が開発した道具だ。こうした理論や方法論もテクノロジーと言っていい。科学者になるということは、こうしたテクノロジーの使いかたを身につけることを含んでいる。

そして、科学者は一人で研究したりはしない。人里離れた屋敷の地下室で秘密の研究に没頭するマッド・サイエンティスト……なんて、フィクションの世界にしかいない。たくさんの科学者が同じテーマについて考える。しかも分担して考える。

さらに、科学者は烏合《うごう》の衆ではない。考える人がたんにどっさり集まっているというのではないんだ。考えをやりとりしたり、議論して考えを深めたり、考えなければならないことがらをうまく分担したり、考えた結果が正しいかどうか、サポートが十分かどうかを互いにチェックしたりするために、科学者は学会とか研究会をつくって、考えたことは**論文**という形で世に問うて、そしてその論文がちゃんとしているかどうかをチェックする（**査読**《さどく》、っていうんだ）。

こういった組織とルール、ひっくるめて制度《しくみ》がつくられている。この制度がうまくいっていると、科学は発展する。

以上をまとめてみよう。まず、キミのアタマは、そもそも「よく考える」ことにあまり向いていない。私のアタマもそうだ。**私たちはナチュラル・ボーン・アホである。**にもかかわらず、科学は三つの手段《やりかた》を備えることで、人が生まれながらにしてもっているアホさかげんを乗り越えてきた。だったら、もっと「じょうずに考える」ことができるようになりたい、とキミが思うなら、**科学のやりかた（アホ乗り越えメカニズム）の真似をして、それを取り入れればよい。**このことは、科学者になるかならないかとは関係なく、キミの役に立つはずだ。

どうやったらそれができるのか。それが第Ⅱ部で考えていこうとしていることがらだ。まず本章と次の第7章では、このうち第一の手段、つまり**「テクノロジーを使って考える」**についてくわしく述べよう。

テクノロジーの二つの特徴

アタマの良くなる薬があったらいいなあ、と思っている人もいるだろう。ほんとうにそういう薬があったらいいね、と私も思う。自分も飲みたいし、みんなにも飲ませたい。ちょっとの間、記憶力を高める薬とかは、近い将来に開発されそうだ。だけどそうなったら、入学試験でもドーピング検査をすることになるんじゃないだろうか。答案といっしょにおしっこも回収するのか……イヤだなあ。

頭の良くなる薬も、頭を良くするサイボーグ手術もいまのところ夢物語じゃないの？　頭を良くするテクノロジーなんてあるのか、と思うだろう。でも、私の答えはこうだ。**頭を良くするテクノロジーなんて、もうすでにざらにありますよ。そしてキミも毎日使ってる。しかもタダで手に入る。**

私の答えの意味をよーく理解してもらうためには、まずテクノロジーって何かをわかってもらう必要がある。テクノロジー、つまり技術って何だろう。テクノロジーってどういう特徴をもっているんだろう。そうねえ、まず第一に、**自然界に最初からあるわけじゃなくて、人がつくった、**ということかな。ハチミツは、人がつくったものじゃない。つくったのはミツバチだ。これに対して、カロリーゼロの人工甘味料は、テクノロジー、正しくはテクノロジーの産物だよね。人がつくったものであって、自然界にはじめからあったものではない。こういうのを「人工物」という。

自然のものと人工物は、きれいに分けることはできない。ハチミツだって、農家がハチを飼って、レンゲ畑をつくって、ハチにミツを集めさせて、そこからゴミを取り除いて、瓶《びん》に詰めて、スーパーの棚に並べたら、だんだん人工物に近くなってくる。だから、これは人工のもの、自然のもの、どっちでしょうとあまりこだわることはない。

さて、テクノロジーの第二の特徴。それは**ヒトの生まれながらにしてもつ能力を広げたり、強めたりしてくれる**ということ。ときには、**ヒトがもともと備えていない能力をヒトに与えてくれる**ということだ。

たとえば顕微鏡。ヒトはものを見る能力がある。しかし、あまり小さなものは見えない。手についたバイキンなんか見えない。でも顕微鏡は肉眼では見えないものを見えるようにしてくれる。つまり、私たちの視覚を拡張してくれる。赤外線カメラなんて、そもそも私たちには見ることのできない光をとらえて、見たものが温かいか冷たいかまで「見せて」くれる。こっちは、もともと備わっていない能力（赤外線を見る）を与えてくれるテクノロジーだ。

というわけで、テクノロジーをとりあえず次のようにとらえておこう。**私たちの能力を拡張する人工物。それがテクノロジーである。**

「電球だけ発明されてもなあ」

エジソンの真の功績

いくつか大切な注意をしておきたい。まず「人工物」といっても、それをつくった人がはっきりしなくてもよい。電球というテクノロジーを発明したのは、ご存知トーマス・エジソンだ。でも、縄文土器をはじめてつくった人は誰なのかわからない。

次に、一口に「人工物」といってもいろいろある。電球や土器やチェンソーやスマホみたいに、目で見ることができて手で触れられる「もの」だけが人工物ではない。発明王エジソンは電球を発明してくれたからエラい、と思われているが、エジソンがつくろうとしたもっと大切なテクノロジーがある。

ちょっと考えてみてほしい。電球ができましたよ。これからは夜でも明るいですよ。ランプみたいに面倒な手入れがいりませんよ。と言われて、「わーい、うれしいな」となると思う？　うちに電気が来てなけりゃ、せっかくの電球も無用の長物じゃん。だから、エジソンは電球を売るために、各家庭に電気を送り届けるためのしくみもつくりあげたんだ。具体的には、発電所、送電線といった電力供給システムね。そして、それを運営するための会社もつくった（それがのちのゼネラル・エレクトリック社だ。ただしエジソンは直流送電にこだわったため、交流を用いたウェスティングハウス社との競争に負けてしまったんだけどね）。

電力供給システムはたしかに発電機とか電線とか分電盤とかいろんなメーターとか、「もの」の集まりを含んでいるけど、それだけではシステムにならない。こういういろいろな「もの」がうまく組み合わさっている、**その組み合わせかたそのものが**発明なんだ。

それから、会社も「もの」じゃないよね。むしろ「組織」と言ったほうがよい。こういうシステムも、組織も、最初から自然界の中にあったわけではない。だけど、私たちの能力をうんと拡張してくれる。できなかったことをできるようにしてくれる。だから、テクノロジーだ。

だいいち、キミが使っているスマホを動かしているソフトウェアだって、「もの」じゃないでしょ。でも誰かがつくった（プログラミングした）人工物だ。というわけで、**テクノロジーという人工物は、いろんな形をとる。**手で触れられる「もの」のときもあるけど、そうでないときもある。

思考強化テクノロジーの代表選手は？

自分の脳は出来がいいから、脳みそだけでなんとかやっていける、幸せに生きていける、幸せな世の中をつくれると思っている人は、じつはかなりの愚か者だ。私たちは他の人がつくってくれた人工物の助けを借りることで、ようやくまともにものを考えることができるようになる。ここからは、**キミの頭を良くするテクノロジーにどんなものがあるのか、それをどううまく使いこなせばよいのかに**ついて話をしよう。

まず第一にあげたい重要アイテムは**「言葉」**だ。

「言葉」がテクノロジー？　キミはいぶかしく思うかもしれない。でも、「キミの思考能力を拡張するための人工物」という点では、言葉だって立派なテクノロジーだ。言葉には人工物っぽいところがある。たいていの言葉は、いつの間にか使われるようになったものなので、特定の作者がいないように思ってしまう。だけど、いつ誰がつくったのかがはっきりしている言葉もある。たとえば、科学者を意味するscientistという言葉は、１８３４年にウィリアム・ヒューウェルというイギリスの論理学者がつくったことがわかっている。

いまの科学に直《じか》につながる近代科学が生まれたのは17世紀。たとえば、誰もが知っているニュートンなんてこの頃の人だ。科学をやっていた人は、当時philosopherと呼ばれていた。このときは、科学をやるのは貴族階級の人々で、自宅に実験室をつくったりして、紳士のたしなみ、高級な趣味としてやっていたんだ。貴族だから、仕事はしないでも食べていける（広い土地をもっていて、そこからの収入で食べていけるからね。うらやましい）。

だけど、19世紀のヒューウェルの時代になって、科学研究が貴族の趣味じゃなくなって、大衆化したんだ。もっぱら科学の研究に携わることで収入を得て食べていく人たちが増えてきた。そこでヒューウェルは、こうした新しいタイプの科学研究者たちを表すためにscientistという言葉をつくったんだ。エジソンが電球をつくったように。ね、言葉が人工物だということが納得できたろう？

もちろん、ヒトがどのようにして「言葉」をもつようになったのか、まだよくわかっていない。最初はそれこそ自然に「言葉」は生まれてきたんだろう。アリは餌のありかについてフェロモンで情報を伝え合っている（202ページ参照）。ミツバチはミツのありかについての情報（どっちの方角にどのくらい飛んでいけばいいか）を、ダンスで伝える。28ページで紹介したように、敵の種類に応じて叫び声を使い分けて、仲間にどう逃げたらいいかを教えるサルもいる。このように信号を使った情報伝達はヒト以外の生きものにも見られる。ヒトの言葉も最初はそんなものだったろう。そのときは自然物、つまり進化がヒトに備えつけてくれたものだったはずだ。でも、途中から、ヒトの言葉がすごく人工物っぽくなってきたのは確かだ。

人工物らしくなる最初の一歩は「書き言葉」つまり文字の発明だろう。ヒトは放っておくと文字を使うようになる、というわけではなさそうだ。いまでも文字をもたない民族がいることから、**文字は自然に生まれたものというよりは、誰かの発明品、つまり人工物**だと言ってもいいだろう。

「春はあけぼの」を読めるのも、1年が何秒かを計算できるのも……

文字と書き言葉、これがキミの頭を良くするテクノロジーの代表選手だ。それを納得してもらうためには、言葉、特に書き言葉がどんなふうにキミの思考能力を拡張するかを考えてみればよい。

まず第一に、**文字はキミの記憶力をうんと増強してくれる**。

キミの思考はすぐに移ろって消えてしまう。すでに述べたように、私たちの思考には「気が散りやすい」という特徴がある。1分前に考えていたことは、もう忘れてしまう。いまは別のことを考えている。一度考えたことや思ったことがいつまでもアタマの中に残っていると、かえってすごく困る。アタマがパンクする。だから、私たちの脳はどんどん古い情報を消して、新しい情報を上書きするようにできている。だけど、これだけは覚えておきたい大切なこともあるはずだ。そういうとき、キミはメモをとる。考えたことをアタマの外に出して、文字に記してとっておく。文字はいつまでも残るからだ。

キミだけでなく、人類全体もこれをやってきた。だから、私たちは昔の人が考えたことをいまでも忘れないでいることができる。平安時代に清少納言が「春ってやっぱりあけぼのよねっ」と思ったわけだけど、いまの私たちにそれが伝わっているのは、彼女が文字にして残してくれたからだ。

記憶力イコール思考力じゃないけど、私たちは覚えていることを材料にしてものを考えることが多いので、記憶力が高まれば、それだけ多くのことがらを考えることができる。

第二に、**文字はキミの思考力そのものも増強してくれる**。

いちばんわかりやすい例は、筆算だろう。アタマの中だけで、7×8を計算することはできるだろう。12×11はどうかな。できる人とできない人に分かれそうだ。じゃあ、60×60×24×365はどうだろう。1年が何秒かを計算しようとしているわけだ。これは、そろばん塾に通っている人以外は難しいよね。でも、紙とエンピツとガマン強さがあれば、誰にでもこの計算はできる。頭に入れておくのは、九九と足し算、それに掛け算を筆算でやるときのシンプルな規則だけでいい。

同じように、こんがらがったことを考えようとするとき、人は紙にポイントを書き出したり、図を描いたり、表をつくったりして考える。悩みごとを相談するために、文章を書いているうちにアタマがすっきりして悩みが解決してしまいましたという人は多いよ。キミの脳だけを使って考えるのではなく、**脳と紙と鉛筆と、そして文字あるいは記号を使って考えると、脳だけでは考えることのできないことがらを、ずっとじょうずに考えることができるようになる**。ね、「人工物による思考力の増強」でしょ。

極めつきは「反省的思考」と「批判的思考」

第三に、**文字はキミがゆっくり考えることを可能にしてくれる**。

ゲームソフトで「落ちゲー」とか「積みゲー」ってのあるでしょ。テトリスとかが有名だよね。上から次々落ちてくるブロックをスキマなくうまく積みあげて、横一列がそろうとパッと消えて、どんだけ消せるかでスコアを競うやつ。あれをやっている最中に、キミはどのようにブロックを回転させればうまく積むことができるかを「考える」わけだ。この「考え」は、ブロックが落ちきってしまう前にリアルタイムにおこなわないといけない。たいへんだ。ゆっくり考えることができない。

私たちが生きていくときにやっている情報処理の多くは、その場その場でリアルタイムにおこなわないといけない。さもないと死んじゃう。向こうから何か大きいものが飛んできたら、ええとあれは何かしらと考える前に、さっと身をかわさないといけない。私たちの人生はテトリスっぽいところがある。その場で考えてことがらを処理して、はい次のこと、はい次のこと、って考えないといけない。

お互い、ツライですなあ。

でも、ゆっくりじっくり考えないといけないこともある。こういうことがらを考えるときに、文字は役に立つ。というのも、テトリスのブロックと違って、文字はそのままそこに止まって残っていてくれるからだ。たとえば、本を読んでいるとする。読みながらいろんな考えがキミの頭に浮かぶはずだ。そこで、途中で読むのをやめて、その考えを深める。たとえば「いや〜。ほんとうにそうだよなあ。そういえばオレにもこんなことがあったっけ」などと考える。考えている間、文字は残っていてくれる。こうして、じっくり考えながら先に進む（この場合本を読み続ける）、ということができるようになる。

ゆっくりじっくり考えることで、何ができるようになるかというと、**反省的思考と批判的思考**ができるようになるんだ。文章を途中で読むのをやめて、「これってボクの考えかたと正反対だな」とか「これってさっき書いてあったことと矛盾していない？」とか「この結論、サポート不足じゃないかしら」とか考えながら読むことができる。電光掲示板みたいな本を想像してごらんよ。本を買って開くと、冒頭からどんどん字が消えていく。そんな本だったら、読みながら自分の考えかたを振り返ったり、本の内容を批判的に吟味したりできないでしょ。読書がテトリスみたいになっちゃう。

というわけで、書き言葉と文字の助けによって、キミは**こんがらがったことを深く考えることができるようになり、そして考えたことをいつまでも忘れないでいることができるようになる**わけだ。まさしく思考力の増強でしょ。書き言葉ってすごい発明だね。

おまけに、苦しさから抜け出すための武器になる

もう一つ付け加えよう。これは書き言葉にかぎった話ではないのだけど、**言葉はキミが新しいことを考えることを可能にしてくれる**。つまり、**いままでそもそも考えることのできなかったようなことがらを考えさせてくれる**。これは言葉が発明品だということに関係している。

すごくイヤな話になってしまうんだけど、一つ例をあげて説明しよう。「モラル・ハラスメント」という言葉がある。これは1990年代に、フランスの精神科医であるマリー＝フランス・イルゴイエンヌがつくった言葉だ（だからもともとはフランス語）。わりと最近の発明品だね。モラル・ハラスメントは虐待やいじめの一種なのだけど、肉体的な暴力をふるうわけではない。精神的な虐待だ。カップル、親子、「友だち」同士、上司と部下、職場の同僚、教師と生徒、いろんなところで起こる。

加害者は、被害者に言葉の暴力をふるう。加害者は、長い時間にわたって、誰にも（ときには被害者じしんにも）気がつかれないように巧みに、いかに自分が正しく優れていて、被害者が間違いだらけの劣った軽蔑すべきダメ人間であるのかを刷りこんでいく。加害者は他の人たちには、感じのいい人としてふるまうので、被害者は「自分のほうが悪いんだ、この人は私のことを愛しているから欠点を指摘してくれているんだ」と思うようになってしまう。そして、いつも加害者の機嫌を損ねないようにビクビクしてすごすことになる。

こういう加害者のえじきになると、なんだかわからないけどすごくつらい。すごく傷ついてしまう。

そういう被害者に「それはね。モラル・ハラスメントなんだよ」と言ってあげる。被害者は、この言葉を知ることではじめて、自分が悪いのではなく、これは手の込んだ虐待の一種なのだ、そして自分の人権と尊厳が侵害されているんだ、と考えることができるようになる。

言葉というのは、自分の置かれた状況をうまくとらえることができなくなって苦しんでいる人に、考えるための手段を与えて、その状況から抜け出すチャンスを与えてくれる。これまで考えることができなかったことを考えられるようにしてくれる。**弱い者の武器になるんだ。**武器って人類最古のテクノロジーの一つでしょ。

だからキミは使える言葉を増やさなければならない

「モラル・ハラスメント」について話をしたのは、キミをイヤーな気分にさせるためではない。幸せに生きるためには、自分の置かれたややこしい状況について、じっくりと深く考えることが必要だ。考えたって仕方ないや、という結論を出すときだって、一度はよく考えなければならない。そして、じっくり考えるためには、言葉が必要だ。**キミの思考を強化してくれるたくさんの適切な言葉をアタマの中に入れておかねばならない。**だから、キミは自由自在に使える言葉を増やそうと努力しなければならないんだ。

キミが身につけて使えるようになった言葉の全体を**「語彙《ごい》」**という。次に考えなければならないのは、**じゃあどうやって語彙を増やせばよいのか**だ。まず大事なのは、語彙を増やそうと思うことだ。

しかも本気で。

キミたちは、中学に入ったときから本格的に英語を勉強することになった。このときはみんな単語帳をつくったり、本屋で単語集を買ってきたりして、英単語を必死に覚える。テストに出るからね。ほとんどの大学では、もう一つ外国語を勉強することになる。このときも、同じように単語を覚えようとする。最近ではスマホのアプリもあるみたいだね。

日本語はどうか。古文という科目がある。テストに出る。だから、いまは使われなくなった古い日本語の語彙については英単語と同じようにして暗記しようとがんばる。「をかし」とか「あぢきなし」とか、電車の中でぶつぶつ唱えている学生さんを見かける。じゃあ、いまの日本語については？

英単語や古語と同じようにして、現代日本語の語彙を増やそうとしている人を、私は見たことがない。でも、英単語集でたとえば valid は「妥当な」だと暗記したとして、「妥当な」ってどういう意味か知らなかったらどうする？　それじゃ valid が出てくる英文の意味なんかわからない。グーグル翻訳使って日本語に直しても、その日本語がわからないんじゃどうしようもない。

学生時代にアルバイトで塾の英語講師をやっていたことがある。そのとき、がんばってるのにぜんぜん英語ができるようにならない生徒が毎年ちょっとだけいた。彼らに共通しているのは、**日本語の語彙が足りない**ということだった。そういう人にとっては英単語を暗記するのって、「「ホニャララ」は「はなもげら」」みたいな規則をただひたすら覚えることになるんで、そりゃ苦痛だろう。

特に大人になってからも、日本語の語彙を増やそうと意識的に努力している人なんてほとんどいない。いったいなぜなんだろう。きっと、日本に生まれて日本に暮らしていると、自然に日本語の語彙は身についていくと信じているからだろう。うん、ある程度これは正しいね。子どもはそんなふうにして言葉を覚えていくんだからね。

子どもは言葉を覚えるのが得意だ。そういうふうにできているんだろう。子どもがいるところで私たち夫婦が会話をしていたときに、どちらかが「蘊蓄をかたむける」という言葉を使った。翌日の保育園からのお便りには「今日は一日中、うんちくをかたむける、と言ってました」と書いてあった。まあ、最初の三文字が気に入ったんだろうね。でも、子どもがはじめて聞いた言葉にすごく興味を示すのは確かだ。

では、キミはどんな言葉を身につけるべきだろうか

とはいえ、これはあくまでも途中まで。こんな具合にしていつの間にか身についていく言葉って、すごくかぎられている。だから、まともな親、つまり子どもの将来を真剣に考えている親は、子どもの語彙を増やそうとがんばる。子どもが知らなそうな言葉をあえて使って、その意味を説明してあげる。けっこう親はこういうことに手間暇をかけている。

先日観た映画に面白いシーンがあった。言葉を大切にしない配給会社が『幸せへのキセキ』というバカ丸出しの邦題をつけちゃったけど、もとのタイトルは「We Bought a Zoo（動物園を買っちゃった）」。最愛の妻に先立たれたパパ（マット・デイモン）が、悲しみのあまりちょっとオカシクなっ

ちゃって、つぶれかけた田舎の動物園を衝動買い、オーナーになって再建に乗り出すという話。

巻きこまれた子どもにとってはえらい迷惑。当然のことながら、中学生の息子とは衝突してばかり。何度目かの親子ゲンカのとき、息子のディランくんはキレて「パパは恩着せがましいんだよ！（He's so patronizing me!）」と叫ぶ。patronizeというのは、「お前のためを思ってるんだよ」みたいな態度で接してくるけど、じつは相手を子ども扱いして見下している、といった意味だ。けっこう難しい言葉だ。これを言われたパパは「ナイスな言葉遣いだ、やるな！」と答える（じつは映画開始早々にも同じようなやりとりをしている）。面白いね。さりげないエピソードだけど、あいかわらず子どもにpatronizingな態度をとっている一方で、このパパが子どもの成長に心を砕いていること、ちょっと難しい言葉を使えるようになったのを内心喜んでいることも伝わってくる。

キミが自然に身につけていく言葉は、キミの周りで使われている言葉にかぎられる。つまり、いまのキミと同レベルの人たちが使っている言葉だ。**キミの思考を拡張するために身につけなくてはいけない言葉は、キミよりも先にカシコくなった人たちが使っている言葉でなくてはならないはずだ。**だから、自然に語彙が増えていくのに任せていてはダメなんだ。そして、それは現代日本語でなくてはならない。キミが考えるために使うのは、現代日本語だから。

語彙を増やすに近道ナシといえども、まずはやっておくべきこと

といっても、たいしたことをする必要はない。まずは国語辞典と漢和辞典を買いに行く。たいてい

の本屋には文房具も売っているので、ついでに単語ノート（英単語を覚える用に売っているやつ）も買ってくる。辞典は外箱《ケース》から出してしまう。入れっぱなしにしておくと、つい使わずにすませてしまうからね。外箱を外すと古本屋に売れなくなるじゃん、などと言ってはいけない。ボロボロになって売れなくなるまで使いこむんだ。辞典と単語ノートをすぐに手の届くところに置いておく。書棚にしまいこむと、もう二度と手に取ることはなくなるよ。

次に、ちょっと難しいなと思う、キミにとって「歯ごたえ」のあるものを読む。本でもいいし、ネット上の記事でもいいし、新聞でもいい。そうすると、おそらくキミの知らない言葉がどっさり出てくるはずだ。その中には、これまでに見たことがあるけど、そういえばどういう意味なんだろうというものもあるはずだ。はじめて出会った言葉にも、なんとなく意味の見当がつくのもあるだろうし、まったく何のことやらというのもあるだろう。それどころか、どう読むのかわからない字も出てくる。

というわけで、ためしに今日の朝刊を見てみると……ありますよありますよ、難しげな言葉が。「仮処分」「保全異議」「老婆心」「GDP」……。「阪神大震災25年　悼み、つなぐ」って見出しの「悼み」なんてどう読むのかわからんもんね。意味がわからなかったら国語辞典で調べる。読みかたを知りたかったら、漢和辞典を引く。パソコン上で読んでいるなら、「悼み」の部分をコピーして、辞書ソフトの検索ウィンドウにペーストすればいい。便利になったもんだ。

とまあ、こんなふうに言葉に注意しながら、すこし難しめのものを読む。知らない言葉を調べる。で、ここから先が大切だ。調べっぱなしにしておくと忘れちゃう。なので、そうやって**調べた言葉で、**

これが「ほくそ笑む」の語源だ！

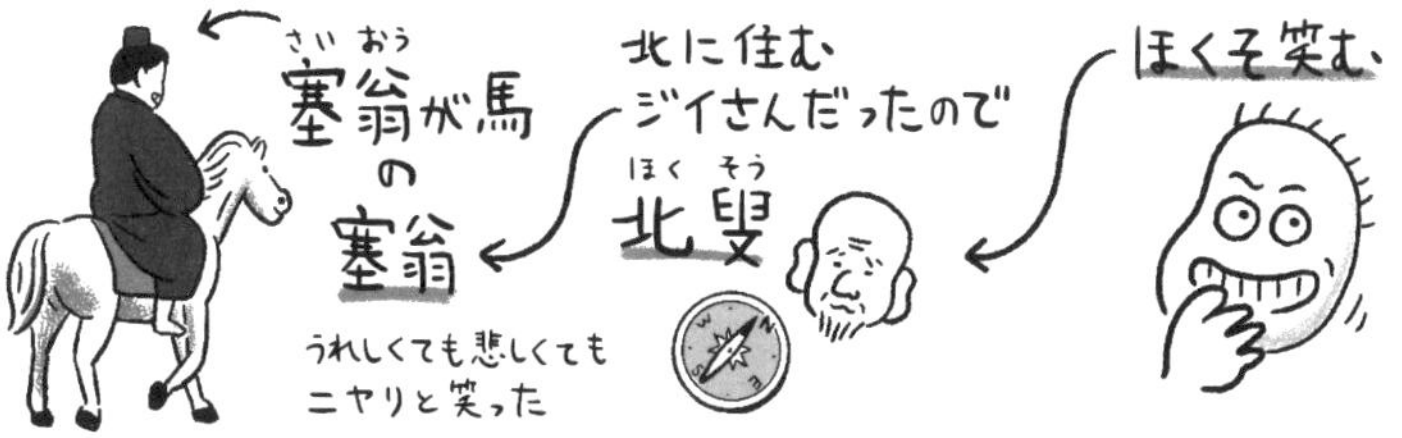

自分も使ってやろうと思うものを語彙ノートにメモしておく。全部メモする必要はない。そんなことやっていると、メモのほうに時間がかかりすぎて読むのが楽しくなくなるからね。あくまでも、キミが気になった言葉、自分でも使いたくなった言葉でいい。で、この自家製単語ノートをときどきペラペラめくって眺めよう。**そこにある言葉を自分でも使ってみよう。**

自分で使ってみる、は大事だ。ディランくんも patronize という言葉をどこかで知ったのだろう。それで、オヤジの自分に対する態度がなんだか気にいらん。オヤジの言うことやることがいちいちオレをイライラさせる。それを表すのにこの言葉がピッタンコだと思ったのだろう。で、使ってみた。見事オヤジに反撃することができた。こんなふうにして、ディランくんは語彙を増やしていく。

何を隠そう、私は60歳をすぎても語彙ノートづくりをやっている。最近ノートに書きこんだのは、「ほくそ笑む」の「ほくそ」って何？ということだ。原稿に「ほくそ笑む」と書いて、ふと、そういえばこの「ほくそ」ってナンジャラホイと思って調べた。ま、これで私の思考力が増強されたかはアヤしいけど。一つ物知りになったのは確かだ。この知識が活かされるときがくるんだろうか……。ともかく、私のように残り時間の少なくなった年寄りもまだ語彙を増やそうとがんばってるんだから、発展途上のキミたちはもっとおやんなさい、ということだ。

ここでワタクシの語彙ノートを公開しよう

ここで、編集者から語彙ノートのつくりかたについて解説してちょうだいというリクエストがあったので、書いておこう。ルールはただ一つ。**「へえ、と思ったらエントリー。覚えておこうと思ったらエントリー」**これだけ。その他のルールを設けてはいけない。たとえば、市販の単語帳を買ってくると、英単語、発音、品詞、意味、という具合に記入欄が分かれている。そんなのは無視だ。ページの右と左にそれぞれ何かが書きこめて、片方を隠して記憶を確かめることができればそれでいいんだ。左と右の欄に何を書こうがよい。私の語彙ノートは次ページのようになっている。左側が見出し語だ。

1は、ある本を翻訳していたときに、辞書で引いた。もともとはmaverickってどういう意味かを調べたのだけど、「へー、一匹狼ってmaverickって言えばいいのか。いつか使ってやれ」と思ったので、「一匹狼」のほうを見出し語にした。一匹狼をmaverickというんだということを覚えたかったから。どっちを見出し語にしたっていいんだ。2は逆。映画の『怒りの葡萄《ぶどう》』を観ていたら、何度も出てきたので調べた。でも差別的表現だから、自分からは使わないだろう、というのでOkieのほうを見出しにしておいた。3は「そうそうたる」の意味は知っているが、ふと漢字でどう書くんだっけと思って調べた。漢字を覚えたいので、こんなエントリーの仕方になってる。4は「そうごん」を漢字でどう書くのか思い出せなくなって（そういうことが増えてきたのだ）、辞書を引いたら、別の読みと意味があることをはじめて知ったのでエントリーしておいた。

	左ページ	右ページ
1	一匹狼	maverick
2	Okie	オクラホマ州からの出稼ぎ労働者を指した1930年代の言葉
3	そうそうたる（漢字）	錚々たる
4	荘厳（「そうごん」以外の読みと意味）	「しょうごん」 仏堂仏像などを美しく飾ること
5	台北101（発音）	イーリンイー
6	(Irish) Taoiseach（発音と意味）	ティーショック 首相
7	トルコの肉団子	キョフテ
8	クリオネの和名	ハダカカメガイ

5は、台北の観光名所になっている高層ビル。タクシーに乗って行き先を告げるときに「タイペイ・ワン・オー・ワン」と言ったら通じなかった。筆談でわかってもらったときに運転手さんが、「おー、イーリンイー。OK」と言ったので、すかさずメモした。6はアイルランドのダブリンに行ったときに何度も目にした単語で、「たおいしーち」って何じゃいと思っていた。地元の人が読んでいるのを聞くチャンスがあったけど、想像もつかない読みかたをしていて、だから聞き取れなかった。というわけで、あとから調べてみると、アイルランド語で「首相」のことだった。

いまではユーチューブで、いろんな言語の人が発音しにくい言葉を発音してくれている画像がアップされているので便利だ。それを見ると（聞くと）、「ティーショック」と言っている（ような気がする）。びっくりしてエントリーした。正確な発音記号では[ˈt̪ˠiːɕax]となるようだが、この記号を見ても発音できないでしょ。だからこんなふうに聞こえたというのをカタカナで書いておいた。自分用だからこんないいかげんでよいのだ。

7は、イスタンブールで食べておいしかったので、もしもう一度来ることができたらぜひ注文しようと思って書いといた（その後、トルコには再訪の機会がない。残念。でも国内のトルコ料理屋で役に立った）。7とか8になると、もはや単語ノートなのか雑学ノートなのかわからなくなってくるけど、そんなことにこだわる必要はない。

というわけで、日本語、外国語の区別なし、意味、発音、漢字表記などなど何を覚えたいのかもいろいろあってよし。とにかく、「へえ」と思って「覚えておこう」と思ったら即メモする。自分を余計なルールでしばらない。これが語彙ノートのつくりかたの最重要ポイントだ。**いちばん大切なのは、言葉に驚くこと**。「へえ、こんな字を書くんだ」「へえ、こんな発音なんだ」。そしていつか使おう、そのために覚えておこうと思うこと。この気持ちがないと、キミの語彙は増えない。語彙ノートはその気持ちを形にして忘れないためにあるんだ。

語彙を構造化することが大切

いままで考えることができなかったことがらに名前が与えられると、はじめてそのことを「考える」

対象にすることができる、という話をしてきた。しかし、これだけではない。言葉は、もう一つ別の仕方で私たちの思考を強化してくれる。それは、**言葉はバラバラに存在しているのではなく、互いに関係づけられている**からだ。

例をあげて説明しよう。「ベネフィット（便益）」という言葉がある。これは何かやったときに、どのくらいいいことがあるか、利益が上がるかを表す言葉だ。でも、この言葉は、一つそれだけで存在しているわけではない。たいてい「コスト（費用）」という言葉といっしょに使われる。二つはペアになっているんだ。こういうのを**対語**《ついご》とか、**対概念**《ついがいねん》という。

対語とは何かをちゃんと定義するのは難しい。対語の中には、互いに意味が正反対になっているものもある。こういうのは**「反対語」**とか**「対義語」**とも言われる。「明るい」と「暗い」、「積極的」と「消極的」、「美」と「醜」、「善」と「悪」などがそうだ。

しかし、対語には、反対語というわけではないんだけど、いつもペアになって現れるものがある。たとえば、「理性」と「感情」、「形式」と「内容」、「時間」と「空間」、「科学」と「芸術」、「事実判断」と「価値判断」、「自由」と「責任」。どこかしら対照的なところがあって、**二つ合わせてはじめて全体をもれなく語ったことになる**というようなペアだ。こういうのも対語と呼ばれる。

たとえば、伝染病が流行っているので、マスクが品薄になってしまった。どの薬局でも品切れなので、みんなが困っているとする。このとき、はいそれじゃ一家庭に二枚ずつマスクを配りますよという政策が提案されたとしよう。ベネフィットしかアタマにない人は、「わーいうれしいな。マスクが手に入らなくて困ってたんだ」と考える。対して、ベネフィットとコストがペアになって頭に入っている人は、ベネフィットはたしかにあるね、**「でも」コストはどのくらいかかるんだ？**　と考えを進めることができる。

マスクが買えなくて困っているので、配布されたらそりゃうれしいが、しかし日本の全家庭に配れるだけのマスクをつくって、それを届けるのにどのくらいコストがかかるんだろう（このコストはお金だけじゃなく、手間と時間も入る）。もしかしたら、その費用をもっと困っていて急を要するところ（医療現場とか休業補償とか）に回したほうがいいんじゃないの、と考えることもできる。

つまり、AとBが対語であることを知っていれば、Aについて考えているときに、「そういえばBはどうなんだ、とか、Aについて当てはまることはBについても当てはまるだろうか、といった具合に、**思考が広がったり、深まったりする。**言葉が思考を強化するもう一つのやりかた、というのはこのことだ。

だとすると、やみくもにたくさんの言葉を語彙に加えていくだけではなく、**言葉と言葉が関連し合っている、その関連の仕方もいっしょに語彙に付け加えていく**必要もあるってことだ。これによって、キミの語彙は言葉のたんなる雑多な集まりではなくなって、言葉が互いに関係づけられたものになる。ちょっと難しい言いかただけど**「語彙が構造化される」**んだ。

語彙の「たなおろし」、四つの方法

じゃ、どうすればキミの語彙を構造化することができるのか。言葉どうしの関係を気にしながら語彙のストックをつくりあげていけばいいんだ。具体的には次のようにする。

(1)新しい言葉を辞書で引いて覚えようとするとき、それに対語や反対語があればそれも覚える(語彙ノートに書いておく)

どうやって対語を見つけるの、と思うかもしれないが、たいていの辞書には、「⇕」みたいな記号を使って対語が示されている(もちろん、対語があればの話)。

(2)すでに知っている言葉についても、ときどきあらためて辞書を引いてみる

それに対語や反対語があるか、それとだいたい同じ意味の言葉(類義語)にどんなものがあるか。

(3)自分がすでに知っている言葉について、それの意味をわかりやすく説明してみる

子どもに聞かれた親のつもりになるといい。たとえば「後悔」ってなあに、と聞かれたと想像してみたまえ。ええとね、自分が昔にやってしまったことについて、やらなけりゃよかったと思って苦しい気持ちになることだよ、といった具合。

これって何をやっているのかというと、「後悔」という言葉と「自分」「過去」「行為」「マイナス評価」「苦しみ」といった言葉たちとを関係づけているんだ。つまり、**キミの語彙に含まれる言葉たちの間に結びつきをつくって、語彙を構造化していることになる。**友だちといっしょに「意味の説明ゲーム」をやってもいい。

（4）自分が類義語だと思っている言葉たちについて、ほんとうにそれって同じ意味なのかをチェックする（辞書を引けばわかる）

これはちょっと高級技だけど、大事だと思うんだよね。大学で教えていると、けっこうな割合の学生が「適応」と「適用」を区別しないで使っていることに気づいた。類義語だと思っているんだ。でも、この二つの言葉はずいぶん意味が違うよ（辞書で確かめてみたまえ）。

さらに、まあ類義語と言ってよい場合でも、何から何まで同じなわけではない。類義語A、B、C……について、次の点を調べてみる。A、B、C……それぞれの対語は何か。それぞれが当てはめられる対象に違いがないか。それぞれのニュアンスが違わないか。それぞれによくつながる言葉に違いはないか。

たとえば、「弱み」「弱点」「欠点」「短所」はほとんど同じ意味だけど、ちょっと違いもある。「弱み」は「強み」、「弱点」と「欠点」は「利点」とか「美点」、「短所」は「長所」と対になっている。「欠点」は不十分で、補ったり改めたりしなければならないところなので、「欠点を補う」と言うけど、「弱みを補う」ってあまり言わない。「弱みをにぎる」と言うけれど「短所をにぎる」とは言わない。弱みとか弱点は隠しておけるみたいだが、短所は「他の人やものと比べて劣っているところ」なので、もうみんなにバレていることが多い……といったようなことだ。

ようするに、ただたんに語彙の数を増やすのではなくて、ときどき自分の語彙をチェックして、そこにある言葉たちを結びつけたり、類義語にまとめたり、対にしたり、語彙を整理するんだ。**キミの**

語彙を「たなおろし」するといってもいい。

【練習問題⑬】

(1)次の言葉の対語を知っているかチェックしてみよう。

多様性　具体的　こころ　主観　自然　天才　理論　部分　特殊　分析　目的

(2)次の言葉とだいたい同じ意味の言葉をあげられるだけあげてみよう。

幸せ　うわさ　景色　きざし　心配　すぐれている　援助　望み　賞賛

(3)次の言葉の意味を、小さい子にもわかるように説明してみよう。

差別　知覚　フィクション　公正　権力　差し出がましい　民主主義　何食わぬ顔

(4)次の言葉は、同じ意味だと思って使っている人が多いけど、じつはだいぶ違う。違いがわかってるかどうかチェックしてみよう。

「おざなり」と「なおざり」「理論」と「論理」「仮定」と「前提」「検証する」と「検討する」

(5)**同音異義語に気をつけよう**：「思考」と「歯垢」は同じ読みだ。だからといってこの二つを混同する人はいないだろう。でも、こういう同音異義語の中には、しばしばごちゃまぜに使われているものがある。次の同音異義語の意味の違いがわかっとるか？　説明してみよう。

保証／保障／補償　施行／施工　共同／協働／協同　解放／開放　追求／追及／追究

判例／反例／凡例／範例　実践／実戦　叔父／伯父　特徴／特長

キミの思考を雑にするような言葉たち

こうしてキミは言葉に出会って、それを語彙に取りこんでいく。だからといって、語彙に加えたすべての言葉を積極的に使う必要はない。なぜなら、キミの思考をより良いものにしてくれる言葉がある代わりに、**キミの思考を雑で、偏見に満ちていて、もっと不自由なものにしてしまう言葉もあるからだ。**

たとえば、人にレッテルを貼ってステレオタイプに押しこめるために使われる言葉。「男らしさ・女らしさ」「理系人間・文系人間」「都会人・田舎者」「リア充」。ある種の人たちを集団から排除するために使われる言葉。「メンヘラ」「反日分子」「売国奴《ばいこくど》」。

あるいは、人を自分のつごうの良いようにコントロールするために使われる言葉。たとえば、「今後はこれがトレンドだからね。乗り遅れないようにしないといけないよ」とばかりにものを買わせたり、「儲かりまっせ」とみんなをそっちの方向に誘導しようとするために次から次へとつくられるバズワード。古くは「Web2.0」、いまは「ソサエティ5・0」「インバウンド」。

バズワードに飛びつかないほうがいいよ、アホになるかもよ、と言っているわけだが、だからといって、新しくつくられた言葉は使いませんっ！　というのも極端だ。だいいち、さっき例にあげた「モラル・ハラスメント」だって、新しくつくられた言葉だし、そもそもたいていの言葉はつくられたときは新語だ。だったらどういう基準で、キミの思考を広げてくれる言葉と、キミの思考をダメにしてしまう言葉を仕分けしたらよいのだろうか。それには決め手はないのだけど、次のような観点がきっと役に立つ。ようするに、**誰がどういう目的でどんな文脈で世に送り出した言葉かということに関心をもつ**、ということだ。

(1)人々を連帯させるための言葉か、人々を分断させるための言葉か
(2)細かな違いに気づかせるための言葉か、何でもかんでもいっしょくたにするための言葉か
(3)反省を促すための言葉か、反省をジャマするための言葉か
(4)ドッキリさせるための言葉か、ウットリさせるための言葉か
(5)弱い者が異議申し立てをするためにつくった言葉か、強者や権力者が人々をつごう良くコントロールするためにつくった言葉か
(6)真理を明らかにするのに役立つ言葉か、真理を隠すのに役立つ言葉か

言うまでもなく、前のほうが思考を広げる言葉、後者が思考を狭める言葉だ。

大事なことが一つある。**ある言葉をそれだけ取りあげて、それが前者、後者どっちなのかを問うてもあまり意味はない**ということだ。

「Black Lives Matter(黒人の命も大切だ)」という言葉は前者だと思うが、それは白人警官による無抵抗なアフリカ系市民への暴力事件の頻発を受けて、それに反対の声をあげる運動の中でつくら

れ、使われているからだ。一方、「Make America Great Again（アメリカを再び偉大な国に）」は、この言葉だけとってみればどうということはないのだが、大統領が支持者の前で叫ぶ、という文脈に置いてみると、自分の支持者をうっとりさせて、自己反省を阻害し、みんなを「アメリカ」のもとにいっしょくたにすると同時に、支持者と反対者の分断は強化する、そういう方向に聞き手をコントロールするために使われている。思考を狭める言葉の特徴を備えているわけだ。

言葉は思考の担い手なので、キミが使う言葉はキミの思考の質を左右する。ここで批判的に取りあげたような言葉ばかりを使って考えていると、ありていに言って、**キミは愚か者になる**。でも、この世の中で暮らしていると、自然にこういう言葉も覚えてしまうだろう。

だとしたら、キミにできるのは次のことしかない。ときどき、自分の語彙を反省してみる。そして、これを使うと自分はアホになると思うような言葉が見つかったら、それを自分からは使わないように心がける。それを平気で口にするような人を正しく軽蔑する。語彙の「たなおろし」のときに、不用品を処分しよう、ということだ。

注意してほしいのは、たなおろしのときにキミの「嫌いな言葉」をチェックしようと言っているのであって、「嫌いなものを表す言葉」ではないからね。私はゴキブリが嫌いだが、別に「ゴキブリ」という言葉を使いたくない、というわけではない。差別は大嫌いだが、「差別」という言葉を嫌っているわけではない。むしろどうやったら差別をなくせるかを考えるとき、この言葉はぜったいに必要だ。

たとえば、私の嫌いな言葉に「全員一丸となって」と「心を一つにして」がある。いろんな人がいるということを覆い隠して、特定のことをみんなに強制して、しかもそれを喜んでやれ、と命じるときの言葉だから嫌いだ。「誠意を示せ」も大嫌い。謝ったくらいじゃ許してやらないぞ、オレの気がすむまでいくらでも謝れ、もしくは、お金を出せ、という寛容さのかけらもない脅迫の言葉だから。しばしば暴力団関係の方々がお使いになる。

キミも嫌いな言葉ベストテンを選んでみたまえ。次に、そのそれぞれについて、自分はなぜその言葉を使いたくない（使われたくない）のかをよく考えて、言葉に表してみる。これはなかなか面白い。自分がどういう人間であるのかよくわかるよ。

というわけで、「キミのアタマを良くするテクノロジー」の第一は言葉だった。「すでにざらにあって、キミも毎日使ってる」と言った意味がわかってもらえただろう。

じょうずに考えることができる人になりたいなら、**人類最古の思考強化テクノロジーである「言葉」じたいに関心をもって、自分の語彙を増やす努力を続けながら（一生もんよ）、つねに自分の語彙を反省してチェックにかけることをおこたるな！** ということだ。

第7章 ローテクな「紙とペン」こそ思考強化の最強の味方
――テクノロジーを使って考える②

思考力強化テクノロジーの二番手は「装置」

さて、キミの思考力を増強してくれるテクノロジーは言葉だけではない。他にもいろいろある。ざっと分類すると、

①装置　②方法論　③組織とルール

このうち、組織とルールは「みんなで考える」ためのテクノロジーなので、第10章に譲ることにする。方法論については、ガクモンを主題にする第11章で扱おう。この章では、「①装置」について、それがどういう仕方で思考力を拡張してくれるのかを確かめ、それをじょうずに使いこなすにはどうすればよいかを考えよう。

装置のいちばんわかりやすい例は**電卓**だ。毎年3月は税金を納める季節。私は給料の他に原稿料ももらうので、自分で税金の額を計算して納めなくてはいけない（確定申告っていうんだ。めんどくさいぞー）。その計算はとても暗算では無理だ。筆算でやってもすごい時間がかかる。電卓があってよかった、ということになる。電卓はこのように、私の計算能力（これも思考能力の一部）をものすごく拡張してくれる。思考力を増強する装置だ。

もちろんパソコンもそうだ。電卓の親玉。コンピュータの歴史には、二つの考えかたがあった。**人間の代わりに考えてくれる装置**、という考えかたと、**人間の思考能力を拡張するための装置**、という考えかただ。一人ひとりがコンピュータをもつ（つまり個人用コンピュータ、すなわちパソコン）、というアイディアは、このうち後者の考えかたに根ざしている。

ここで注意、パソコンの効用はあくまで間接的！

さて、いまパソコンを使っている人は、たいていインターネットに接続しているはずだ。この二つのテクノロジーを組み合わせて使うことで、キミの検索能力（知りたいことを調べる能力）と記憶容量は比べようもないほど拡張する。

パソコンにインストールする（あるいは最初からしてある）さまざまなソフトウェアを活用すると、簡単な統計処理ができる（エクセルとか）。文章を並べ替えたり加工したりコピーしたり保存したりいっせいに単語を置き換えたり、文法や綴《つづ》りをチェックしたり文字数をカウントしたりできる。しかも清書の手間はいらない(ワープロソフト)。参考文献表を自動的につくってくれる(エンドノートとか)。自分の考えたことを効果的にプレゼンすることができる(パワポとか)。しかもそれらを瞬時に他の人に送ったりシェアしたりできる(メールソフトとかクラウドサービスとか)。なんちゅう便利さ。

でもよく考えてみると、これってものを考えることそのものを改善してくれるというよりは、考えることについてまわるいろんな周辺作業(下調べ、数値計算、データの保存と整理、文章化と推敲《すいこう》、プレゼンなど)を効率化してくれる道具なんだ。周辺作業を効率良くしてくれることで、考えることそのものに時間をかけ、エネルギーを費やすことができるようになる。そういう仕方で、**間接的に思考能力を強化してくれる**。

なので、パソコンやインターネット、ソフトウェアを使ってものを考えようとするとき、心に留めておかねばならないのは、**それぞれのテクノロジーが思考にまつわる何を助けてくれるのかをよく理解したうえで使う**ということだ。逆に言えば、インターネットで検索したから自分は考えたと思うなということ。人の文章をコピペすること(これを助けてくれるのがワープロソフト)を考えることと勘違いするなということだ。検索もコピー(引用)も、考えることの周辺作業だ。それがすごくやりやすくなった。このことじたいは良いことだ。しかし、**それは考えることの本体ではない**。

ジョゼフ・リックライダーという工学者がいる。思考能力拡張装置としてのコンピュータというアイディアを発展させて、人間じゃなくて「人間と機械の共生体」が思考の主体になっていくんだというすごいビジョンを示し、対話型コンピューティングというテクノロジーを生み出した人だ。パソコンの生みの親の一人と言ってもいいだろう。

リックライダーがどうしてこういう発想に至ったかというと、自分の行動記録をつけてみたからなんだよね。研究所での行動記録を振り返ってみると、数値データの処理と資料の整理という、退屈で事務的な準備作業にばかり時間を使っていて、本来の考える仕事にほとんど時間を使っていないということに気づいたんだ。だいたい15％しか「考える」に使っていない。こりゃまずい、ってんで、科学者のデータ処理やグラフ作成の補助をするような機械を構築しようと思い立った。

そうしてリックライダーは本業の音響心理学から離れて、コンピュータ開発に方向転換したんだ。これがパソコンのはじまり。ということは**パソコンもタブレットもスマホも、「考える」に使う時間を増やしてくれるテクノロジーなんだ（ただし、考える人にとっては）**。

Writing is Thinking：みんな書いて考えて大きくなった！

もうちょっとじかに思考そのものを強化してくれる装置はないの、と思って探してみると……。あるある。**紙とペンだ**。装置って呼ぶのはちょっと大げさな気もするけど、すごいんだぞ。この二つの発明のおかげで、**私たちは紙に文字を書きながら考えることができるようになった**。

このことの意味は、書き言葉の役割を指摘したとき、すでに１４７～１５０ページで述べてある。記録媒体となって長期記憶を強化する。考えたことがそこに残っているので、自分が考えたことを反省できる。そして、筆算の例で示したように、脳と紙とペンという**「人間と人工物の共生体」**として考えることで、頭の中に入りきらないややこしいことをじっくり考えることができる。

ややこしいことを考えるのを生業《なりわい》にしている人は、書きながら考え、考えたことを書き、書いたことを見て考え、またそれに書きこみ、消したり付け加えたりしながら考えていく。

フッサールという哲学者は、とりわけ書かないと考えられない人だったみたいだ。すごい分量の書きものを残している。生前に出版されたのはそのうちのごくわずかだから、おそらく出版のための原稿として書いていたのではないだろう。フッサールにとっては**書くことイコール考えること**だったんだ。

なので、死後に膨大なノートが残った。弟子たちがそれを整理して、本の形にして徐々に出版している。この人は1938年に亡くなったんだけど、まだその遺稿は出版され続けている。マニアックな研究者しか読まないので、ものすごく値段の高い本になる。私の前任者の先生が、その本を全巻買うよドンとこい！ と本屋さんに注文したので、私の代になってもときどき届く。目の玉が飛び出るほどの代金を泣く泣く払っている。

こういう人は他にもいっぱいいる。数学者・論理学者のゲーデルなんて、考えるスピードに書くスピードが追いつかないからか、わざわざ速記を習ったくらいだ。その速記体はいまでは使われなくなったために、これまた膨大な遺稿を読み解くのにすごく時間がかかった。

ワタクシ作成の「買い物リスト」を見よ！

フッサールやゲーデルが考えていたことはややこしいし難しい。そこで、もうちょい身近な例をあげて、**脳＋紙＋ペン共生体による思考がどれほど強力なものか**を実感してもらうことにしよう。

子どもが独立して家を出て行って以来、10年ほど私は気楽な独り暮らしを続けている。飲み会以外の外食はほとんどしないので、夕ご飯はたいてい自分でつくって食べる。さてそうなると、夕食の献立と買い出しについて考えるのが大切になってくる。午後の会議に出席しながら、じつは今晩は何を食べようかなどと考えている。

さて、ある休日、今日は天気も良いからちょっと遠くのスーパーに買い出しに行こうと思ったとする。まずは、冷蔵庫と食品棚をチェックする。醤油とスパゲティがなくなりそうだから買わねば。というので、メモ用紙に「しょう油」「スパ」と書きこむ。チェックするのはなくなりそうなものだけではない。野菜室にキャベツがたくさん残っている。これを消費しよう。回鍋肉《ホイコーロー》にするか。味つけは甜麺醤《テンメンジャン》と豆板醤《トウバンジャン》。そこで再び冷蔵庫チェック。豆板醤がない。肉がないので、当然買うわけだけど、コマ切れより塊《かたまり》を茹でてつくったほうがうまいから、豚ロースの塊を多めに買ってきて、今日は茹でたてをスライスしてそのまま食べよう（白肉《パイロウ》というの。うまいよ）。タレは黒酢《くろず》がいいな。黒酢も残りわずかだから買っておこう。回鍋肉は明日にしよう。それでも茹で肉がまだ残るから、あさってはカレーにして食べよう。中華が3日続くのはイヤだからな。副菜は何にしよう……。という具合に、買い物リストをつくりつつ、3日間くらいの献立も考えることになる。

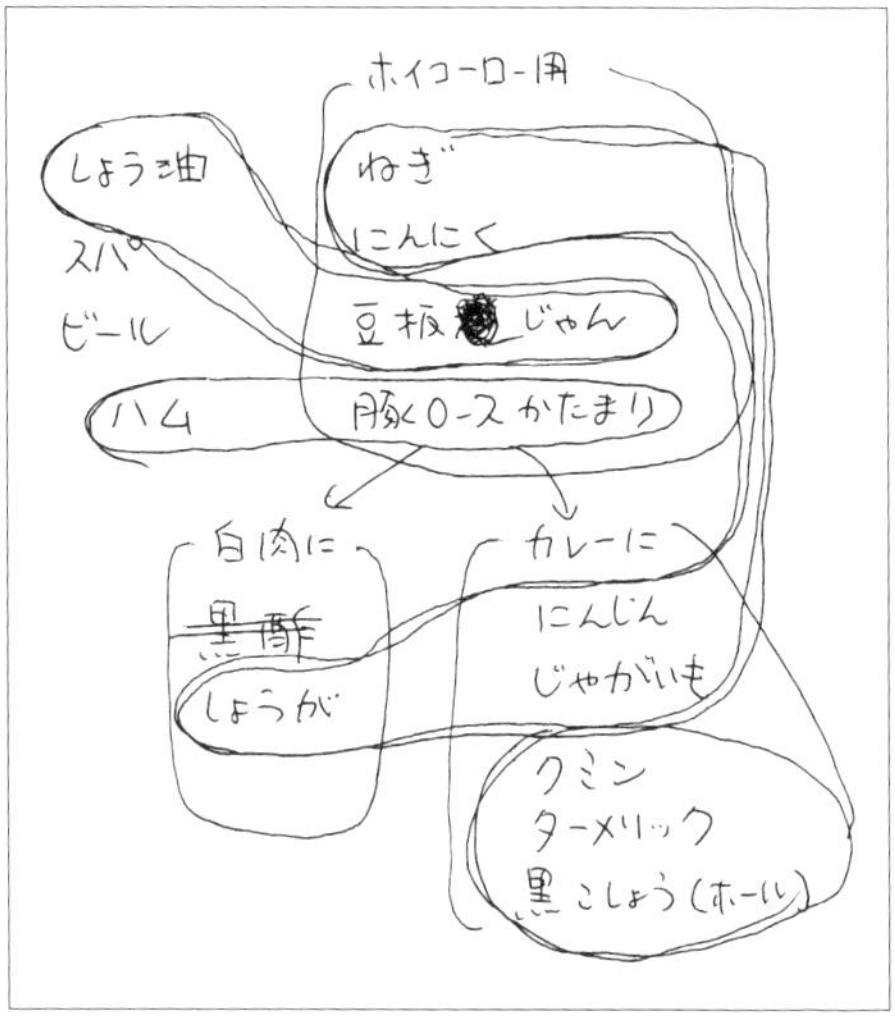

で、買うものがすべて決まったら、野菜類は野菜類でぐるっと囲む。調味料類も囲む。売り場ごとにまとめておくと、買い漏《も》らしがないからだ。囲んでいて、瓶詰め類が多いなと気づく。遠くのスーパーだから持って帰るのがたいへんそうだ。なので、黒酢はまだちょっとだけ残っているから、次回にしよう。と二重線で消す。こんな具合にしてできあがったのが、上の買い物リストだ。

やたらリアルでしょ。毎日こんなことばかり考えているのでそうなる。会議中にこれをやっていると、せっせとメモを取っているので、熱心に参加しているように思ってもらえる。

さて、何が言いたいか。**以上の思考を、頭の中だけでできますか**、ということなのだ。私はどういう問題を解こうとしているのだろう。まず、なくなりかけた保存食品を買い足す、キャベツを使い切る、同じようなメニューが続くのは避ける、3日間分の夕食に十分な食材を買う、何度も売り場を行ったり来たりしない、荷物が重くなりすぎない……といった条件（こういうのを**制約**《コンストレイント》ともいう）**をすべて満たす実行可能なプラン**をつくろうとしているのだ。

紙とペンで逆問題に立ち向かう

私はけっこうフクザツな問題を解いていた、ということがわかってもらえただろうか。いくつかの制約が与えられたとする。そしてその制約には互いにあちらを立てればこちらが立たずというものも含まれている。このとき、それらの制約をできるかぎりすべてうまく満たすような解決策をつくる。これは工学という分野に共通する問題だ。「解決策」は、薬品や機械のような「もの」のときもあるし、ものごとの進めかた・やりかた・プランのときもある。

私たちは、生きるためにどういう問題を考えているのか。すごく大雑把《おおざっぱ》に分けると、次のどちらかだ。

（1）これをやるとどうなるか

（2）これを実現するにはどうすればよいか

（1）が順問題、（2）が逆問題と呼ばれる。順問題は、原因がわかっていて、結果がどうなるかを求めている。逆問題はまさしく逆で、目的（制約）が与えられていて、それを実現する手段を求めている。新型コロナウイルスをやっつけるという目的が与えられて、実現手段（ワクチンや治療薬の開発方法）を探すのも逆問題だ。そして、制約を解決するためのプランという意味で、私の「買い物リスト」づくりもまた逆問題だ。
概して、順問題より逆問題のほうが難しい。工学は、逆問題を解くためのいろんなアルゴリズム（手順・方法）、人工知能を開発しようとしている。でも、**紙とペンの助けを借りれば、この難しい逆問題を私たちもなんとか解くことができる。**
もちろん、パーフェクトな答えが得られるわけではない。フクザツすぎる逆問題はお手上げだ。しかし、紙とペンだけでも、日常生活をうまくやっていくには十分な「アバウトな答え」が得られる。そしてこれが大事なことだけど、紙とペンなしにはそれすらできない。

【練習問題⑭】

キミは結婚式のスピーチの順番を考えているとしよう。スピーチをお願いしてあるのは、一ノ瀬、二階堂、三鷹、四谷、五代、六本木の六人だ。ところがこの人たちはとてもややこしい人たちだから困っちゃう。スピーチの順番にうるさい。

（1）三鷹は四谷の直前直後にスピーチするのはイヤだと言っている
（2）五代は二階堂と六本木より先にスピーチを済ませたいと言う
（3）二階堂と四谷は一ノ瀬より後回しにされると怒る

そのうえ、一ノ瀬と六本木は酒癖が悪いので、キミとしては、条件（1）～（3）を守ったうえで、この二人にはできるかぎり早い順番を割り当てたい。さて、どんな順番でスピーチをしてもらえばよいだろうか。紙とペンを使って考えてみよう。

紙が2次元であることには意味がある

紙の上で考えることの威力がわかってもらえたら、次へ進もう。

紙とペンで考えるとどうして思考が増強されるのだろう。それはね、紙が上下左右に広がっているから。つまり、**紙が2次元だからだ**。前章で、言葉が思考の担い手であることを強調した。でも、残念ながら私たちの言葉は一列に並んでいる。もともとは話し言葉だったからだ。私たちは、いっぺんに一つの音しか出せない。だから音を一列に連ねて語をつくり、語を一列に連ねて文をつくるしかない。

本は紙に印刷されている。だから、横にも縦にも字が並んでいるように思うけど、読む方向は縦横のどっちかに決まっている。だからこそ、「縦書き」とか「横書き」という言葉があるんだ。仮に、本が一行分の幅のテープに印刷されていたと想像してみよう。それでも同じ情報を伝えてくれるはずだ。読みにくいだろうけど、巻き戻しのための装置があるなら、けっこう実用的かもしれない。

というわけで、言葉はそもそも一方向的あるいは直列的だ。いっぺんに一つのことを順序良く考えるのに向いている。ちょっとややこしいこと、抽象的なことを頭の中で言葉を使って思考するとき、キミは「……だとする。そうすると、ああなって、こうなって。いや待てよ……」みたいに頭の中で声を出していないだろうか。こういうのを内語《ないご》という。ヒトのフクザツで抽象的な思考は、心の中で発話される内語だという説もある。

ここで、さっき示した私の買い物リストを見てみよう。ここにも言葉が並んでいるんだが、横にも縦にも並んでいる。そして、私が考えるにつれて、言葉が横に並んでいったり、縦に並んでいったりしている。つまり、紙が横と縦の2次元をもっていることをうまく使って、一つのことを最後まで考えてから、次のことを考えるのではなく、一つのことを途中まで考えたところで、別の考えるべきことに気づき、それを途中まで考えておいて、前の考えに戻ってそれを修正して、また途中まで考えて……といったことをやっているんだ。つまり、**もともと直列処理に向いている言葉を使って、並列的にものごとを考えている**。

そして最後に、買わないといけないものを売り場ごとにぐるっと囲ってまとめ直している。考えの結果を別の視点から分類し直しているんだね。これも言葉が2次元的に並んでいるからこそやりやすい。

これって、パソコンでもスマホでもできるんじゃないの、という声が聞こえてくる。ま、使い慣れた人にはできるだろうね。ましてやキミたちはデジタルネイティブだ。だから、デジタル機器を使ってくれてもいっこうにかまわない。でも、LINEのチェックで一日中スマホの画面をナデナデせにゃいかんのに、ものごとを一人でじっくり考えるときまでスマホでやりたいですか、と思う。

それに、まだ紙とペンのほうが自由度が高い。場所を選ばない。バッテリーの残量を気にする必要はない。スマホは一台しか買えないが、ノートはたくさん買ってあちこちに置いておくことができる。

考えに行き詰まったときに余白にいたずら書きができる。パソコンやスマホだと、何をするにしても「わざわざ」やることになる。いたずら書きソフトがあったとしても、それをわざわざ立ち上げなければならない。いたずら書きは重要だ。いたずら書きをしているとき、意識はいたずら書きに集中しているが、その裏でまだ考えは続いている。意識をあえてテーマからそらすことによって、より良い解決策や異なった視点からの考えが思い浮かぶかもしれない。

いかにおいしいカルボナーラをつくるか？

ものごとを並列的に考えて進めなくてはならないのはどういうときか。いっぺんにいくつかのことをやるためのダンドリを立てるときだ。典型例は、買い物から帰ってきて料理をするとき。たとえば、スパゲティ・カルボナーラをつくる場合を考えてみよう。手もとにある料理本には次のようなレシピが載っている（四人前）。

①にんにくは、みじん切りにしておきます。②ベーコン100gは5ミリ角に切っておきます。③フライパンを熱し、にんにくとベーコンを入れて、ベーコンがカリカリになるまで炒《いた》めます。④ボウルに生クリーム200gと、おろしたパルミジャーノ大さじ4杯、それに卵の黄身3個を加えて、よくかきまぜておきます。なおこのソースは火にかけません。⑤アルデンテにゆでたスパゲティ400gの水を切ります。すぐに、先に作っておいた④のソースの中に入れ、よくまぜ

あわせます。⑥スパゲティとソースを合わせた中に、③のベーコンを加え、黒こしょうをふりかけ、皿に盛って、食べます。（このレシピは、マリオ・ベニーニ『マリオのイタリア料理3　パスタ、ピッツァ』をアレンジした。学生時代からもう40年以上愛用している料理本だ）

さて、キミなら一番最初に何をやるかな？　料理のヘタな人は、レシピを読みながら順番にやっていこうとする。そうするとどうなるか。④のところでパルミジャーノをおもむろにおろし始める。それをやっているうちに、ベーコンは冷めて油っこくなる。とりあえずソースができたところで、⑤を読んで、スパゲティを茹でるお湯を沸かし始める。ベーコンはさらに冷め、にんにくの香りは飛んでしまう。で、結局1時間くらいかかってできたのは、西洋うどんの卵とじということになる。

レシピは文章なので直列的に書かざるをえない。これに対し、料理というのは同時にいくつものことを進めないといけない。単品をつくるときですらそうだ。ましてや、お客さんが来るのでディナーをご馳走しようと用意しているような場合。短い時間で、いくつもの料理をいっぺんにつくりたい。それも、何品かはほぼ同時にできあがって、テーブルに並んで、つくりたてを食べてもらいたい。そんなとき、ダンドリをアタマの中だけで考えることはできない。肉をつけ汁につけたら、炊飯器をしかけてご飯を炊く。その間に、野菜を刻んで……みたいのを図にまとめて考えるだろう。このとき、**それぞれの料理を横軸に、時間を縦軸にして、2次元的に手順を配置していけば、うまく考えることができる。**

【練習問題⑮】

というわけで、レシピにあるスパゲティ・カルボナーラをつくる手順をうまく並べ替えて、できるだけ短時間にスパゲティが完成するように、ダンドリを図に表現してみよう。その図をつくる際に、2次元の紙の上で考えることがどれだけ自分の思考を助けてくれているかを反省してみよう。

調理のダンドリを考えるのは、逆問題を解いているということだ。目的は、「西洋うどんの卵とじ」ではなくおいしいスパゲティ・カルボナーラをつくること。そこに、時間をできるだけ短くする、キッチンが爆撃を受けたみたいになってはいけない、レンジには二つしかコンロがついていない、冷蔵庫を何度も開けないといった制約が加わる。その制約を満たしながら、目的をうまく果たすための人工物（＝ダンドリ）を考えるわけで、これは逆問題だ。

工場で、いろんな工作機械が使われないで遊んでいるムダな時間がなるべく少なくなるように、必要な何種類かの製品を必要な数だけ、できるだけ製作にかかる全体の時間が短くなるようにつくるには、どのように工程を組み合わせればよいでしょうか、という問題と同じだ。たくさんの工学者が日夜研究している、由緒正しい重要問題と同じ問題なんだ。

論理的思考の本なんだから、料理とかじゃないもっとそれっぽい例を使ってよ、と思った人がいるかもしれないから言っておく。じゃあ逆に聞くが、論理学の教科書によく載っている「ソクラテスは人間である。人間はいずれ死ぬ。ゆえにソクラテスもいずれ死ぬ」なんて、人生の中で考えたことがあるか？　これからそういうことを考えるときが来ると思うか？　だとしたら、「じょうずに考える」ことはまず**第一にキミの幸せのため**、というのが本書のモットーだ。「**じょうずに考える**」ことは教室の中ではなく、キミが日常生活の中で実践して役に立つものでなくてはならないはずだ。

というわけで、今晩は自分で晩御飯をつくって食べなさいと言われてブーブー言っているキミ、ご両親はキミに実践的思考トレーニングをほどこそうとしているのだと思ってごらん。ありがたくて涙が出てくるはず。

紙の上で考えることのもう一つの意味――数学の証明問題を例に

さて、「紙に絵と文字」で考えることにはもう一つの大事な意義がある。**思考のスキマを目に見えるようにしてくれる**ということだ。これはちょっとわかりにくいね。具体例で説明しよう。

たとえば、「三つの連続した数の積は必ず6の倍数になる」を主張しようとするとき、いくつかの具体的な数で試してみたんではサポートにならない。1×2×3＝6、2×3×4＝24、3×4×5＝60、4×5×6＝120……みんな6で割り切れるじゃん。でもこれじゃダメなんだ。数学では、どんな数についても成り立つような証明をしなければ、主張をサポートしたことにはならない。だけど、たいていの人は苦手だよね。**証明するってのは逆問題を解くこと**だからだ。

「5×6×7はいくつですか」というのは順問題。掛け算の仕方はすでに与えられていて、それに

5と6と7を当てはめたら、結果はどうなりますかと尋ねているからだ。「これやったらどうなります?」型の問題だ。こういうのは簡単。

でも、証明問題はそんなふうには解けない。逆問題だからだ。つまり、「Aは三つの連続した数の積である」という前提から始まって「ゆえに、Aは6の倍数である」で終わるような、飛躍のない推論のつながりをつくりなさい、という問題だ。終点(=目的)がわかっていて、それに至る、制約を満たしたた(この場合、論理的に飛躍がない)道すじ(=手段)を探さなくてはならない。**そりゃ難しいよ。**

どのように考えたらよいだろう。問題は「前提と結論の間のスキマを埋めろ」なので、そのスキマを目に見えるように表現してしまおう。まず、おもむろにノートを開きたまえ。そして、見開き両ページ使うつもりで、左上に「Aは任意の三つの連続した数の積であるとする」と書く。右下に「ゆえに、Aは6の倍数である」と書く。この間を埋めていけばいいんだ。こうして、**論理的なスキマを、空間的なスキマで視覚化する**というわけ。まだスキマはまったく埋まっていない。

そして、次の二つのことを考える。「Aは任意の三つの連続した数の積である」とすると何が言えるか。「Aは6の倍数である」と言うためには、とりあえず何を言えばよいか。

Aが三つの連続した数の積であるなら、$A=n(n+1)(n+2)$と書けるだろう。だからこれを左上の二行めに書く。一方、「Aは6の倍数である」と言うためには、「Aは2でも3でも割り切れる」と言えばよいだろう。それを右下の下から二行めに書く。さらに、「Aは2でも3でも割り切れる」と言う

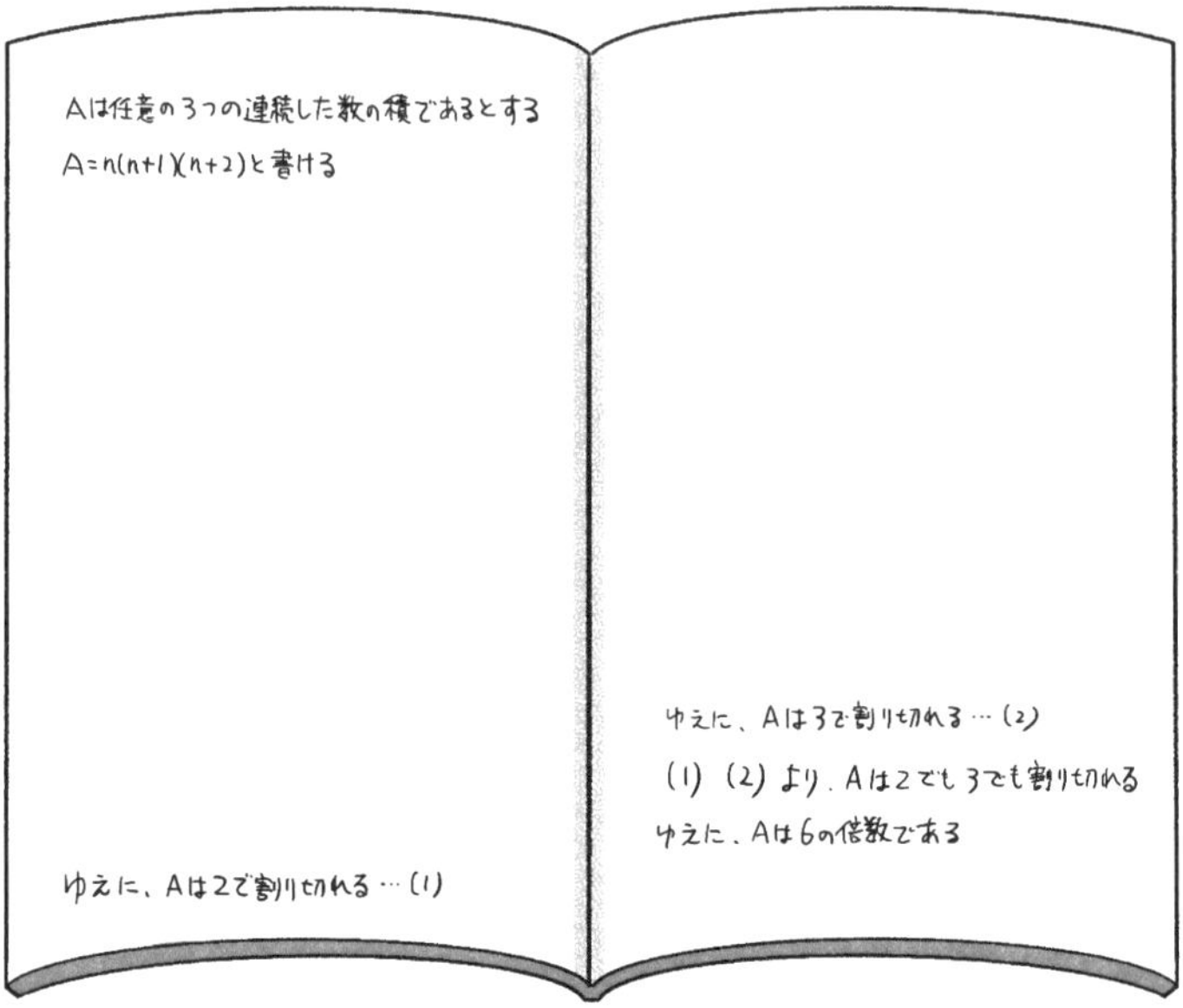
Aは任意の3つの連続した数の積であるとする
A=n(n+1)(n+2)と書ける
ゆえに、Aは2で割り切れる…(1)
ゆえに、Aは3で割り切れる…(2)
(1)(2)より、Aは2でも3でも割り切れる
ゆえに、Aは6の倍数である

図7–1

ためには、「Aは2で割り切れる」と「Aは3で割り切れる」をそれぞれ言えばいいだろう。

　というわけで、こんなふうになる（図7-1）。そうすると、残ったスキマは、「A＝n(n＋1)(n＋2)」と「Aは2で割り切れる」の間と、「A＝n(n＋1)(n＋2)」と「Aは3で割り切れる」の間だ。この二カ所のスキマをそれぞれ埋めればいい。簡単そうなのは前者だ。「Aは2で割り切れる」を言うためにはどうする。nか(n＋1)か(n＋2)のどれかが2で割り切れればいいだろう。nが2の倍数なら、これはすぐに成り立つ。もう一つの場合があった。nが2の倍数じゃない場合だ。そのときはnは2で割って1余る数だ。つまりn＝2k＋1と表せる数だ。このときはどうなるだろう。こんどは真ん中のn＋1が2k＋1＋1

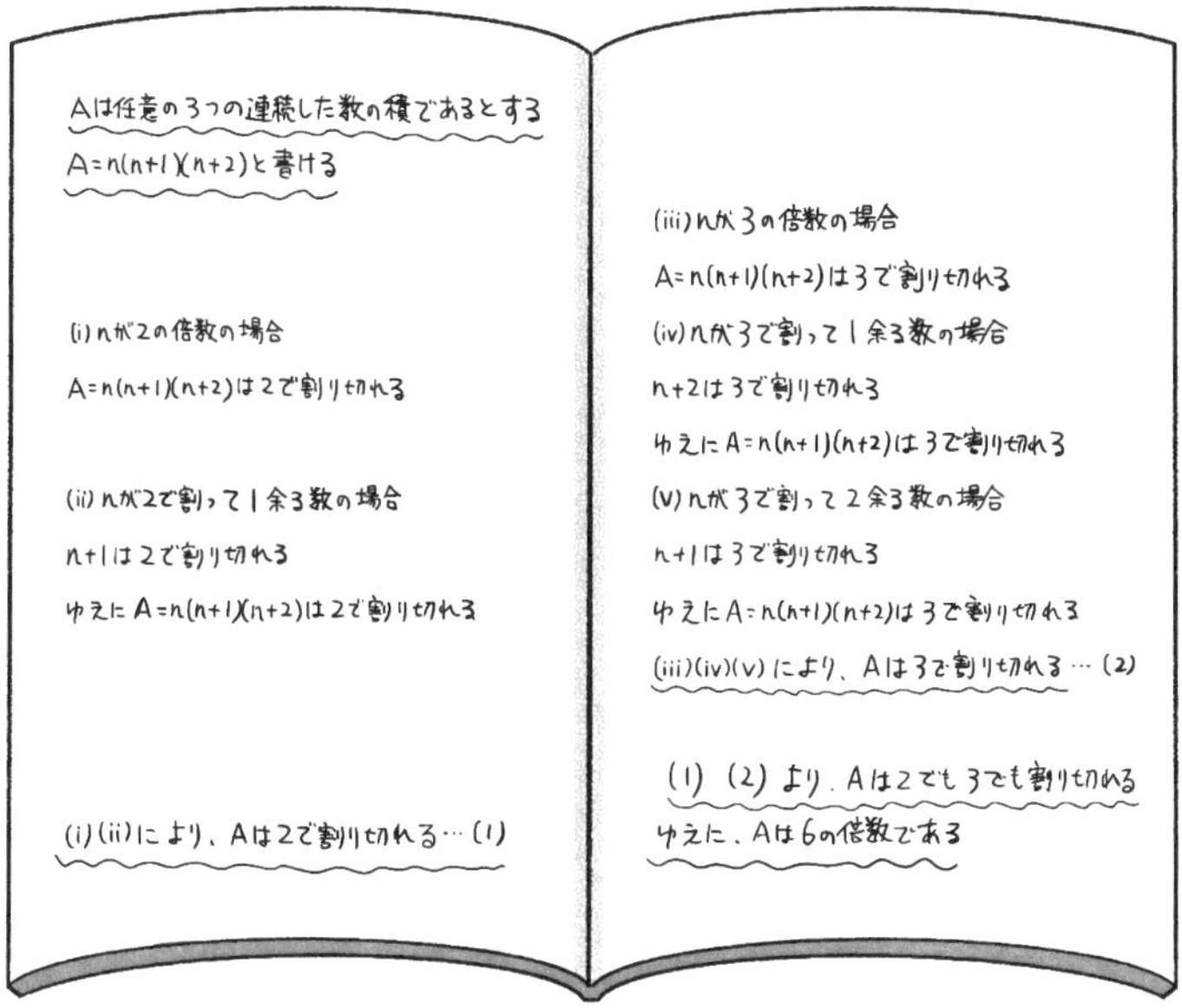

図7–2

となるから、これが2で割り切れる。どちらの場合もnか(n+1)か(n+2)のどれかは2で割り切れる。

そうすると、「A=n(n+1)(n+2)」と「Aは3で割り切れる」の間も同じようにしてスキマを埋めればよいことがわかる。ただし、今度は三つの場合に分ける必要がある。

というわけで、こんなふうにすべてのスキマが埋まった（図7-2）。あとは、これの形を整えればいいんだ。証明というのは、前からちょっと埋めたり、後ろからちょっと埋めたりを繰り返して、真ん中でつながる、という**トンネル工事みたいな作業**だ（あ、トンネルは埋めるんじゃなくて掘るんだった）。そして、字の書いていないところ、つまりスキマが、ここはまだ考えなくてはいけませんよ、つながりがついていませんよ、ここにまだ飛躍がありますよということを表してくれている。**空白が何を考えねばならないかを教えて、思考を促してくれるんだ。**

トンネル方式は、じょうずに考えるための武器だ

数学の証明問題が苦手だという人は（私も決して得意なわけではない）、証明の読みかたが間違っているんだ。問題集で証明問題をやってみる。できない。できないので答えを見る。そのとき、アタマから順に読んでいくだろう。もちろんまずはそうするべきだ。しかしそうすると、どうしてここでこんなふうに場合分けするの？　こんなこと思いつけないよ、と思うはず。証明で文章が並んでいる順番は、必ずしも考えた順番ではない。前から読んだり、後ろから読んだりしながら、**どのような考えの筋道を辿れば、この証明がつくれるんだろう、**ということを考えながら模範解答を読まないといけない。

【練習問題⑯】

$n(n+1)(n+2)$ は6の倍数だったけど、$n(n+1)(2n+1)$ も、n がいくつであってもつねに6の倍数である。この証明をトンネル方式で組み立ててみよう。

で、重要なのは、これは数学の証明にかぎった話ではないってことだ。**話題が何であれ、およそ「議**

論を組み立てる」ということがしたいなら、このトンネル方式が役に立つ。

右下に、主張したいことを書いておく。左上に、それのサポートに使えそうな、キミの知識を書いておく。そうして、キミの主張したいことを言うためには、どんなサポート（証拠・根拠）が必要かを考える。これを言うためには、何が成り立ってないといけないかな。それを思いついたら、そのサポートに根拠があるかどうかを考え、思いつかないなら探す。これを繰り返していく。もちろん、最初にサポートに使えそうと思ったことがらは、結局主張に関係ないことがわかったりもする。

大事なのは、このように書きながら考えることによって、**何をさらに考えなければならないか、何を調べなければならないかがスキマという形で見えてくる**ということだ。ここにはまだスキマがあるな、ここを埋めるものは何だ、と考えることができる。

ノートって、思考のプラットフォームなんだ

というわけで、紙とペンはいっけんローテクに見えながら、思考力の拡張にとってものすごく有効なテクノロジーだということがわかった。紙とペンが有効な理由については、先にもちらっと話したけれど、ここでまとめておこう。

思考を改善しますよ、考えるためのツールですよという触れこみで、これまでいろんなソフトウェアが商品化されてきた。アウトラインプロセッサなんてのもあった。基本的には、丸と矢印をパソコン画面の好きな位置に好きなだけ置くことができて、そこにアイディアを書きこんでいくことができ

る。表示の仕方を切り替えると、そうしたアイディアメモが、論文のアウトライン（つまり箇条書き）の形式に自動的に切り替わる。丸も矢印もいろいろな色や形が用意されていて、それぞれに違う意味を割り当てることもできた。これが一時期すごく流行ったんだ。

でも、これっていまでも使っている人がいるんだろうか。少なくとも私の周りにはいないぞ。これは、アウトラインプロセッサがしょぼいからじゃなくて、紙とペンがあまりにすぐれものすぎて代わりになれなかったんだ。**紙とペンは強力な思考拡張装置で、いかようにも使えて、しかもいつでもどこでも使える。**停電でパソコンもスマホも使えなくなっちゃったときに、どんなダンドリで事態を改善するかを考えるのにパソコンもスマホも使えないでしょ（当たり前だ）。料理のレシピを検索したタブレットを、油がとんだり水がかかったり、マヨネーズが垂れたりする台所に置きたくないでしょ。

というわけで、**キミがすぐにやるべきことは、ノートを手に入れること**だ。そして、それをいつももっていて、何かを考えるときにはいつでもそこに書きこみながら考える。講義ごとにつくるノートとは別の、どんなことでも書きこめるノンジャンルのノートだ。

私が小学生のとき、そういうノートを「自由帳」と言っていたんだけど、いまでもそうかしら。それにしても自由帳って良い名前だね。このノートは、学校の勉強とか文系・理系という枠組みから離れて、キミが自分だけの考えを展開して、自分の魂の自由を育て味わうためのプラットフォームなんだから。

言葉の直列性から逃れるために使うのだから、無地か方眼がいいね。そして、ケチケチしない。たっぷり余白をとって使う。そこはこれから考えて埋めていくべきことがある、ってキミに教えてくれるんだから。ときどきノートを読み返してみよう。そうすると、**余白を埋める考え**を思いつくかもしれない。その間に勉強して新しく知ったことがらが、余白を埋めるのに役立つかもしれない。

書きながら考えるといっても、論文やレポートみたいにちゃんとした文章で書く必要なんてさらさらない。文になっててもなってなくてもいい。単語だけ書きつけてあるのでもいい。絵でもいい。ここにかきこむ表象は、**キミが自分で考えるための言葉《メディア》だ。考えるための言葉と、考えたことを人に伝えるために書かれる言葉は同じでなくていいんだ**（「考えたことを人に伝えるための言葉」の使いかたについては、次の章まで待て！）。

マルコムXに学べ

第6章と第7章では、キミたちにとって最も重要なことを述べた。なぜなら、キミが「考える人」になるためにいちばん重要な二つのアイテム、つまり言葉とノートの効用について語ったからだ。

ところで、キミはマルコムXという人を知っているだろうか。１９２５年に米国ネブラスカ州に生まれ、牧師だった父親を白人至上主義者たちに殺された。10歳頃から悪事をはたらくようになり、黒人社会の底辺で麻薬まみれ犯罪まみれの生活を送るうち、逮捕投獄された。獄中でイスラム教に改宗し、猛勉強を始めて、釈放後は急進的な黒人解放運動の指導者になった人物だ。「X」というのは、マルコムが出獄後の一時期に属していたブラック・ムスリム（正しくはネイション・オブ・イスラム）

によって与えられた名前だ。黒人はアフリカから奴隷として無理やり連れてこられたときに、自分たちの文化・家系、そして名前を失い、白人の主人の苗字を与えられた。マルコムも「リトル」という苗字だった。それを捨てて、失われたアフリカでの姓を表すために「X」に改姓したんだ（X《エックス》とは、「以前の」を表すex-（エクス）の象徴）。

マルコムの自伝には次のように書かれている。

小学八年を終了したとき、私はそれを機会に金儲けと結びつかないようなことはいっさい勉強すまいと思った。そして、世間に出ると、かつて学校で習ったことはみんな消えてしまった。動詞と名詞の区別もろくにつかなかった。（『完訳マルコムX自伝（上）』濱本武雄訳、中公文庫、289ページ）

マルコムは刑務所の中で、自分のみじめさは言葉が足りないことによると気づいて、心機一転、勉強を始める。その勉強の仕方がものすごい。

もっとも大切なことは辞書を持つことだとわかった。言葉を調べ、学ぶのだ。幸運にも、文字の書き方もなおさなければならないと気づいた。悲しいことだ。まっすぐの線も引けなかったのだ。この二つがわかったので、私はノーフォーク犯罪者コロニー学校から、辞書とともにノートと鉛筆をもらう気になったのだ。（同前、318ページ）

マルコムがした勉強とは、辞書をすべてノートに書き写し、声に出して読むことだった。しまいにはまるまる一冊書き写してしまった。「残りの刑務所暮らしで百万語は書き写したと思う」（同前、319ページ）。

こうしてマルコムは、黒人の置かれた苦しい状況の根源は何かについて、そこから脱出する道筋と戦略はいかにあるべきかについて深く考え抜き、それをとてつもなく雄弁で説得力のある言葉で語ることのできる、解放運動のリーダーに自分を育てあげていくことができた。その基盤となったのは、辞書とノートと鉛筆である。

本章の仕上げとして、紙とペンを使った思考養成の問題に挑戦してみよう。

【練習問題⑰】

（1）ほのか、ことり、はなよの仲良し三人組は和菓子が大好きである。毎日学校の帰りに和菓子屋に寄り道している。今日はあらかじめ相談して、次のようなルールを決め、それに従ってお菓子を買おうということになった（なぜそんなルール決めをするのかは不明。高校女子のやることは私にはわからない）。

（a）今日買うものは、どら焼きか大福から選ぶ

（b）ほのかかはなよのどちらかは必ずどら焼きを買う

（c）ほのかとはなよは違うものを買う
（d）ことりとはなよの二人とも大福を買う、これは避ける
（e）ほのかがどら焼きを買うなら、ことりは大福を買わねばならない

三人がこのルールに従おうとすると、どら焼きを買うことができない人と、大福を買えなくなる人が出てくる。それぞれ誰だろう。

（2）仲良し三人組の行きつけの和菓子屋では、季節の和菓子詰め合わせセットを販売することにした。いまは春。そこで、「あけぼの」「朧月《おぼろづき》」「陽炎《かげろう》」の三種類のセットをつくり、そこに桜餅、よもぎ大福、草餅、いちご大福、うぐいす餅、わらび餅、ひなあられの七種類からいくつかを選んで詰め合わせることにした。そのとき、次の条件を満たすように選ぶことを決めた。

（a）一つのセットには四種類以上は入れない
（b）どのお菓子もどれかのセットには入れる
（c）同じ種類のお菓子を二つ以上のセットに入れてはいけない
（d）よもぎ大福といちご大福はどちらもわらび餅といっしょに入れてはいけない
（e）よもぎ大福といちご大福はどちらも草餅といっしょに入れてはいけない
（f）桜餅とうぐいす餅は同じセットに入れる
（g）「陽炎」にわらび餅を入れてはならない

さて、うぐいす餅を「朧月」に入れたとしよう。このとき次のどれをやってよいか？

（A）よもぎ大福を「あけぼの」に、いちご大福を「陽炎」に入れる
（B）いちご大福を「あけぼの」に、ひなあられを「朧月」に入れる
（C）わらび餅を「あけぼの」に、草餅を「朧月」に入れる

【6、7章のまとめ】

・私たちが生まれつきもっているアタマは、じょうずに考えるのに都合よくできているわけではない。そこで、なんらかの補強手段でそのショボいアタマを補ってあげる必要がある。その一番手はテクノロジーである。

・思考強化テクノロジー（＝人工物）の代表選手は、言葉、特に文字と書き言葉である。文字は、記憶力を増強する。思考力そのものも増強する。ゆっくり考えることを可能にし、「反省的思考」と「批判的思考」を促す。さらに、いままで考えることのできなかったようなことがらを考えることを可能にしてくれる。

・だから語彙を意識して増やさなければならない。とくに、キミよりも先にカシコくなった人たちが使っている言葉を身につける必要がある。

・そのために有効な手段は、「語彙ノート」をつくること、そしてときどき語彙を構造化

するために、自分の語彙をチェックすること（語彙のたなおろし）だ。

・逆にキミの思考を雑にする言葉もあるから要注意。これを使うと自分はアホになると思うような言葉は使わないように心がける。

・思考強化テクノロジーの第二は、装置、特に紙とペンである。脳＋紙＋ペン共生体による思考は、紙の2次元性をうまく使うことによって、脳だけによる思考を大幅に強化してくれる。とりわけ逆問題を解く（＝ダンドリを立てる）際に助けになる。

・紙には余白があることをうまく利用すると、数学の証明問題もじょうずに考えることができるようになる。

・だから、自分用の「何でもノート」すなわち自由帳をもつべし。

第8章 文章設計の方法

——他者といっしょに考える①

さて、「生まれながらのアホさかげんを乗り越える三つのやりかた」の二つめに進もう。それは**「みんなで／他者といっしょに考えること」**だった。

では、みんなでいっしょに考えるためには、どうすればいいんだろう。まず、相手にきちっと自分の考えを伝えて、誤解なく正確に理解してもらわなければいけないね。ここで重要になるのが、前章と同様に**「言葉」**なんだ。

第6章と第7章では、キミが一人で考えるときの思考力増強テクノロジーとして「言葉」をとらえてきた。ここからはちょっと話が変わる。「言葉」は、①**キミの考えを相手に伝え**、②**相手の考えをキミが知る**、そして、③**互いの考えをやりとりしながらいっしょに考えていく**ためのものになる。

以上三つを言い換えると、

①自分の考えを伝えるために文章をどうつくったらよいか
②相手の考えを学ぶために文章とどう付き合ったらよいか
③文章をやりとりしながらみんなでいっしょに考えるためには、どうすればよいか

①は「**文章設計術**」、②はいわゆる「**CR（クリティカル・リーディング）**」、③は「**議論術**」ということになる。以下、第8章では①を、第9章で②と③を扱おう。

最初に言っておこう。「文章設計術」といっても、よくある文章読本的なもの、「美文を書くにはこーすんの」的なものとはまったく違う、自分の考えをきちんと伝えるためにはどうすればよいかを伝授しようというわけだ。でもその前に、「いっしょに考えること」がなぜ大切なのか、もうちょっと掘り下げておきたい。

科学者たちは「手分けして」考える

今回も科学からヒントをもらおう。科学は「みんなで考える」ということをすごく大事にしてきた。だからこんなに発展できたと言ってよい。いま、日本にはどのくらい科学者がいるだろうか。おおざっぱに見積もって、90万人近い。プロのサッカー選手は2000人くらいだって。科学者はサッカー選手の何百倍もいるね。サッカー選手、あるいはプロのユーチューバーになるより、プロの科学者になるほうがずっと簡単だ。まじめにコツコツ勉強・研究すれば、並みの学者にはたいていなれる。特別な才能はいらないよ。努力と勤勉さのほうが大事。

もちろん、科学研究のテーマはたくさんあるから、何十万人もの科学者がみんな同じ問題に取り組んでいるなんてことはない。それでも、同じ問いをけっこうたくさんの科学者が考えている。すごく単純に考えても、一つの脳で考えるより、いくつもの脳でやったほうが正しい答えを思いつきやすそうだ。

「三人寄れば文殊《もんじゅ》の知恵」って言うでしょ。文殊というのは文殊菩薩《ぼさつ》のこと。文殊菩薩は智慧《ちえ》、すなわち悟りを開くはたらきをつかさどる菩薩だ。仏像に刻まれるときは、獅子《しし》に乗っていることが多い。とにかく、めちゃめちゃカシコいわけで、一人で考えていてもダメだけど、複数で考えれば文殊菩薩レベルのカシコさになれるよ、ということを言っている。科学はこのことわざを地で行っていると言えるね。

しかし、科学の「みんなで考える」は、たんに複数の頭を使う、ということにはとどまらない。**「みんなで手分けして考える」**でもあるんだ。つまり**分業**。例をあげて説明しよう。

２０１０年に恐竜学者が、中国で発掘された羽毛《うもう》恐竜（シノサウロプテリクス、シノルニトサウルス）の羽毛の色がわかったと発表して注目を集めた（「シノ」って中国のこと）。最近の恐竜の復元図ってかなりカラフルな色が使ってある。あれって復元した人が勝手に推測したんでしょ、と思っていたので、色をちゃんと復元する方法があるのか、と驚いた。

　その恐竜学者はこんなことをやったんだ。恐竜化石の羽毛の部分を電子顕微鏡で観察する。そうすると、細胞に含まれる色素の粒だったと考えられる二種類の小さなつぶつぶ（の化石）が見つかった。細長いのはユーメラノソームという色素らしい。球形のはフェオメラノソームという色素らしい。どちらもいまの鳥の羽にも含まれていて、ユーメラノソームはこげ茶色のメラニン色素、フェオメラノソームはオレンジ色のメラニン色素を含んでいる。これらの証拠から羽毛の生《は》えた恐竜の体色が復元できるかもしれない。

　恐竜学者が、シノサウロプテリクスはこんな色だったと主張するとする。それにはサポートが必要だ。そこで電子顕微鏡写真をもち出してくるとしよう。いろいろなツッコミを受けるだろう。そこに写っているものがたとえばユーメラノソームだとどうして言えるのか、ユーメラノソームを含んでいればこげ茶色になるというのは正しいのか、などなど。これは恐竜学者、生物学者の領分なので、十分に答えられるはずだ。

　でも、そもそも電子顕微鏡で見えたものがほんとうに存在すると言っていいのか、電子顕微鏡はありのままを拡大して見せてくれているのか、というツッコミに恐竜学者は答えることができない。このツッコミはヘリクツではない。顕微鏡の歴史ではつねに繰り返されてきたツッコミだ。昔の顕微鏡はレンズの性能が悪いので、レンズがつくり出したまぼろしなのか、ほんとうに見えているのかを区別するのが難しかったからだ。

いやいや、電子顕微鏡はミクロの世界のありのままを見せてくれますよ、信頼していいですよ、とお墨つきを与えるのは恐竜学者ではなく、それを設計した工学者だ。これに対しても、「そんなふうに設計するとちゃんと見えるのはなぜですか?」とツッコまれたら、こんどは電子顕微鏡の原理にまでさかのぼってサポートしなければならない。そうすると、物理学者にお出まし願うことになる。電子線とか、電磁場とかについてわかっていることを使って、こういうしくみで電子顕微鏡は小さいものを拡大して見せることができるのです、と説明することになる。

これ全部一人でやっていたらたいへんだ、というかそもそもできない。恐竜学者は**自分の主張のサポートのかなりの部分を、他の分野の研究者に委《ゆだ》ねているんだ**。このように、サポート作業が手分けしておこなわれ、他の研究者を信頼してはじめて科学の研究は成り立つ。だから、その信頼を裏切るようなこと、つまりデータをでっちあげたり、都合よくねじまげたりするような研究不正がおこなわれると、科学者はとても困る。困るから怒る。

アリさんに学べ

みんなで考えることによって、人類は一人ひとりの愚かさを克服してきた。科学はそれをすごくうまく利用して発展してきた。だからキミもそうしなさい、と言いたいわけだ。一匹ずつをとるとたいしてカシコくはないが、集団になると一匹にはないカシコさが現れる。こういう現象を**集合知**とか**群知能**という。

たとえばアリ。一匹ではそんなにカシコくはない。だけど群になると、すごいことをやらかす。アリ塚という巨大な巣をつくったりする。しかも頑丈《がんじょう》で、環境によく適している。でも、その設計図を頭に入れている天才アリくんが指揮しているわけではない。

よく知られているのは、エサ運びだ。一匹では運びきれない量のエサが見つかったとする。最初に見つけた一匹はその一部を巣穴にもち帰るのだけど、フェロモンという物質を地面になすりつけながら帰ってくる。アリは目が弱いので、フェロモンの匂《にお》いが頼りだ。他のアリくんたちもフェロモンの濃いほうに濃いほうに進むことでその道をたどっていく。で、エサにたどりついて、もって帰る。そのときにそいつらもフェロモンを分泌《ぶんぴつ》する。こうして、フェロモンの匂いがプンプンの「見えない道」みたいなものができてくる。すごいのは、何匹もがこの道を行ったり来たりして、さらにフェロモンをなすりつけているうちに、**この道がだんだんエサと巣穴の最短経路に近づいてくる**ということなんだ。

最短経路を見つけろ、という問題はじつはすごい難問で、コンピュータ学者たちが知恵を絞って、良い答えかたを見つけようと苦労してきた。アリはたくさん集まることによって、この問題を解いているってわけだ。だから、最近はアリの真似をして最短経路を見つけるアルゴリズムをつくろうという研究もさかんになってきた。

アリですらやってるんだから、私たちも集合知を目指そうじゃないの。キミの抱える問題をいっしょに考えてくれる仲間をつくること。それによってキミは自分の思考能力をうんと広げることができるかも。

さて、いっしょに考えるためには、考える人々のグループに入らないといけない。そして、そういうグループに入るためには、グループのメンバーと考えをやりとりすることができないといけない。じかに面と向かって話し合い、ということもあるけど、やはりまとまった考えのやりとりのためには文章を書くことが必要だ。アリは集合知を実現するために、フェロモンというコミュニケーション手段を使っていた。**ヒトは集合知を実現するために、文章を使ったコミュニケーションに頼らなければならない。**

「文章を書く」ということについてのキミの考えかたを変えてほしい

前置きはおしまい。ここから、効果的にコミュニケーションを図るための文章設計術を解説していくのだ。

キミたちの中で文章を書くのが好きな人は少数派だと思う。特に学校でレポートの宿題が出ると張りきっちゃう、作文大好きなどという変わり者はごくわずかだよね。いや、別に作文が好きでもいいんだ。責めているわけじゃない。そういう人には将来ぜひ物書きを目指してほしい。

ここでは嫌いな人の味方をしてあげたい。キミらが作文嫌いなのは当たり前だ。私も大嫌いだった。だって学校では、いちばん不必要で、いちばん難しい文章ばかり書かされるから。つまり、思ったこと感じたことを素直に書く、ってやつだ。読書感想文とか、遠足の思い出とか、小学校生活を振り返って、とか。まず、これってキミたちの将来の生活の中で、書く必要ないよね。書いたっていいけど、書かなくってもいっこうにかまわない文章だ。誰もキミの「思い」に関心ないって。

そして、これってすごく難しい。思ったこと、感じたことをそのまま書いて、それが他者にとってもそれなりに面白い読み物になるなんて、清少納言、吉田兼好……そういったごくかぎられたすぐれた才能の持ち主にしかできない。それをやれってんだからムリムリ。

難しいのには、もう一つ理由がある。学校で書かされるこの種の文章は、**相手と目的がはっきりしない**。たとえば読書感想文。まだ読んだことのない人にその本の内容を紹介して推薦するなら、誰に向かって何のために書くのかがはっきりしている（こういうのを書評という）。「読んだことのある人にその本の新しく深い読みかたを提案する」も相手と目的が明確だ（こういうのを文芸批評という）。でも、感想文は誰に向かって何のために書くのかがよくわからない。よくわからないまま、思ったことを書けと言われる。だからどうしたらいいのかわからなくなる。

一方、私も含めて大人は、生活の中で「自分の思いを書く」というようなことはほとんどしない。何かを頼む、頼みを断る、パーティーに友だちを招待する、スケジュールを合わせる、道案内する、イヌにウンコをさせたら片付けろと張り紙をする、新しい職場で着任のあいさつをする、失敗の言い訳をする、失礼を詫《わ》びる、誰かにアドバイスをする、みんなの雰囲気を和《なご》ませる、推薦状を書く、新製品の使用法を解説する……。こういうことのために文章を書くんだ。いろんな文章を書きまくらなければならない。大事なことは、**これらの文章には必ず相手と目的がある**、ということだ。大人は特定の相手に向かって特定の目的を果たすために文章を書く。

残念なことに、日本の若者たちは、生活の中で実際に書くことになる実用文章の書きかたを教えてもらわないうちに大人になってしまう。だから、仕事をするようになってはじめて、文章がうまく書けないって悩むことになる。そんなことはないです、うちの学校の先生は教えてくれますよ、という人がいるかもしれない。うん、キミはすごくラッキーだ。良い学校に行けてよかったね。そうではない人は、自分でトレーニングしよう。ここに書いてあることを参考にしてね。

「良い文章」とは何かを定義しちゃおう

というわけでここからは、生きていくうえで必要があって書かれる文章についてだけ話をすることにする。こういう文章には、つねにはっきりとした目的と相手がある。そして、目的と相手がはっきりしてはじめて、良い文章とは何かが定義できる。

> **良い文章とは、目指す相手に対して目的をうまく果たせる文章のことである。**

単刀直入な定義でしょ。

この定義からどういうことが言えるかな。**「良い文章」は一通りではない**ということだ。良い文章の基準は相手と目的によって異なる。ある相手に向けて書かれた文章が、たとえ良い文章であったとしても、別の相手だとそうではなくなることもある。**目的と相手に応じていくつもの書きかたを使い分け、そのつど目的をうまく果たすことのできる文章をつくれるようになる**のがキミたちの目標だ。

大学に入学すると、キミたちは、いろんな授業でイヤというほどレポートだの論文だのを書かされる。すでに入学した人は、ウンザリしているはずだ。論文やレポートの書きかたやいろんな注意点については、本書の姉妹編『新版　論文の教室』（NHKブックス）にくわしく書いておいたので、そちらを参照してほしい。……とさりげなく（いや露骨に）宣伝をしたところで言っておくと、論文・レポートもキミたちが今後書かなければならない文章のすべてではない。大人はほんとうにいろんな目的の文章を書いて生きていくんだ。文章書くのが人生さ。

というわけで、残念ながら、どんな目的と相手でもこの書き方さえ身につけておけば大丈夫、みたいな万能文章術なんてない。また、目的と相手を抜きにして定義される「名文」「悪文」もない。たとえば次の文章を見てみよう。

> 地元（足利市）の皆さんこんにちは、私は菅《すが》家《や》利《とし》和《かず》と申うします。足利事件で私は犯人にされてしまいました。私は警察の見込み捜査で突然逮捕されました。事件は平成2年5月12日午後7時頃おきました。そして私は平成3年12月1日の朝、私は借家から刑事にいきなり警察へ連行されました。そして12月1日朝から夜おそくまで調べられました。（中略）地元の皆さん、どうか信じて下さい。私は足利事件には無関係なのです。私は控訴審の裁判に頑張りますので、どうか私

を見守っていて下さい。地元（足利市）の皆さん、どうか傍聴にきて下さい。（中略）俺は控訴の裁判で無罪になって早く家に帰りたい。皆に早く会いたい。罪をおかしていないのだからぜったい無罪になって、お袋や皆に安心してもらいたい。早く真犯人が逮捕されるように。俺は真犯人がにくい。真犯人をぜったいゆるさない。おくれてすみません。皆さんもお元気で、利和も元気に頑張ります。（菅家さんが「支える会」に宛てた手紙。1994年5月13日付。「菅家さんを支える会・栃木」ホームページ http://www.watv.ne.jp/~askgjkn/tegami.htm）

送りがなのおかしなところ、話題が唐突に飛ぶところなどがある。受験小論文の添削指導を受けたらそこを直されてしまうかもしれない。けれども、これは「良い文章」の実例だと思う。なぜならこの文章は、地元の支援者の理解を得て、冤罪《えんざい》を晴らし無罪判決を勝ち取るという菅家さんの目的を果たすうえで、重要な役割を果たしたからだ。

文章がヘタだと人が死ぬ、こともある

だからこそ私は、「文章設計術」という耳慣れない表現を使っている。私は、**文章を書くことは設計《デザイン》に似ている**と思っているんだ。エンジニアはいろいろな装置を設計する。その装置は、特定のユーザーが特定の目的のために使う。家庭用洗濯機は、フツーの人（プロの洗濯屋さんじゃないってこと）が、ある程度の分量の汚れた衣類を短時間できれいにするという目的のためにつくられる。設

計がうまくいったかどうかは、ユーザーが目的をうまく果たせるかどうかによる。ちっとも汚れが落ちなかったり、一回にシャツ一枚しか洗えなかったり、一回の洗濯に三日間かかりますというんではダメ設計だ。

洗濯機のような装置も文章も、自然界にもとからあったものではない。誰かが設計してつくられた人工物だ。ユーザーの目的を最もうまく果たせるように人工物を設計する、その際にユーザーの感覚（洗濯機の場合は使い勝手、文章の場合はスラスラ読めるか）も尊重する。こう考えてみると、文章作成とエンジニアリングはほとんど同じ。

装置の設計を間違えると、事故が起きたり、ひどいときには人が死ぬ。じつはこれも装置と文章に共通している。**文章がヘタだと人が死ぬ。**そんなバカな、と思うかもしれないが、これはほんとうだ。１９９９年９月30日に起こった「東海村ＪＣＯ臨界事故」は、おそらくキミたちが生まれる前のことだから知らないかもしれないけど、日本の原子力関連施設で生じたはじめての死亡事故だ。

三人の作業員が、質量制限（いっぺんにどれだけの重さのウランを扱ってよいかの制限）を超える硝酸ウラニル溶液（ウラン量にして16キログラム）を、形状制限されていない沈殿槽《そう》（ずんぐりしているので、中性子が外に飛び出す前にウランの原子核に当たってしまい、連鎖反応が起こりやすい）に投入してしまったため、沈殿槽内が臨界状態になってしまった。つまり、ずっと核分裂が続く状態になり、いわばむき出しの原子炉ができてしまったことになる。大量の放射線が発生し、至近距離で被曝した二名の作業員が死亡した。

もちろん事故原因は多様だ。しかし、事故調査委員会の報告書は原因の一つとして、作業員がそれをもとに作業を進める「作業手順書」の書きかたが悪かったことをあげている。

> 転換試験棟では、作業手順書が存在しないままに操業が実行されたり、実際の手順の変更の実施後かなり経ってから手順書の改訂を行ったりすることが常態化していた。記述内容は、それを読めば作業未経験者が実際の作業を実行できるものにはなっていないし、臨界安全管理上の注意等の記述もないし、臨界がどのように防止されているかなどの意味的情報が欠けている。（日本原子力学会ＪＣＯ事故調査委員会『ＪＣＯ臨界事故　その全貌の解明』２００５年、東海大学出版会、２１８ページ。傍点は引用者）

だから、特定の相手に向けた、特定の目的をもった文章をちゃんとつくることができないと、自分自身が困るだけではなく、他者にもとんでもない迷惑を及ぼすことにもなりうるんだ。

文章の「仕様書」をつくってみよう

というわけで、文章を書くときも、エンジニアがやっている設計の手順を見習ったらどうだろう。「ものづくり」でまず最初にやるのは**「仕様」を決める**ということだ。仕様策定は、**ユーザーは誰か、その装置は何のために使われるのかをはっきりさせること**から始まる。たとえば銀行が使うＡＴＭの運用システムと、学校が使う成績管理のシステムでは、同じコンピュータ・システムでも目的とユーザーが異なる。

次に、そのユーザーにとって、装置が目的をちゃんと果たしてくれるために、**装置はどんな性能を備えていなければならないか**を考える。たとえば成績管理システムでは、学生は自分の成績を見ることができるけど、書き換えることはできない。教員は自分の担当している授業のすべての受講生の成績を見ることも、書き換えることもできるが、自分の担当していない授業の成績データにはアクセスできない。いったんつけた成績を後から変更することができるようにしておかなければならない……。などなど。ここまでを「仕様」といって、それをきちんとまとめた書類を**「仕様書」**という。システム開発では仕様書をちゃんと書くのがすごく大事な仕事だ。それをやるのがシステム・エンジニアという人たちで、プログラミングより日本語の文章能力が必要だ。だから、文系の学生さんもよく就職する。

仕様がはっきりしたら、その仕様をできるだけうまく満たすには、どんな材料や部品をどのように組み合わせたらよいのかを考え、途中で設計を見直して手直ししながら装置をつくっていく。この手順を文章づくりに当てはめてみよう。

（1）まず、文章の目的と相手をはっきりさせよう

（1－1）これから書く文章の読み手（相手・ユーザー）は誰か

（1−2）これから書く文章の目的は何か（相手に何をしてもらいたいのか）
（2）次に、文章の仕様をもう少し細かく定める
（2−1）文章の読み手はどういう人か
・自分との関係（会ったことのある人か、目上か目下か、教師か生徒か、など）
・相手は何を知っていて、何を知らないのか（知らないことは伝えてあげないといけない）
・相手は何ができて、何ができないのか（たとえば、何かを頼むとき、そもそも相手にはできないこと、権限がないことを頼んでもきいてもらえない）
（2−2）相手に目的のことをしてもらうためには、どのような情報を相手に伝える必要があるか
（3）以上の仕様に基づいて、具体的に文章を設計する
（3−1）文章の目的をまず相手に知らせるには何を書けばよいか（たとえば、頼みごとがあるなら、「お願いしたいことがありメールを差し上げました」って書かないといけない。最後まで読んで、ようやく依頼のための文章なのかとわかるようなのはダメ）

（3−2）（2−2）で考えた情報をどのような順番で、どのような仕方で提示すれば効果的か

（3－3）どのような言葉遣いや文体を使えば、相手は気分良く読んでくれ、目的のことをしてくれるか

（4）いったん書きあげたら、もういちど仕様に照らして直すところはないかをチェックする

【練習問題⑱】

以上の手順を理解してもらうために、次の問題をやってみよう。次のメールの文面を読んで、

（1）誰が相手で、目的は何かを推測する

（2）自分が同じ相手に同じ目的で文章を書くことを想定して、上記の手順にしたがって、文章の仕様を考えてみる

（3）その仕様に照らし合わせて、具体的に文章を設計する

（4）問題文に欠点があるならそれを指摘する

（5）指摘した欠点を修正して、問題文をもっと良い文章に書き直す

《課題文》　件名：「こんにちは」

こんにちは、情報学部の作文へタ夫です。こんど授業で、情報学部の先生方にインタビューするというグループワークの宿題が出ました。先生にインタビューさせてもらってい

いですか。よければ返事お願いします。いつ行けばいいですか。

ここで、『新版　論文の教室』の主人公・作文ヘタ夫くんにご登場願った。さすがヘタ夫くん、既読スルー必至のメールだね。ヘタ夫くんは文章設計の手順を踏まずに、いきなり文章を書き始めてしまったらしい。ヘタ夫くんを助けてあげてほしい。

【練習問題⑲】

もう一つ。同じことをやってみよう。こんどはアポイントメントのメールではなく、パーティーへのお誘いだ。

《課題文》件名：「こんにちは」

こんにちは作文ヘタ夫です。期末試験が終わる日の2月1日の夜、ぼくの下宿で鍋ものパーティーをやりますから来てください。ビールとか飲み物はこっちで用意します。食べたいものがあったら持って来てください。それじゃ、楽しみにしています。試験頑張りましょう。

ドローイング再現ゲームで文章設計の手順を体得する

たくさんの人が、文章がすらすらじょうずに書けたらいいなあと思っている。そして、いろんな人が「文章がじょうずになる方法」みたいなのを提案している（私もしている）。でもね、結局のところ、どんな方法を学んだにせよ、**書いてみて、失敗して、反省して、直す**。これを繰り返すしかないんじゃないのかと思うんだ。宿題の提出が遅れた言い訳を先生にメールしたら、よけい怒られたとか。でも、「失敗→反省→直す」をちゃんとやっている人ってあまり見たことがない。失敗しっぱなし。で、いろんな「文章法」を渡り歩くことになる。

というわけで、失敗から学ぶというプロセスをうまく教材にできないかしらと思って考えたのが次のゲームだ。高校生から社会人（司書さんとか国会の調査官とか）まで、いろんな人にやってもらった。けっこう楽しんでもらえたよ。なので、キミたちにも紹介しよう。友だちといっしょにやってみてごらん。良いトレーニングになると思う。

このゲームには最低三人必要だ。それぞれ「ゲームマスター」「送り手《センダー》」「受け手《レシーバー》」と名づけておこう。ゲームはこんなふうにやる。

（1）まずゲームマスターは一枚のドローイング（線画）を用意しておく

簡単すぎても複雑すぎてもいけない。ある授業で私が用意したのは左ページのようなもの。パウル・クレーというスイスの画家の「天使」シリーズの一つをトレースして、少し単純化したものだ。ドローーイングは誰にも見せてはいけない（封筒に入れておく）。

（2）マスターは用意したドローイングを送り手に渡す

このとき、決して受け手には見えないようにする。送り手は、このドローイングを言葉だけで描写した文章を作成する（これを「手紙」と呼ぼう）。手紙が書きあがったら、それを受け手に渡す。

（3）受け手は、渡された手紙の文章だけを頼りにして、どんなドローイングだったかを推測し、じっさいに描いてみる

このとき、送り手と受け手は話し合ったりしてはいけない。

（4）受け手が再現ドローイングを完成させたら、はじめて送り手はもとのドローイングを受け手に見せることができる（一種のタネ明かし）

二つのドローイングと手紙とを比べて、受け手と送り手は次のことをする。

（5）うまく再現できたところとできなかったところについて、手紙にどんなことが書いてあったかを確かめる

大事なのは、うまく再現できなかったところ（原画と再現画が食い違ったところ）。どうして食い違ってしまったのか、手紙の該当箇所について、送り手はどういうつもりで書いたのか、そこを受け手はどういうふうに読んだのかを述べ合う。

（6）では、どのように書いてあったら、その箇所を間違いなく再現でき

たのか、二人で考える

これが手紙の文章の改善案になる。

手紙の宛先は受け手。手紙の目的は、そこに書かれた情報だけを頼りに、受け手にドローイングをできるだけ正確に再現してもらうことだ。このゲームの良いところは、**自分の書いた文章のどこが成功でどこが失敗かがその場で一目瞭然となるところと、じゃあどう書けばよかったのかを相手といっしょに考えることができること**だ。

教室でやってみたときは、私がマスターになり、学生さんに二人ずつチームを組んでもらった。チームは60組くらいできたけど、その中でいちばんうまく再現できたチームのは、上のようなの。

B

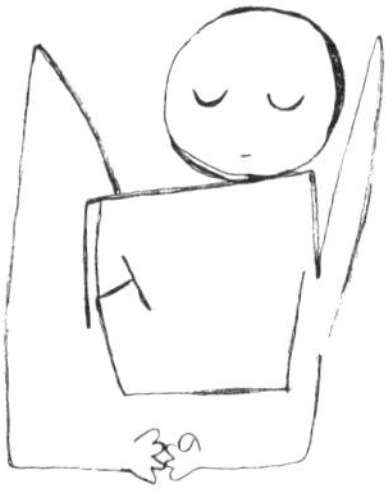

A

どちらもなかなかいい線いってるでしょ。素晴らしい！　でも、たいていのチームは「どうしたらこんなのになっちゃうの？」という抱腹絶倒ものになる（読者のキミたちにも見せてあげたいが、さすがに学生さんに悪いので、それはしないでおく）。

【練習問題⑳】

次に引用したのは、うまく再現できたチームの送り手が書いた「手紙」の一部だ。よく書けている。

これを読んで、次の問いに答えよう。

（1）AとBどちらの再現画のもとになった手紙だろうか。

（2）再現画と原画を比べて最も食い違っているところはどこだろう。

（3）その食い違いは、手紙のどこの部分がうまく伝わらなかったから起きたのだろう。

（4）その箇所をもっと正確に再現してもらうためには、手紙の該当部分をどのように書けばよかったのだろう。

（前略）次に体（?）。カタカナのコの字を左に90度回転させたものを、紙の中心に、顔と同じ大きさぐらいで描く。左辺と右辺両方、左に30度くらい傾いている。コの付けねの右上（かどより少しだけ左にずれた位置）と顔の円の右下が少し触れる。そしたら、この回転したコの字の左の角から1センチ右にずれた位置の上辺から左上に線を伸ばし、顔の一番上の高さより少しこえたところで、Vの字の逆の形に折り返し、紙の下から6分の1くらいの高さまで線を引っ張る。同様に、コの字の右の縦線の一番下から右上に線を伸ばし、さっきと同じ高さで折り返す。右上のほうが折り返しが鋭くなっている（ササの葉のような形）。右側には左側の高さまで下に行かず、左に少しカーブし、左より2センチ上に手前で止める。カーブした先は回転したコの字の右辺よりは右。

カーブした線の途中から（下から1センチくらいのところ）下に線をおろし、左の線と同じ高さでとめ、2つの線を丸く直角に曲がらせてつなげる。つなげるところを手の形にする。こっちから見て左の手は広げられていて指は4本。右の手は親指だけ90度曲がっている（下に）。

右側のカーブしたほうの線の先とくっつけるようにして、コの字を今度は右に回転させたものを描く。さっきのコよりも幅を1センチほど小さくし、末広がりな感じで描く。右のほうが左の辺よりも3分の2くらいの長さ。上のコとはくっつかない。左辺をさっきのコの左辺の終わりの高さぐらいまでひっぱり、止める。この線の終わりから、カタカナのムを描く。ムの上から下に引く左側の線をさっきの上のほうのコの字の左側と平行にして6センチほどのばす。横の線は、1センチくらい。最後の1画は2センチくらい。（後略）

目指すべきは「サポ文」、でも「サポ文」っていったい何なんだ？

以上は、どんな文章にも当てはまる設計のポイントだ。ただ一種類の文章しか書けない人は、たとえその種類の文章がどんなにじょうずでも、文章の達人とは言えない。ヘタ夫くんは反省文を書かせたら天下一品だねえ、なんてそんなのイヤでしょ。

とはいえ、みんなにこれだけは書けるようになってもらいたい、わりと大事な文章のジャンルがある。**「主張を証拠でサポートする」型の文章**だ。ここでは、まず、**それってどういう文章のこと？**

というのをもうちょっとはっきりさせて、次に、**なぜそれが書けるようになるのがとりわけ大事なの？** ということを説明しよう。

「主張を証拠でサポートする」型の文章って、ずいぶん長い名前をつけた。あまり長いので、ここでは**「サポ文」**と省略しよう。長い名前にはわけがある。このタイプの文章は他にもいろんな名前で呼ばれているけど、どのように呼んでも誤解を招きやすく、かえってキミたちの頭をこんがらがらせるからだ。

注意点を三つあげておこう。まず……、

（1）主張＝意見とはかぎらない

たとえば、「主張を証拠でサポートする」型の文章って、学校では「意見文」って呼ばれていることが多い。だけど、サポ文の「主張」は、必ずしもキミの意見や「筆者の言いたいこと」じゃなくてもよい。キミがみんなに訴えて実現したい若人《わこうど》の主張、「9月入学の導入には反対です」とか「制服を廃止しましょう」みたいな個人的意見じゃなくてもいいんだ（もちろんこれも主張）。

ここでいう「主張」とは、たんに、**証拠でサポートされていることがら**のことだ。淡々と客観的な事実や予測を述べたものでもいい。科学的発見を報告する文章が典型例。

ベテルギウス（オリオン座の肩のところにある赤い星）はもうすぐ寿命が尽きて大爆発を起こすでしょう、という予測は、なぜそう考えられるのかについてのしっかりしたサポートとともに主張されている。大量のガスが放出されているとか、表面がでこぼこになってきているとか、ここ10年ちょっとで10%以上も小さくなったとかいった、高性能の天体望遠鏡による観測結果が予測をサポートしている（とはいえ、２０２０年2月末には爆発可能性は低いという予測も現れた）。だから、この報告はれっきとしたサポ文。だけど、それを書いた天文学者に、それってあなたの「意見」でしょと言ったら、むっとして「いや、私だけの意見ではありません、むしろ客観的な事実と言ってよいと思います」と答えるだろうね。

逆に意見だけ書いてあって、証拠や根拠でサポートする部分がないとすれば、それはここでいうサポ文ではない。街頭デモのプラカードやネットデモのツイートには、思い思いの意見が書いてある。「検察庁法改正案強行採決反対」とかね。それぞれの参加者は、その意見をサポートする根拠や理由をしっかりもっている。でも、プラカードやツイートにはそれを書かない。長くなるとインパクトに欠けるからね。なので、これらは意見文と呼んでもよいかもしれないが、サポ文ではない。

（2）サポ文＝論文ともかぎらない

研究者が書く「論文」と言われているものの多くは、（1）のような広い意味での主張をし、証拠・根拠でそれをサポートする形の文章、つまりサポ文だ。

でも論文のすべてがそうであるわけではない。「こういう実験をやったらこんな結果になりました」「この遺跡を掘ったらこういうところからこういうものが出てきました」「どこそこのお蔵から出てきた古文書を活字に直しました、こんなことが書いてありました」という報告をする文章、「この問題についてはこれまでにこんだけの論文が書かれて、それぞれこういうことを明らかにしてきました」

という、ある分野をおさらいする文章（サーベイとか総説という）。こういうのも広い意味での論文に含まれている。だけどこれらは、「主張＋サポート」の形をしていないし、主張を証拠でサポートすることを目指したものでもない。

というわけで、「論文」「小論文」「論理的文章」「意見文」「論説文」「説明文」……いろんな呼びかたが業界ごとにあるんだけど、これらは、サポ文と重なっているところもあれば、ズレているところもある。また、そこに出てくる「意見」とか「論」とかいった言葉に引きずられて誤解してしまうこともある。なので、ここでは「サポ文」というなじみのない言いかたをあえて使うことにした。つまり、こういうことだ。

> **サポ文とは、特定の相手に対して、主張を証拠（根拠・論拠・理由）でサポートすることによって、相手に主張を納得してもらうという目的で書かれる文章のことである。**

文章の目的は入れ子になっていることに注意しよう

サポ文についての注意事項はもう一つある。

（3）前項の定義は、文章を書く目的を引き合いに出してサポ文とは何かを述べていることに注意

文章にかぎらずどんなことについても、ある目的を果たそうとすると、それより小さな目的を順繰りに果たしていかねばならない。たとえば、カルボナーラをつくるという大目的のためには、ベーコンを炒めるのを中目的として、ベーコンを刻んだり、フライパンを火にかけたりといった小目的をいろいろやらねばならない。卵のソースをつくるという中目的も果たさなければならない。そのためには、卵を割ったり、パルミジャーノをおろしたりという小目的を果たす必要がある。アルデンテにスパゲティを茹であげるという中目的も果たさなければならない。目的は上の図のように入れ子になっているのが普通だ。

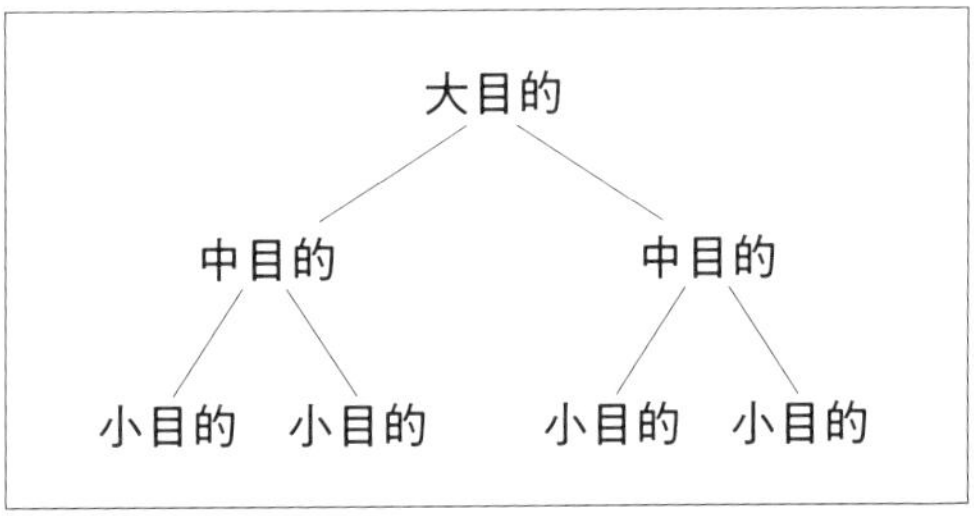

文章にもこれが当てはまる。たとえば、キミが課題を期限までに提出できなかったことを先生に詫びる文章を書くとしよう（大学で教えていると、学生から来るメールのほとんどはこれだ。たまには「今日の授業は素晴らしかったです」みたいなのもほしい）。文章全体の目的は、先生に許してもらうことと、これから提出する課題を受け取ってもらうことだ。でも、この大目的をうまく果たすためには、なぜ自分は期限を守れなかったのか、それがなぜやむをえなかったのかについて説明する、という小目的を果たさないといけない。つまり、「私が提出期限を守れなかったのは、やむをえない事情によるものです」という主張を、証拠でサポートする必要がある。インフルエンザにかかって寝こんでいたとか（その

場合は、診断書とか、さらに証拠をあげる必要があるかもね）。

そうすると、キミの「謝罪文・お願い文」は、文章全体はサポ文ではないんだけど、**その一部分としてサポ文が含まれる**ことになる。そのサポ文部分の目的は「宿題の提出期限を守れなかったのにはやむをえない事情がある」ということを先生に納得してもらうことだ。しかし、これは文章全体の目的ではない。文章全体の目的は「遅れての提出を認めてもらう」だ。だから、謝罪文の場合、いきなり期限を守れなかったことの説明（つまりサポ文部分）から始めるのは得策ではない。まずは、締め切りを守れなかったことをあやまることから始める。それは、文章全体の目的をうまく果たすための設計だ。

謝罪の場合、**相手によっては、サポ文部分はかえってないほうがいいことすらある**。どんなことが書いてあろうとも、目下の者が理由を述べただけで、「言い訳は聞きたくねえ！」「ヘリクツ言うんじゃねえ！」って怒っちゃう人もいるからね。逆効果になる。文章設計は、相手と目的を考えることから始める、ってそういうことだ。

したがって、サポ文が想定している「相手」は、**理由をあげて理性に訴えた説得がうまくいく程度には論理的にものを考えられる人**、である。こうして、サポ文の目的と相手がはっきりした。

なぜサポ文を書けることが大切なのか

２１８ページで、サポ文は「みんなにこれだけは書けるようになってもらいたい、わりと大事な文章のジャンル」だと述べておいた。その理由を説明しよう。

サポ文の一つの典型である（イコールではないというのは説明した通り）学術論文を例にとって話を始めることにする。分野によって論文の書きかたの細かなルールはさまざまなんだけど、ざっくりまとめて言えば、学術論文とは次のようなサポ文のことだ。まず目的は次の三つ。

（1）取り組む問いや課題を明確にし、
（2）その問い・課題に対する新しい答えを示し、
（3）その答えの「正しさ」を証拠・根拠によってサポートすることで読み手を説得する。

そして相手（読み手）は、だいたい自分と同じ基礎知識と能力をもった、同じか近い分野の研究者だ。

さて、科学者たちは何のためにこんな文章（＝論文）を書くのだろう。みんなで考えて真理に近づくためだ。ある研究者が出した答えは、後で正しくなかったことがわかるかもしれないが、それを示すのも別の人が書いた論文だ。ということは、一つの論文の目的は自分のオリジナルな答えの正しさを示すことかもしれないが、論文がたくさん書かれて互いにやりとりされていること全体がもつ目的は、**議論を通じてもっと正しい答えにみんなで近づいていく**ということなのである。

さて「みんなで真理に近づく」を言い換えると**「みんなで正解に近づく」**だ。このように言い換えてみると、面白いことがわかる。私たちの社会には、みんなで正解を探さなければならない場合がもう一つある。みんなの幸せに関係することがらについて、どうしたらよいのかをみんなで考えて決める、ということ。つまり、**民主的な意思決定**だ。サポ文は科学と民主主義を前に進めるための大事な手段なのである。

サポ文の「かたち」

話を次に進めよう。サポ文の目的は、主張を根拠でサポートすることによって、相手に主張を納得してもらうことにある。とするなら、サポ文の基本パターンは次のようなものになるはずだ。

【サポ文の基本パターン】

私の（この文章の）主張はAである。
Aが正しいと考えるためのサポート（根拠）は、次の三つ（いくつでもよい）である。
根拠1　しかじかかくかく
根拠2　なにがなにしてなんとやら
根拠3　あんにゃもんにゃ

そして、キミの書いたサポ文が良いサポ文であるためには、**キミのあげた根拠がちゃんと主張をサ**

ポートできていないといけない。たとえば、疑似論理的なサポート関係ではダメだし、根拠がそもそも間違っていてもダメだ（根拠もサポートされてないとダメって話を思い出してね）。

じっさいに書かれるサポ文は、この基本パターンにいろんなオマケが付け加えられている。たとえば、次のようなものだ。

（1）重要性のアピール

「私はAと主張しているわけだけど、この主張をすることは意義のある、重要なことなのよ」というアピール。Aが、ある問題への筆者なりの答えであるなら、その問題に取り組むことは重要だとか、すぐに解決しなければならない課題だとか、自分の答えには画期的に新しいところがあるってアピールする。「うん、言っていることはわかるし、正しいけど、だからなんなの？」って言われないようにするためだ。

（2）いろいろなレベルでのいろいろな種類の説明

書き手が知っていることを全部読み手も知っているとはかぎらない。だから、主張や根拠を表す文をちゃんと理解してもらうためには、書き手は知っているけど、**読み手はもしかしたら知らない知識を補ってあげる**必要がある。

また、サポ文の目的は、たんに主張を根拠でサポートすることじゃなくて、それによって「読み手に主張を納得してもらう」ことにある。ということは、読み手に「なるほど」と思ってもらわなければならないわけだ。そのためには、**大事な主張や根拠をもっとわかりやすく、説得力の高いかたちで示すこと**も大切になる。

というわけで、いろいろな説明を付け加えることになる。たとえば次のようなものがそうだ。

（2-1）主張や根拠に出てくる言葉の意味を定義したり説明したりしてわかりやすくする
（2-2）主張や根拠を別の言いかたで言い換えてわかりやすくする
（2-3）主張や根拠に具体例をあげてわかりやすくする
（2-4）主張や根拠の反対の主張、あるいは反例をあげ、それと比べることで、もとの主張・根拠をわかりやすくする
（2-5）主張や根拠をたとえ話（アナロジー）によってわかりやすくする

（3）早とちりを避けるための譲歩・但し書き

（2）は読み手が「よくわからないなあ」って言うかもしれないのを心配して、いろいろオマケをつけてわかりやすくしようとしている。逆に、読み手が「ヨシわかった！」とばかりに、早飲みこみをしたり、書き手が言ってもいないことまでわかった気になってしまうのも心配だ。私たちにはいろんなバイアスがあるので、すぐにわかった気になってしまう、という話をしたよね。というわけで、わかってもらえなくても、わかられすぎても困るんだ。そうすると、**早とちりや拡大解釈を防いで、自**

分の言っていることを正確に理解してもらうためのオマケが必要になる。たとえば、
（3－1）自分の主張・根拠には例外があることを指摘して正確に理解してもらう
（3－2）自分の主張・根拠が成り立つのはある特別な条件が成り立っているときだけであることを言い、その条件を示して正確に理解してもらう
（3－3）自分の主張・根拠が当てはまる範囲を明示する。すなわち「こんなことまでは言ってないっすよ」ということがらを明示して、主張・根拠を正確に理解してもらう
それぞれの具体例は、次の練習問題を見てもらうことにする。

【練習問題㉑】

次の文は、あるサポ文に出てくる主張と根拠だとしよう。

［主張］すべての人は若いうちにできるかぎり本を読んでおくべきだ。

［根拠］読書は過去の人々、異文化の人々、架空の人々との出会いである。この出会いを通じて、先入観や偏見を捨てることができ、広い視野でものごとを考えられるようになる。そして、若ければ若いほど心が柔軟なので、読書のこうした効果はより顕著に現れる。

さらに、このサポ文には、次に示すようなオマケがついているとする。それぞれのオマケが、先にあげた「（1）アピール」「（2－1）～（2－5）説明」「（3－1）～（3－3）譲歩・但し書き」のどれに当たるか考えてみよう。

①他者と出会うならネットのほうが効率良いという人もいるかもしれない。だが、ネットで出会うことができる人は、あなたと同じような考えかたの人だ。あなたの視野を広げてくれる「他者」との出会いではないのである。

②あなたの偏見を強め、視野をかえって狭めてしまうような本もないわけではないから要注意だ。

③読書は旅である。しかも、実際に足を運ぶよりずっと遠くまで行ける旅、現実には行けないところ（過去やフィクションの世界）にも行ける旅なのである。

④「広い視野」といっても、たんに考えていることがらの範囲が広いということを意味するのではない。世界情勢を偏見に満ちた仕方でしか見ることができない人もいる。自分の視点ではない視点からものを見て考えることができる人を広い視野の持ち主と言うのである。

⑤自由になる時間をすべて読書に当てるべきとまでは言えない。何ごともやりすぎは禁物である。

⑥このことをぜひとも言っておかねばならないのは、若者の読書時間が年々減り続け、いまではかなり絶望的な事態となっているからである。

⑦本を読まなくともよい、と言えるのは精神的に老いた人だけである。

⑧マルコムXは獄中の濫読《らんどく》体験を通じて、黒人解放運動のリーダーに成長した。彼は「出身大学はどこですか」と聞かれて「本です」と答えたことで有名だ。

【練習問題㉒】

以上の問題の［主張］と［根拠］、そして①から⑧のオマケをうまくつなぎ合わせて、一つのサポ文をつくってみよう。もちろん言葉を補ってもよい（そうしないとうまくつながらない）。

【練習問題㉓】

直前の問題をやったキミにはわかってもらえたと思うけど、文章の構成要素をつなぎ合わせるときには、ある種類の言葉を補う必要がある。たとえば、②や⑤の前には「とはいえ」を置きたくなる。③の前には「いわば」を、⑧の前には「たとえば」を置きたくなる。こうした短い言葉は、「ここから先に書いてあるカタマリ（あるいはここまで書いてきたこと）は、文章全体の中でこういう役割を果たしていますよ」ということを示している。**「役割マーカー」**と言えるだろう。

さてそこで、次の言葉は、それに続くカタマリがどういう役割を果たしていることを示しているだろうか。考えてみよう。言うまでもないことだが、その役割は一通りではない。

「つまり」「言い換えれば」「これはまるで」「すなわち」「言ってみれば」「というのも」「しかしながら」「とはいうものの」「なぜなら」「次に」「さらに」「たしかに〜だが」「他方」「以上により」「というわけで」

良いサポ文を書くための五つのステップ

以上がサポ文の「かたち」だ。この形をつくることができるようになるのを目指そう。そのためには、次の手順を踏めばよい。文章の苦手な人はたいてい、字数をかせぐことだけを考えて、いきなり「書き下ろし」をしようとする。そうすると、最初に書いてあったことと後で書いたことが平気で矛盾したりする。支離滅裂な文章になる。この手順を踏めば、そういうことは避けられる。

（1）まずは基本パターンだけつくることを考える

そのためには主張がなんであるかをはっきりさせる。これがないとサポ文は書けない。主張したいことがないときはどうする？　そういうときは書かなくていいです。

（2）次に、その主張をサポートする根拠・理由になりそうなことは何かを考える

手元にある実験結果やデータをもとに何かを主張しようとするときは、もうすでにこのステップはできているわけだ。

（3）根拠・理由が見つかったら、それが主張をどのくらい強くサポートしてくれるかを考える

あまり強くないなと判断したら、他の根拠・理由を探すか、もっと強くサポートできるように根拠・理由を修正する。

（4）以上で、基本パターンはできあがった。次に考えるべきなのは、キミが書いているサポ文の相手（＝読み手）だ

どんな人を説得しようとしているのか。キミが書いている話題について何も知らない人だったら、相当に説明のためのオマケを付け加えないといけない。主張を拡大解釈されるとすごく困ったことになりそうな相手なら、譲歩のためのオマケと但し書きをていねいに書かないといけない。たとえで説明する場合、相手もよく知っているネタでないと、かえって逆効果になる。

たとえばキミたちを相手に、「ものごとをよく考えるためには、一つの仮説にこだわってそれに有利な証拠ばかり探そうとする確証バイアスの虜《とりこ》になってはいけない。つねにいくつもの仮説を考えて証拠によってそれをふるいにかける必要がある」というようなことを主張しようとする場合。「言ってみれば、小五郎の思考パターンはダメで、コナンのように考えろってことだね」というたとえはOKだろう。でも「三ノ輪の万七はダメで、平次のように考えろってことだ」と言ったら逆効果だ。三ノ輪の万七って誰よ、ということを説明しなければならなくなるからだ。でも、『銭形平次』に親しんだジジババ世代には、逆に「コナンって誰じゃ」と言われちゃう。たとえが有効かどうかは、相手によって変わってしまう。

以上をよく考えて、どんなオマケを付けるのか決める。

(5)（1）〜（3）でつくっておいた基本パターンのどこにどのオマケを付け加えれば理解しやすいかを考える

ここまでできれば、文章の設計図ができたことになる。

それぞれの文章には適した文体がある

文章には、それぞれ異なる相手と目的がある。特定の相手に対して特定の目的をうまく果たすことができるのが良い文章だ。だから、相手と目的に応じて、良い文章の定義は異なる。さて、「文章の良さ」には、**相手と目的に応じて適切な文体を用いる**ということが含まれている。取扱説明書にはそれに適した文体がある。仕様書にも、新聞記事にもそれぞれ異なる最適文体がある。謝罪文一つとってみても、相手が目上の人なのか、友だちなのかによって選ぶべき文体は異なる。

【練習問題㉔】

次の文は、海外の大学に進学することになったキミに、同級生たちが合格祝いと餞別《せんべつ》をかねてプレゼントを送ってくれたことへの礼状だ。この礼状を内容はできるだけ変えずに相手だけ変えて書き直してみよう。つまり、プレゼントをくれたのは、親戚のおじさん（けっこう年配で礼儀作法にうるさい）とする。適切な文体に変換するという課題だ。

> みんな元気？　プレゼントの万年筆ありがとう。大学生になったらシャープペンじゃなくて万年筆なんかも使ってみたいなと言っていたのを覚えていてくれたんだね。嬉しくってマジ涙が出たよ。高級品で俺にはもったいない気もするけど、一生大切にする。
> 日本を発つのは来週の月曜。みんなと別れるのはさみしいし、不安だけど、アメリカで頑

張るから、みんなもそれぞれの大学で頑張ってね。向こうに着いて落ちついたら手紙を書きます。もちろんこの万年筆でだよ。返事をくれたら嬉しいな。じゃあね。みんなお元気で。俺たちの友情は不滅です、なんちて。

サポ文に適しているのは「プレーンな文体」

サポ文も文章の一つの類型だ。だからやっぱり、その相手と目的に応じた適切な文体がある。おさらいすると、サポ文の相手は、特定の個人であることより、不特定多数の人たちであることが多い。目的は、主張を根拠でサポートすることによって、相手に主張を納得してもらうこと。ただし、この「納得」は、情に訴えるんじゃなくってあくまでも理性と論理に訴えての納得だ。脅迫しても（恐怖心に訴える）、泣き落としても（憐憫《れんびん》に訴える）、相手に主張を押しつけることはできるかもしれないが、それはサポ文の目的じゃない。別の文章になる。

だとすると、サポ文にふさわしい文体はどのような文体になるだろうか。まず第一に、**できるだけ多くの人にとってわかりやすい文体**。主張と根拠のサポート関係、それから、それぞれのオマケ部分が何をやっているのかが明確になっている文体。これには、それぞれの文が何を言っているのかが曖昧ではなく一義的に読める、ということが含まれる。

じゃあ、サポ文にふさわしい文体はどのような文体でな、く、てよいか。感情を揺さぶる感動的・扇《せん》情《じょう》的な文体である必要はない。読むことじたいが楽しいエンタメ文体である必要はない。

以上をまとめて**「プレーンな文体」**と呼ぶことにしよう。プレーン・ヨーグルトの「プレーン」ね。つまり、よけいな味付けがなされていない、いちばんシンプルな万人向けの文体だ。で、じつはプレーンな文体で書くのはそんなに簡単じゃない。なぜなら、私たちがふだん読む文章は、たいてい味付け過多だから。

プレーンな文体の特徴を簡単にまとめておこう。

（a）一つひとつの文が文としてきちんとした形をしている。主語と述語がちゃんとある。文頭と文末がちゃんと対応している。

（b）一つひとつの文が短い。一つの文で一つのことが言われている。そうでない文を**「ダラダラ文」**と言おう。ダラダラ文を生み出す要注意表現は練習問題㉖で紹介する。

（c）そのかわり、それぞれの文（や文のカタマリ）が文章の中でどういう役割を果たしているのかが明確になっている。「役割マーカー」がちゃんと使われている。

（d）一つひとつの文が一義的に読める。曖昧性や多義性がない。

（e）文章を飾り立て、情緒的な効果を高めるための**「レトリック」**を含まない。レトリックとは、**比喩、反復、倒置、反語（皮肉）、誇張**など。ようするに**ちょっと「ひねった」言い回し**のことである。

以上の項目のそれぞれをよく理解してもらうために、次の一連の練習問題に取り組んでほしい。

【練習問題㉕】

次の文のどこがダメかを指摘して、プレーンな文体の特徴（a）を満たす文になるよう書き換えてみよう。

（1）市販のチリペッパーとチリパウダーとの違いは、前者は赤唐辛子だけからつくられているのに対し、後者にはそれ以外のスパイスが調合されているところが異なる。

（2）大学で新型ウイルスの感染防止を徹底しようとすると、さまざまな意味でコストがかかるのは避けがたい。しかし現状では、教育サービスとキャンパスライフの質低下というかたちで、一方的に学生が負担する仕方で処理されている。緊急事態とはいえ望ましい姿ではないと批判され始めた。

（3）ギリシア近現代史を学ぶとよくわかることは、「伝統はつくられる」という使い古された言い回しにあらためて注視する必要がある。というのも、自分たちは古代ギリシア人の末裔《まつえい》だという意識は当のギリシア人からは失われてしまっており、その意識はギリシア独立運動に参加したギリシア人以外の浪漫《ろうまん》主義者やインテリたちによって新たに立ちあげられたものである。

【練習問題㉖】

次にダラダラ文を生み出しやすい要注意表現についてまとめてある。そこに与えられたダラダラ文を、プレーンな文体の特徴（b）を満たす簡潔な文になるよう書き換えよう。

（1）**「の」の使いすぎ**：弊社の管理下のマイナンバーの保存の確実性の保証の方法についてお知らせします。

（2）**「が」の使いすぎ**：ところでその阿鼻首相の動向だが、16日、首相官邸で記者団の質問に答えたが、陸上配備型迎撃ミサイルシステム「イーデス・アショア」の配備計画が防衛省により決定されていたが、これを停止するという河野桃太郎防衛相の決定を了承したことを明らかにしたが、その際に「地元に説明してきた前提が崩れた」と述べたが、どのように前提が崩れたのか、どのように政治責任をとるかについて記者団に聞かれたが、明言を避けた。

（3）**連用形の使いすぎ**：夫とは仕事の都合があって、いっしょに住んでおらず、現在も単身赴任中の状態で、二週に一度は必ず会うことにし、そんななか夫は、私の職場での飲み会に行く予定だと報告をすると、「またか」と言い、途端に連絡が少なくなったり、冷たくなったり、嫌味を言ったりして、私も心配してくれていることは十分承知しており、そこは感謝しているのですが、私にも仕事上の付き合いというものがあり、職場の方とはいろいろ話をしたいという思いがありますが、飲み会に行くたびにそんな調子なのは耐えがたく、いっそ報告しなければお互いに良いのではと考え、一時期黙って飲み会に参加していましたものの、スマホの通知でそれが発覚し、かなり喧嘩になり、黙って参加してしまった私が１００％悪いと思い、今後はきちんと報告すると約束して仲直りし、その後はできるだけ頻度を控えていましたが、一方、こんなに束縛されるのはおかしいとの思いもあり、いっそ離婚してしまいたいと思ってしまうことすらあり、悩んでいます。

【練習問題㉗】

次の文章中の一つひとつの文がどのような役割を果たしているかを考えて、［　　　］内に適切な「役割マーカー」を補い、プレーンな文体の特徴（c）を満たす文になるように完成させてみよう。

> 生物の形質や生態のすべてが、生き残って子孫を残すのに有利になるような「適応」の産物だと考えるのは間違っている。
> ［　　　］適応の結果として説明できる形質もたくさんある。［　　　］「赤い」という形質を考えてみよう。アカハライモリの腹はきれいな紅色をしている。正確に言えば、赤地に黒の斑点模様になっている。これは、警戒色として説明される。［　　　］敵に「自分は毒をもっているぞ」と警告することによって、食べられないようにしているのである。［　　　］キンショウジョウインコのオスは首の周りが見事な紅色になっている。これは、メスを惹《ひ》きつけて交尾の機会を高め、自分の遺伝子を残すためである。
> ［　　　］同じ赤さという形質でも、赤血球が赤いのは、そのことじたいが生存に有利なわけではない。ヘモグロビンという鉄を含むタンパク質が赤血球には含まれており、これが酸素と結びつくと赤色を呈するのである。［　　　］生存に有利なのは、効率的な酸素の運搬

手段であるヘモグロビンをもっていることであって、それがたまたま赤いのだ。

「　」生物がもっているあらゆる形質を、それがもたらす生存に有利な機能によって説明しようとするのは行き過ぎである。

【練習問題㉘】

一義的に読めない、どこがどこにつながっているのか曖昧な文の例として、次のような文をつくってみた。

萌は大慌《おおあわ》てでリボンを結びつつ地下鉄駅に向かう咲を追いかけた。

関西方面にお住まいの方にはおなじみのキャラクターなのだが、このさいそれはどうでもよくって、この例文は、曖昧文の最高傑作なのである。なぜ傑作かというと、「大慌てで」が「リボンを結ぶ」につながるのか「駅に向かう」につながるのか「追いかける」につながるのかで、3通り。「結びつつ」が「駅に向かう」につながるのか「追いかける」につながるのかで2通り。で、計6通りに解釈できて、しかもどの解釈も自然に意味が通るからである。こういうのつくるのほんとうに大変なんだぞ。

この曖昧さを除去するための書き換えをおこなってみよう。たとえば、「大慌てで」は「リボンを

結ぶ」、「結びつつ」は「追いかける」につながる場合は、

萌はリボンを大慌てで結びつつ、地下鉄駅に向かう咲を追いかけた。

あるいは、

リボンを大慌てで結びつつ、萌は地下鉄駅に向かう咲を追いかけた。

とすればよい。さてそこで、残りの五つの場合についても、同様の書き換えをおこなってみよう。

【練習問題㉙】

レトリックはもちろん効果的に使うと読者に強い印象を与えることができるわけだけど、サポ文にはいらない。サポ文は文章の巧みさを楽しむことを目的とした文章ではないからだ。一般に、レトリックを多用する文章、的外れで独りよがりのレトリックを含む文章を読まされると、読者はよけいなことを考えてしまい、スラスラ読めなくなって、フラストレーションを溜めこんでしまう。このように、レトリック過剰のためかえって理解しにくくなった文章は、英語ではpurple proseと呼ばれる。ゴージャスかもしれんがけばけばしい、装飾過多の文章という意味だ。

次に、ヘタくそなレトリックをたっぷり付け加えて purple prose のサンプルをつくってみた（書いていて恥ずかしくてお尻がムズムズした）。そこで問題。この文章からレトリックを取り除いて、プレーンな文体に戻してください。

> 人類を恐怖のどん底に叩き落とした最悪のパンデミックとして名高い「スペイン・インフルエンザ」、またの名を「スペイン風邪」。またたく間に世界で5億人に感染し5000万人をあの世に送ったと推計されている。まさに史上最凶の殺し屋だ。1997年に、このスペイン・インフルエンザ・ウイルスが墓場から蘇《よみがえ》ったという衝撃のニュースが世界を駆け巡った。アラスカの凍てつく大地に眠っていたスペイン風邪の犠牲者の遺体中から、80年近くひっそりと息を潜ませていたウイルスのRNAが採取され、生命の青写真たる塩基配列が解読されたのである。この遺伝情報をつなぎあわせ、欠けた部分の情報を既存ウイルスから補って誕生したフランケンシュタインは、完全な感染性と強い病原性というまことに嫌らしい性質をそなえていた。過去のウイルスが、神ならぬ身の人の手によって復活させられたのはこれがはじめてだった。

文章の達人を目指すための練習問題

というわけで、目的と相手に応じて、うまく文章の骨組みを設計し、適した文体を選んで書きわけ

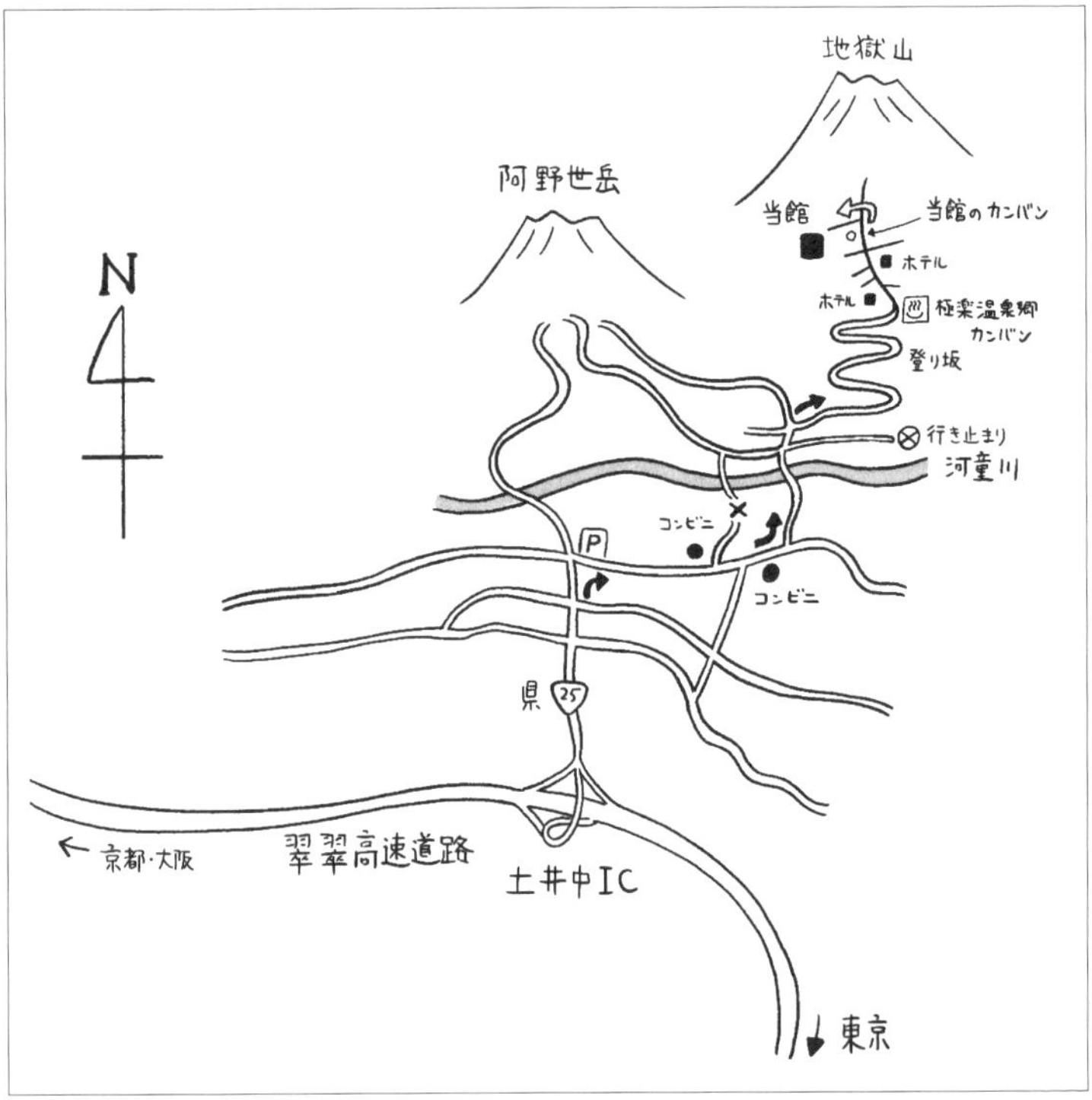

られるのが「文章の達人」だ。別に華麗な文体で人をうっとりさせなくてもいいんだ。キミたちも文章の達人を目指して精進してくれたまえ。

本章の最後に、きっと役立つ練習問題を掲げておいた。

【練習問題㉚ 総仕上げの文章設計プロジェクト】

本章で示した設計の手順にしたがって、次の文章を書いてみよう。

（1）**道案内**：キミは温泉旅館の経営者。キミの旅館はちょっと辺鄙《へんぴ》なところにあるため、自家用車で訪れるお客さんが多い。今度パンフレットをつくり直すのにあわせて、旅館までの道案内の文章も載せることにした。地図だけではわかりにくい、というお客さんもいるからだ。さてそこで、道案内の文章を設計してみよう。旅館の位置は地図に示した通りだ。

相手：自家用車ではじめてキミの旅館に泊まりに来るお客さん

目的：高速道路のインターチェンジから旅館まで、文章を読んだだけで間違いなくたどり着けるようにする

その他の制約：４００字以内（あまり長いと読んでくれない）

（２）**あらすじ**：若い人の間でも落語人気が復活しているらしいね。そこで、古典落語のあらすじを紹介する文章を書いてみよう。題材に選んだのは人情話の『芝浜《しばはま》』だ。適当に話がややこしいから選んだだけで、私はこの噺《はなし》はあまり好きではない。お涙頂戴になっちゃうから。まず、インターネットには『芝浜』の動画がいくつもアップされているから、それを見てもらおう。落語家によって噺の細部が違うから、できれば複数視聴する。そして、次の文章を作成する。

相手：あまり落語を聞いたことのない中学生

目的：相手に『芝浜』のあらすじをわかりやすく伝える。批評や評価、キミの感想を含んでいてはいけない

その他の制約：６００字程度

（３）**サポ文設計に挑戦**：２０１９年６月30日、日本政府は、クジラの資源管理を話し合う国際機関である国際捕鯨委員会（ＩＷＣ）から正式に脱退し、１９８８年以降中断していた商業捕鯨を７月１日から31年ぶりに再開した。日本の領海や排他的経済水域（ＥＥＺ）でミンククジラなどの漁を始めたんだ。これとひきかえに、南氷洋《なんぴょうよう》などでおこなっていた調査捕鯨は中止することにした。この日本政府の決定に対して、反捕鯨国はいっせいに非難の声を上げている。

まず、インターネットを活用して、日本の捕鯨やＩＷＣ脱退、ＩＷＣでの論争などをめぐるさまざまな事実を調べよう。そのうえで、商業捕鯨に賛成か反対か、いずれかの立場を選んでもらう。文章設計のトレーニングなので、この際「わからない」とか「もっとよく調べてから」とか「どっちとも言えない」という選択肢はあえて封印。旗色を鮮明にしないと書けないからだ。そして、次のサポ文を作成する。

相手：この問題に関心があり、ある程度の基礎知識はもっているすべての人
目的：キミが選んだ賛成（または反対）の立場を、根拠によってサポートし、相手に納得してもらう
その他の制約：プレーンな文体を採用すること。１０００字程度で書くこと

第9章 「クリティカル・リーディング」と「実り豊かな議論」のために——他者といっしょに考える②

前章では、「他者といっしょに考える」手段として、①「文章設計」の手順について解説した。これをさらにステップアップしよう。次の課題は、②「CR（クリティカル・リーディング）」すなわち、相手の考えを学ぶために文章とどう付き合ったらよいかということ。さらに③「**議論の方法**」、つまり文章をやりとりしながらみんなでいっしょに考えるためにはどうすればよいか、である。

1 クリティカル・リーディングって何だろう

現実の文章は基本パターンからズレている

「CR（クリティカル・リーディング）」という言葉を聞いたことがある人はけっこういるだろう。それどころか「ああCRね、学校で教わったよ」という人もいるかもしれない。いま流行りの文章の読みかただ。

CRはいろんな仕方で説明されている。「批判的な読み」「論理的な読みかた」「書くように読むこと」「書くつもりで読むこと」「書くために読むこと」「能動的な読み」「分析的な読み」……。どれも当たっている。当たっているけど、それだけではよくわからない。

そこでまず、クリティカル・リーディングとは何をすることなのかの根本をはっきりさせよう。そのためには、225ページに示した「サポ文の基本パターン」からスタートだ。

みんながこの基本パターン通りに文章を書いてくれたらありがたいよね。つまり、基本パターンをひな形にして、そこに出てくる「A」とか「しかじかかくかく」の箇所に文を埋めていくようにして書いてくれたなら。どれが主張なのか、その主張にいくつの根拠が用意されていて、それぞれ何なのか、一目瞭然だ。サポ文を書くときには、みんな基本パターン通りに書くべし、という法律をつくっちゃえばいいのにね（もちろん冗談よ）。

なのだが、現実の世界で私たちが目にする文章の多くはそうなっていない。基本パターンからどこかしら外れてしまっている。なぜだろう。おおよそ三つ理由がある。

第一は、書こうとしていること（主張とそのサポート）がじっさいややこしいために、単純な基本パターンにそもそも収まらないから。第二には書く側が前もってちゃんと考えないで書いているから。そもそもサポ文の目的は何か、そのためにはどういう要素をどう並べたらよいかなどを知らないで書いちゃう。

もう一つは、キミたちが読む文章の多くが、「プロ」が書いたもの、つまり商品だからだ。基本パターン通りに書いたら、そりゃ主張が伝わりやすいし、サポートがちゃんとしているかどうかもすぐにわかるだろうけど、これじゃつまんない。商品だから、主張を伝えるだけでなく、もう一つ目的がある。読者を楽しませるという目的だ。科学知識を解説する本だって、たんに知識伝達だけを目的としていては、たくさんの読者に読んでもらえない。こうして、基本パターンからズレてくる。

主張がなかなか出てこないので、こいつは何を言いたいんだとあれこれ考えたあげく、最後に「あ、こういうことが言いたいのか」とわかってうれしい。あるいは、問いが最初に示されて、おっ、たしかにそれは不思議だと思って読み進める。ああでもないこうでもないと考えさせられた末に、目からウロコが落ちるような鮮やかな答えが待っている。読者が、答えのわからない状態にじりじりしつつ、頭をしぼって考えながら読む楽しみを与えようとしている。……

ミステリー好きの人にはこんな楽しみがよくわかるだろう。サポ文にも同じことが当てはまる。知的エンターテインメントってやつだけど、これもじつは読み手を選ぶ。

というわけで、一つは内容じたいの複雑さのせい、一つは書き手の能力不足のせい、もう一つは書き手のサービス精神のせい、そしてたいていの場合はすべてがあいまって、現実に書かれている文章は基本パターン通りにはならない。

ズバリ、クリティカル・リーディングとは何かを定義しちゃおう

で、クリティカル・リーディングというのは、**いろんな仕方で基本パターンからズレてしまったサポ文から基本パターンを再現する、あるいは基本パターンに戻すための読みかた（手続き）**なのである。だからこの世に、基本パターン通りに書かれたサポ文しかなかったら、クリティカル・リーディングなんてほとんど不必要なんだ。

じゃあ、クリティカル・リーディングをどのようにやったらいいのか。それを考えるためには、なぜ基本パターンからズレてしまうのか、ではなくて、**どのようにズレるのか**を理解しておく必要がある。

（1）主張が最初に一カ所にかたまって書かれているとはかぎらない

基本パターンでは、まず主張があって、その後に「なぜなら」という具合に根拠が列挙されていた。こういう順番で書いてもらえるとはかぎらない。いろいろ根拠となるデータが書いてあって、最後に

いややこしい。

「だからね」と主張が来ることもある。あるいは、次のようなケースを考えてみよう。これはもうちょ

なぜ米国では新型コロナウイルスによる死亡率が高いのか。

（あーでもないこーでもないとデータを示して）

このように考えてみると、結局のところおそらく貧富の格差と医療保険制度の不備が最大の原因だと思われる。


みたいに、問いを立てて、答えを見つけるという形で書かれているような文章だ。このサポ文の主張は、最初でも最後でもない、両方を合体させた「米国で新型コロナウイルスによる死亡率が高いことの最大の原因は、貧富の格差と医療保険制度の不備である」だ。

（2）主張が一つとはかぎらない

一つの文章では一つの主張と決まっているわけではない。たとえば、（1）の例に続けて、

それでは、わが国では新型コロナウイルスによる被害を最小限に抑えるにはどのような対策をとるべきか。

（あーでもないこーでもないとデータを示し、米国のケースからの教訓を述べたり、いくつ

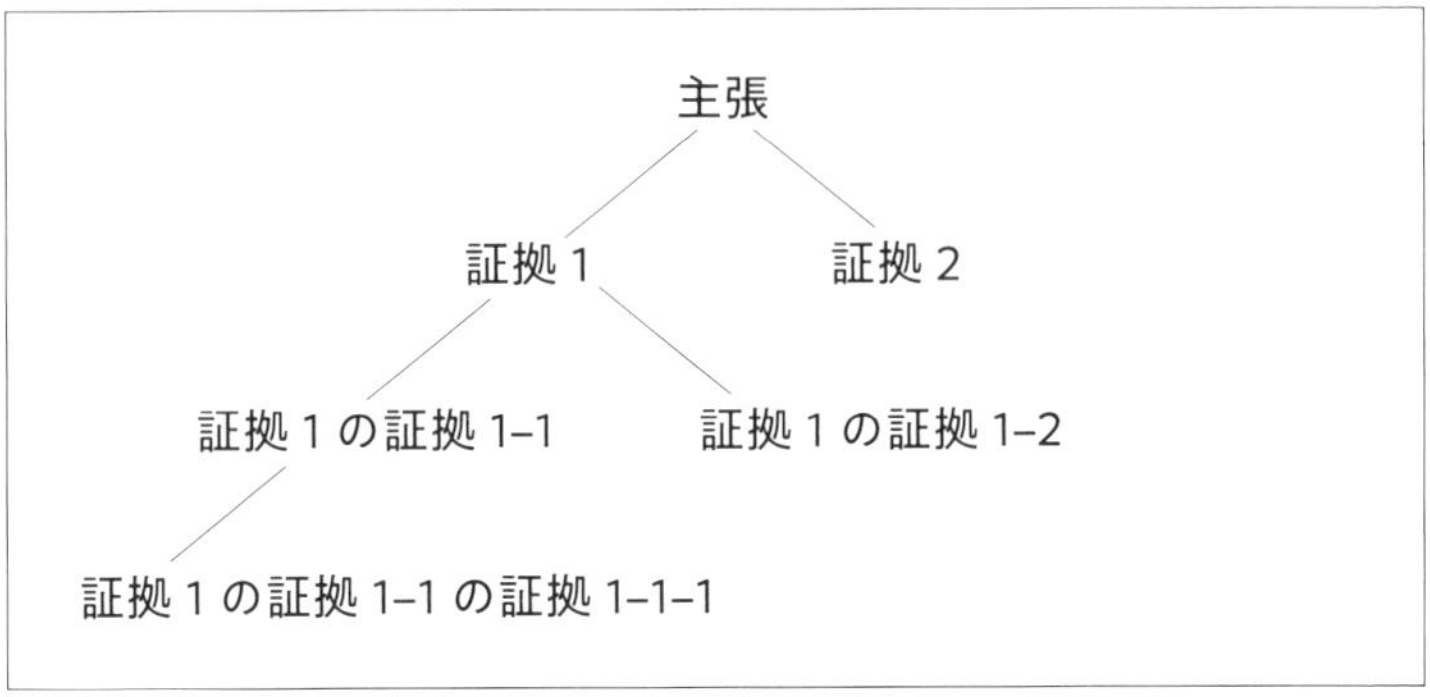

かの対案の効果を比べたりして）
したがって、わが国では医療現場への財政的援助をまず実施すべきである。

と結論する文章があるとする。この文章全体の主張は、「新型コロナウイルスによる被害を最小限に抑えるために、わが国では医療現場への財政的援助をまず実施すべきである」だけというよりは、これと「米国で新型コロナウイルスによる死亡率が高いことの原因は、貧富の格差と医療保険制度の不備である」の両方とみなすのがいいだろう。これを書いた人は、アメリカの失敗の原因と、日本でのあるべき対策の両方を主張したいんだろう。

（3）サポート関係は何重にも「入れ子」になることが多い

73ページで、サポートが良いものであるための条件として、証拠・根拠が主張をちゃんとサポートしていることと、そのとき使われている証拠・根拠じたいが正しいことを指摘した。

証拠が正しいことを示すには、その証拠にも十分なサポートを与えないといけない。そうすると、証拠をサポートする「証拠の証拠」

が必要になる。もしかしたら、「証拠の証拠の証拠」まで必要になるかもしれない。ってんで、主張に十分なサポートを与えようとすると、図のようにサポ文は**入れ子の構造**をとることになる。

そうすると、気をつけなくてはならないことは、証拠1-1-1は主張そのものをサポートしているのではないということだ。1-1-1がサポートしているのは1-1だ。ここは証拠をあげているんだなと思っただけではダメで、**何の証拠になっているのかを突き止めないといけなくなる。**

(4)「根拠に見えないけど根拠」という場合がある

サポ文の基本パターンは「主張+証拠」で、後はオマケだと述べた。そして、オマケのいろいろを分類した。ところが**オマケに見えてオマケではないような部分**がある。たとえば、例をあげて説明しているように見えて、じつはサポートにもなっているとか、何かにたとえてわかりやすくしているように見えて、じつはそれがサポートだったり。こんな具合だ。

> 人間というものは、欲しいものが手に入らないでいるときはそのものを心から欲するが、じっさい手に入れてしまうとそんなに欲しくなくなってしまうというものらしい。たとえば、芥川の「芋粥《いもがゆ》」の主人公は、あれだけ食べたがっていた芋粥を、いざ「いくらでも召しあがれ」と振る舞われたとたんに、げんなりして食欲を失ってしまった。

第二の文は「たとえば」で始まっているので、最初の文に書かれていた主張の具体例をあげているように見える。で、じっさいに例をあげているのだが、これって、主張の裏づけ、根拠も意図されている。

とはいえ、たった一つの例だから、たとえサポートになっているとしても、すごく弱いサポートしか与えられない。ほんとうに人間にそういう傾向があることをもっと強くサポートしようとするならば、心理学的な実験をするか、大規模なアンケート調査かなんかしなければならない。でも、他に根拠が書いていないということは、書き手が、この一例だけで最初の文の理由づけにしたがっている、ということだ。「あなたにも思い当たる例がたくさんあるでしょう」と、読み手の「あるある感」に訴えて、サポートにしようとしているんだ。

重要なのは、サポートとしてまともかどうか（この例文は、サポートとはほとんど呼べないくらい弱い根拠しか与えていない。厳密に言えばサポート失敗）と、書き手がそれをサポートにしようとしているかどうかとは、切り離して考えないといけないということだ。こんなふうにして、たんなる具体例による説明に見えるものが、じつは根拠を意図しているといったこともある。

(5) オマケですらない飾りも付いている

226〜228ページで述べたように、オマケには、「重要性アピール」「説明」「譲歩・但し書き」の三種類があった。これらは、サポ文の「主張をサポートする」という目的に直接役立つわけではないが、主張を読み手に正確に受け入れてもらうという目的のために役立っている。

でも、現実に書かれている文章には、そういう目的すら果たしていない要素が含まれている。違う目的のために置かれている、**ピュアな飾り**だ。読者にすんなり話題に入ってもらうための気の利いたイントロ。楽しんで読んでもらうためのギャグや脱線、筆者が「ボクってカシコいでしょ、だから信用してね」とアピールするための、自分語り、知識のひけらかし。けっこうこれの含有率は高いよ。本筋より脱線のほうが面白い本っていっぱいあるよね。

【練習問題㉛】

まずは次の文章を読もう。

> コロナ収束後にどのように日常活動や経済活動をもとに戻そうかという議論がかまびすしい。しかし、こうした議論は根本的に間違っている。もとに戻ることができる、もとに戻ることが望ましいということを前提してしまっているからである。けれども、もとに戻れるとは限らない。それが望ましいとも限らない。新型コロナウイルスの大流行はわれわれの社会を根本から変えてしまうかもしれないからである。たとえば、新大陸にもたらされた天然痘の流行はインカ帝国とアステカ帝国を滅亡させた。また、ペストの大流行は、特にドイツでのユダヤ人迫害に拍車をかけ、その結果、亡命先となったポーランドやリトアニアのユダヤ人人口の大幅な増加を招いた。われわれは、コロナ収束後にどんな社会をつくりたいのかにさかのぼって議論すべきである。

（1）この文章の主張は何だろうか。
（2）傍線を付けた部分は、この文章の中で何をやっていると考えたらよいだろう。

【練習問題㉜】

次の文章はけっこう複雑なサポート関係をもっている。じっくり読んで、どの部分がどの部分をサポートしているのかを明確にしてみよう。

> 高度な人工知能の開発と普及によって、この職業がなくなりそうだとか、この職業は残りそうだという予測がさまざまな研究者によってなされている。しかし、それらを真に受けるのは禁物である。こうした予測はほとんどの場合、その職業に必要なスキルをどの程度人工知能によって代替できるかという、スキルの機械化可能性のみによって計算されている。しかし、ある職業が消えるか残るかを決めるのは、スキルの機械化の可能性だけではない。サービスを受ける側の消費者が人工知能によるサービスを望むかどうかも大きな影響を及ぼす。また、職業団体や業界団体がどのくらい強く抵抗するかによっても左右される。たとえば、高級ホテルのフロント係はあいかわらず人間だし、電子署名などとっくに技術的には可能になっているのに業界の抵抗によってハンコ文化はしばらく続きそうである。

クリティカル・リーディングをやってみよう

こんな具合にして、現実のサポ文は基本パターンからズレてしまう。それを、何が主張で、何がサポートで、何が何へのどういうオマケなのかがはっきり見える基本パターンの形に直すのがクリティカル・リーディングだ。これから、そのやりかたを伝授しようってわけだが、ポイントは単純だ。**「いったんバラバラにして並べ直す」**、これにつきる。

【クリティカル・リーディングの手順（その1）】

（1）これってほんとうにサポ文なのかをまず判断する

クリティカル・リーディングはサポ文にしか当てはめられない。サポ文じゃないものにクリティカル・リーディングをやろうとしても時間のムダになる。

（2）文章を構成要素に分解する

「構成要素」といっても、一文一文にまでバラす必要はない。いくつかの文がまとまって、一つのことを言っている、あるいは一つのことをしている場合、そのまとまりがここで言う「構成要素」になる。

> ①マルコムXは1925年ネブラスカ州オマハに牧師の父のもとに生まれた。②父を白人

至上主義者に殺害されたのち、一家は離散した。③マルコムもお決まりの転落コースをたどり、麻薬と盗みの生活を送るようになる。④とうとう逮捕され10年の刑で刑務所暮らしをすることになったが（じっさいは6年で出所）、そこでイスラム教に改宗する。⑤出獄後、黒人解放運動に身を捧げ、米国を代表する活動家になった。⑥しかし、当初所属していたブラック・ムスリムとの路線対立により、１９６５年、講演中に暗殺された。⑦このマルコムXの思想はしばしばマーティン・ルーサー・キング牧師の思想と対照的だとされているが……（続くぜ）

ここには、七つの文がある。でも、①〜⑥は「一つのこと」をやっている。つまり、マルコムXがどういう人かを説明している。⑦でようやく違うことをやり始めている。こういうときは、①〜⑥をまとめて一つの構成要素とみなせばよい。

逆に、一つの文にいくつものことをやらせている場合もある。たとえば、先にあげたダメサポ文の続きを見てみよう。

芥川の「芋粥」の主人公が、あれだけ渇望していた芋粥を、いざ振る舞われたとたんに食べる気を失ったように、われわれは欲しかったものが手に入るとそれほど欲求を感じなくなるようにできているらしいのだが、これには例外があるとしたらまず第一にお金だろう。お金は手に入れば入るほどもっと欲しくなる。

サポ文の場合、あまりこういう文を書いてはいけないと思うが、現にあるんだからしょうがない。特に文章設計初心者のキミたちは、こういう文を書いてはいかんよ。一つの文で一つのことをやる、というのがわかりやすい文を書く鉄則だから。

ともあれ、これの第一の文は、少なくとも三つのことをやっている。こういうときは、

・芥川の「芋粥」の主人公は渇望していた芋粥を振る舞われたとたんに食べる気を失った。
・われわれは欲しかったものが手に入るとそれほど欲求を感じなくなるようにできているらしい。
・これの例外はまず第一にお金である。

の三つにまでバラす。

(3) バラバラにした構成要素それぞれの役割を考える

まず、主張はどれか。その主張の根拠になっているのはどれ(とどれ)か。その根拠をサポートする根拠の根拠があるか、あるならどれか。オマケはどれか、それぞれどういうオマケか。どれにも当てはまらないのはピュアな飾りである可能性が高い。

(4) 構成要素を基本パターンの形に整理して並べ直す

ピュアな飾りの部分は大胆にも無視しちゃう。

これでクリティカル・リーディングのいちばん大事なところは完了だ。実際にやってみないとピンと来ないよね。そこで、次の練習問題をやっておこう。

【練習問題㉝】 次の文章をクリティカル・リーディングの手順を当てはめて読み解き、基本パターンを再現してみよう。

> ①近年、大学教育の質が問われている。②大学生の1週間あたりの授業外平均学習時間は、アメリカで11時間から15時間と言われている。③日本では1時間から5時間程度であり、国際水準の8時間を下回っている。④これは大学生の勉強が受け身になっていることを反映しており、大学において自発的に学習を促す指導ができていないことを物語っている。⑤学生が学問に没頭する時間が確保されていないと、大学は人材を育てることができない。⑥なぜなら、学問を修めるにはたんなる知識の獲得だけではなく、みずから考え創造することがたいせつだからである。⑦しかし、就職活動は大学の3年から始まり、就職先から内定がだされるまで学生は不安の日々を送るばかりか、大学の授業にすら出てこないのが現状である。
> （福澤一吉さんが『論理的に読む技術』（サイエンス・アイ新書）で例題として用いたものを改変した。適度に構成のわかりにくい文章をわざわざ書くのは難しい。福澤さんのはその意味ですごくじょうずにつくっ

てある例文だったので、使わせていただいた）

こんな具合に、クリティカル・リーディングは進んでいく。いったんバラバラにして、それぞれの構成要素が何をやっているかを吟味するわけだから、**「分析的な読み」**だ。そして、その後で基本パターンをつくり直す。つまり、基本パターン通りに書き直すならこうなる、ってやってるわけだから、**「書くように読むこと」「書くつもりで読むこと」**とも言える。そして、クリティカル・リーディングの結果できあがるものは、もとの文章の論理構造（何が何をサポートしているのか）を明確に取り出したものになっているから、**「論理的な読みかた」**とも言える。

いずれにせよ、文章をただたんに受け入れるだけじゃなくて、もっと論理の進みかたがわかりやすくなるように改善しているとも言えるので、**「能動的な読み」**でもある。

クリティカル・リーディングでバイアスから解放される

注意してほしいことがある。クリティカル・リーディングが唯一正しい読みかただと言いたいのではない。エンターテインメントを楽しんで読むための読みかた、文学作品を深く味わうための読みかた、情報をできるだけたくさん効率的に集めるための読みかた、いろんな読みかたがあってよい。

では、クリティカル・リーディングは何の役に立つ、どんな利点のある読みかたなんだろう。一言で言ってしまえば、**自分がもっているさまざまなバイアスから自由になって文章を読むために役立つ**

んだ。私たちの心は、確証バイアスや「あるある」バイアスなど、生まれつきいろんなバイアスを備えてしまっている、ということはすでに第5章で指摘したよね。

こういうバイアスをそのままにして文章を読むとどうなるか。自分の意見や価値観・偏見、経験から得た思いこみを、他者の書いた文章につい読みこんでしまう。その結果、書き手が言ってもいないことを言っていると思って、へんに賛同したり、影響されちゃったりする。キミたちの中にも、けっこうこういう読みかたをする人がいる。「私もペットに死なれた経験があるので、筆者の言うことにすごく納得しました。筆者の意見に賛成です」みたいな。

これに対して、クリティカル・リーディングは、自分のバイアスを投影せず、まずは書き手が書いたことだけを操作して読んでいく読みかただ。

バイアスに支配されて読むことがもたらすもう一つの困ったことは、逆に、**自分の意見や価値観・偏見、思いこみに反する文章がちゃんと読めなくなる**ということだ。そうすると、「あっ。これは反日勢力○○新聞の記者が書いている。間違っているに違いない」とか「この文章は小学校からの英語教育に賛成している。どうせいいかげんなことが書いてあるに決まってる」と、ハナっから書き手の主張を否定して読んでしまう（もしくは読まない）。

これに対して、クリティカル・リーディングでは、書き手は主張にちゃんとサポート（根拠・理由）を与えて、読み手を論理的に説得しようとして書いている、と仮定して読んでいく。こうした仮定に立って文章を読もうねというポリシーを**「寛容の原理」**というんだ。寛容の原理に立たないと、サポ文の基本パターンを再構成しようとすることが意味をなさないよね。

バイアスを避けるには人工物で補強すべし、というのが本書のモットーだった。クリティカル・リーディングは読みの方法論つまり、キミが生まれもったバイアスを克服して、読む力（思考力の一部だ）を増強させるための強い味方、役に立つ道具なんだ。だから、キミはクリティカル・リーディングを学ぶ必要がある。それが、唯一正しい読みかただからではなくて、**役に立つ道具だから**学ぶんだ。

クリティカル・リーディングの総仕上げ

さて、ここまででクリティカル・リーディングのメインパートは終了だが、最後にもう一つやるべきことが残っている。

【クリティカル・リーディングの手順（その2）】

（5）基本パターンの形に再構成した文章（議論）をチェックする

どういう観点からチェックするかというと、一つだけ。**サポートが十分かという観点**だ。書き手があげた証拠や理由は、書き手の主張をサポートするのに十分だろうか。つまり、それぞれの証拠や理由について次の二点をチェックする。

①証拠・理由は正しいか、つまりそれじたいに十分なサポートがあるか。

②証拠・理由は主張をちゃんとサポートしているか、つまり重大なツッコミどころはないか。疑似論理的になっていないか。

大学に入って、ゼミとかで学術論文をみんなで読んで報告しよう、というとき、報告者にはこの段階までやることを求められる。ここまでやった結果を、メモのような箇条書きの形にまとめたものを、**レジュメ**という。それを文章の形で述べ直すと、**要約**という。

入学したてだと、これがわかっていない学生さんがけっこうたくさんいる。この本のここからここまでを要約して提出してください、とか、レジュメをつくって発表してくださいと言われると、その本から、なんとなく大切そうに見える文を抜き出して並べたものをもってきて、センセイからダメ出しをくらう。**レジュメや要約はたんに分量を少なくすることじゃない**のよ。**もとの文の論証の構造を再構成して明示したもの**なのだからね。

【練習問題㉞】

次の文章をクリティカル・リーディングの手順を当てはめて読み解いてみよう。そうしてレジュメと要約（200字程度）をそれぞれつくってみよう。

①米国では、新型コロナウイルス感染者数の増加傾向に歯止めがかからない。②ただでさ

え感染者数と死者数が世界最多だったのに加えて、6月末になって、あらためて予想外の急増を見せ始めている。③1日あたりの新規感染者数は過去最多の4万人に達した。④さらにその人数は増加傾向を見せている。特にアリゾナ、テキサス、フロリダなど南部各州でクラスターの多発が報告されている。⑤クラスターとは、時間的・空間的に近接して発生する、異常に高い感染率を示す小さな集団のことを意味する。

⑥なぜ、先進国であり、科学技術のトップランナーであるはずの米国でこのように感染拡大を防ぐことができないのだろうか。⑦注目すべきは政治的要因である。⑧ドナルド・トランプ大統領は、当初から新型ウイルスの脅威をあえて軽視する発言を繰り返したり、中国やWHOに責任を転嫁したりして、ともかくアメリカ経済を早く再開させようとしてきた。⑨共和党選出のテキサス州知事グレッグ・アボット氏は、いち早く州のロックダウンを解除したが、トランプ氏はこれを高く評価した。⑩しかし、アボット知事は6月末になって、感染者急増を受けて行動制限強化に舵《かじ》をきった。

⑪じつは、米国政府は4月初めから、国民に公共の場でのマスク着用を勧告してきた。⑫しかし、これすら政治的な分断と対立のシンボルになってしまったかの感がある。

⑬前述のアボット知事は、州内各都市の市長に対し、マスクの強制を禁じ、「個人の自由は損なわれない」と語った。⑭これと対照的なのは民主党選出の知事たちである。⑮カリフォルニア州知事は「顔を覆ったりマスクを着用することに効果があると科学が示してい

る」と声明を発している。⑯トランプ大統領は、7月末になってようやくマスク着用を呼びかけたが、それまでは一貫してマスクの着用を拒否してきた。（この文章は、いくつかの報道記事を元にして私が再構成したもの）

さらには、次までやれたらパーフェクトだ。

（6）チェックの結果、もとの文章（議論）に欠陥が見つかったら、それを手直しして、もうちょっと良い議論に修正する

ここまでくると、キミがオリジナルの書き手に取って代わってサポ文を書いてあげているようなものだ。なので、たしかにクリティカル・リーディングは「書くために読むこと」とも言えるね。修正点はたとえば、

①証拠・理由に十分なサポートがないとき、「証拠の証拠」を付け加える。
②サポート関係に重大なツッコミどころが見つかった場合、さらなる証拠・理由を補う、ツッコミを免れるように主張のほうを一部修正する（例外を設けるとか、主張が成り立つ条件を明示するとか、ようするに主張にちょっと譲歩してもらう）。

結局、書き手の文章を鵜呑《うの》みにするのではなく、それにツッコミを入れて、どのくらい論理的なのか、どのくらいちゃんとサポートできているかを評価しているわけだから、クリティカル・リーディングは**「批判的な読み」**ということにもなるね。

とにかくなんでもツッコめばよいというものじゃない

（５）の手順について、大切な注意をしておきたい。**この手順を踏むときも、寛容の原理を当てはめてほしい**ということだ。つまり、「まずは」書き手は、それなりにちゃんとサポートできている、と仮定したうえで、欠点を探す。そうでないと、「あらさがし」になっちゃう。

というのも、完璧な数学的証明を除けば、どんな論証にもツッコミどころは必ずあるからだ。それどころか、誰がどんな論証をしようと、サポートばっちりですよと言おうと、絶対にできる万能のツッコミがある。キミにだけ教えてあげよう。じぇじぇ！のCさんが使ったのと同じ手だ（３７１ページ参照）。

「すごくカシコくてなんでもできるエイリアンが私たちの心の中をモニターしていて、私たちがサポートの足りない思考を抱くと、いつでもサポート十分だと錯覚させるように、私たちをコントロールしているとしたらどうします？」

この万能ツッコミにもちゃんと答えられないとダメ、とか言っていると、およそどんな論理的思考も、サポ文も、議論も、科学も成り立たない。明らかにこれはツッコミすぎ。だいいち、あんた自身も本気でそう思っていないでしょ。

ということは、**入れていいツッコミとやりすぎのツッコミがある**ということだ。（5）のチェック項目②に「重大なツッコミどころ」と書いたのには、こうしたわけがあるのね。ツッコまれた側（この場合は書き手）が、「うっ、たしかにそうだ、それは気づかなかった。こりゃヤバい」と思うようなツッコミじゃないと無効だ。**「そんなことまでツッコんでどうすんの。それを言っちゃあおしめえよ」**と思われてしまうようなツッコミはとりあえず封印だ。

とはいえ、最初はヘリクツの「ツッコミすぎ」に見えたものが、後になってじつは重大なツッコミだということが判明して、科学理論が大きく進歩するきっかけになった、というようなこともあるから話はヤッカイだ。あるいは、先ほどのエイリアンを持ち出した万能ツッコミも、哲学のある種の議論をしているときにはまともに取りあげられる。やってよいツッコミといけないツッコミにあらかじめ白黒をつけておくことはできない。時と場合によるんだ。

だから、いろんなツッコミを考えられるだけ考えておくことと、議論やコミュニケーションの場で、それを実際にやるべきかどうかは分けて考えておくのがよさそうだ。

2 実り豊かな議論を通じて自分の思考を改善する方法

「批判」とは何かについての誤解を捨てよう

さてと。文章をどう読み解いて相手の考えを正確に学べばよいのかの話（クリティカル・リーディング）も終わり。残るのは、③**文章をやりとり（読んだり書いたり、書いたり読んだり）しながらみんなでいっしょに考えるための作法**についてだ。

さて、いろんな人からなる「みんな」が一つのことを考えると、当然のことながら、意見の対立が生じるし、お互いに相手の意見を批判することになる。「みんなで考える」はたいていの場合、論争とか議論の形になる。ここまで扱ってきた文章設計もクリティカル・リーディングも実り豊かな議論のための土台だ。ところで、そもそも意見の対立がないようなことがらってことは、みんな同意見ということだから、みんなで考えてもしょうがないよね。**意見の対立があることがらこそみんなで考える価値がある。**

対立する意見をやりとりしてみんなで考えるためにはどうすればよいのか。これが本章の残りのテーマだ。きっとキミたちの役に立つはずの、心構えと方法論を伝えたい。で、どちらかというと心構えのほうが大事。

まず第一にキミたちにお願いしたいのは、**「批判」とは何かについての考えかたを変える**ことだ。

「批判」というと、相手の主張をコテンパンにやっつけること、相手を完膚《かんぷ》なきまでに叩きのめすこと、相手をやりこめて自分の考えに相手を従わせることだと思っている人（DV体質だねえ）が多い。こういう人は、議論や討論もケンカの一種だと思っているみたいだ。異常に勝ち負けにこだわるんだもん。まあ、テレビの討論番組なんて、そういうイメージをあおっているところがあるね。

かつて、議論していたときに、相手の批判にうまく反論することができずに、「うーん、もしかしてキミの考えのほうが正解かもね」と言ったことがある。そのときの相手の言葉に私はすごく驚いた。「じゃ、ぼくの勝ちってことでいいですね」って言ったんだ。えっ。ぼくらは勝ち負けを競ってたんですか？

負け惜しみを言うわけじゃないけど、こういうことを言うヤツは愚か者である。なんのために議論をするのか、なんのために批判をするのかがわかっていないからだ。「みんなで考える」をやっているとき、そこでおこなわれる批判と反論は、相手をつぶすためのものではない。**みんなで知恵を出し合ってちょっとでも真理に近づくための、ましな案を考え出すための共同作業の一部**なんだ。

「批判」を辞書で引いてごらん。たしかに「誤っている点やよくない点を指摘し、あげつらうこと」という意味がのっている。でも、これって二番目の意味だ。たいていの辞書には、「物事の可否に検討を加え、評価・判定すること」という意味のほうが先に出てくる。「みんなで考える」の中で交わされる「批判」は本来こっちの意味だ。みんなで、主張の正しさ、提案の良し悪しをチェックしているんだ。クリティカル・リーディングの「クリティカル」もまさに、サポートがちゃんとしているかのチェックのことだったよね。

さて、キミが何かを主張したとしよう。そしたら批判（反論）された。批判されると自分の主張のサポートがまだ十分でないことがわかる。そうしたら、もっと良いサポートを探すか、主張をちょっと修正して、批判に応える（これを反論への反論、再反論という）。そうしたら、誰かがさらに反論してきた。このときは、サポートをもう一度改善するか、主張をさらに手直しするかすればよい。

こうして、**最初よりもっと正しく、もっとちゃんとサポートされた主張にきたえ直していくことができる。**

議論に臨むときの心構え

議論の勝ち負けにこだわるヤツは愚か者だと言った。当人のためにならないからだ。議論に負けないことだけを目指しているとどうなるか。議論を壊してしまうんだ。たとえば、ある話題について議論しているときに、そういうヤツは負けそうになると話題をそらす。その話題について正解に至りたくて議論しているわけではないため、自分が得意な勝ちやすい話題で勝負しようとするからだ。こうして、もともとの話題の検討は中途半端になってしまう。良い結論が出せなくなる。

いったん「議論を壊すヤツ」認定を受けると、議論に呼んでもらえなくなる。あるいは、何を言っても「はいはい、わかりました」と取り合ってもらえなくなる。ってことは、みんなで考えるときに、自分の意見を反映させることができなくなるってことだ。自業自得。ねー愚か者でしょ。

キミたちはこういう愚か者になってはいけない。とはいうものの、人から反論されるとか、言い負かされるというのはあまり気分の良いものではない。これもまた確かだ。屈辱を感じるね。プライドが傷つくね。逆に、人を言い負かすのは快感だ。私もお酒を飲んだりするとちょっと抑制がきかなくなって、この快感のとりこになってしまうことがたまにある。とにかく、相手を言い負かしたくてぺらぺらしゃべり続ける。そんなことをした翌朝は自己嫌悪のカタマリになる。

こういう幼稚なプライドが論理的思考の最大の敵なんじゃないかと私は思っている。だから、**自分の間違いを指摘してもらって直すために議論に加わるんだ**、という心構えで議論に臨む必要がある。「相手の論が正しければいつでも自分のほうを変えますよ」という態度を「闊達《かったつ》さ」という。「議論に負けない私」ではなく「議論に負けても平気で受け入れる闊達な私」にこそ誇りをもとう。こうすれば、批判されてもアタマにくる必要はないし、傷つく必要もない。議論に勝とうとするあまりに議論の破壊者にならずにすむ。

もう一つ大切な心構えがある。**人の意見とその人をごっちゃにしない**ということだ。自分の意見と自分とは別だ。キミの意見が批判されたとしても、キミという人間が批判されたわけではない。逆に、相手の意見への批判と、相手の人格への批判とは区別しないといけない。相手の意見をちゃんとまともに扱って、適切に批判すべきところを批判することは、むしろ**相手の人格を尊重していること**なんだから。

議論のレッスン①──まずは反論してもらえるような主張をする

それでは次に、実り豊かな議論をして、他の人の考えをうまく自分の考えに取り入れていくための方法、あるいは、みんなで考えて正解に近づくための方法をいくつか紹介しよう。

前項で述べた通り、反論は本来大歓迎のはず。そうすると、**キミはまず誰かに反論してもらえるようなことを主張しないといけない**。議論が始まらないからだ。

むしろ、誰からも反論されないことのほうが良くない。だって、それって、キミの主張は正しくても間違っていてもどうでもいいことだ、と言われているのと同じだから。

ところで「反論してもらえるようなこと」ってどういうことだろうか。それを理解してもらうために、逆に「反論できないようなこと」とは何かを考えてみよう。

まず言っておかねばならないのは、「反論できないようなこと」ということで、私は「反論の余地がないほどカンペキにサポートされた主張」を意味しているのではない、ということだ。第一に、そんな主張はめったにない。どんなサポートも程度の問題なので、必ずツッコミの余地はある。第二に、そんなカンペキな主張が仮にあったとしても、キミたちにそれができるはずないでしょ。

むしろ逆なんだ。反論することができないような主張というのは、**主張のように見えてじつは何も主張していないような主張**（むしろ疑似主張と言ったほうがいいかも）、あるいは**ほとんど何も主張していないような主張**のことだ。何も主張していないんだから、それに反論するということもできないよね。

誰の証言が間違いである可能性が強いか？

例をあげて説明しよう。次のケースを考えてみてちょうだい。

ありうる場合	C	B	A	D
カッチーは自宅にいた＋アンリーは自宅にいた	○	○	○	○
カッチーは自宅にいた＋アンリーは自宅にいなかった	×	○	○	○
カッチーは自宅にいなかった＋アンリーは自宅にいた	×	×	○	○
カッチーは自宅にいなかった＋アンリーは自宅にいなかった	×	×	×	○

刑事が犯罪捜査をしている。有力な容疑者としてカッチーとアンリーの夫妻が浮かんだ。犯行時刻に自宅にいたらアリバイがある。つまり犯人ではない。そこで刑事が、2人がその時刻に自宅にいたかどうかを証言してくれる人を探したところ、4人の証言者が名乗りをあげた。4人はそれぞれ次のように証言した。

証言者A　カッチーかアンリーのどちらかは自宅にいました。
証言者B　アンリーさんはわかりませんが、カッチーさんはたしかに自宅にいました。
証言者C　カッチー氏もアンリー氏も自宅におられました。
証言者D　カッチーは外出しなかったんだったら自宅にいたのでしょう。

さて、次の問いを考えよう。

①4人の証言はそれぞれ当たっているかもしれないし、間違っているかもしれない。間違いである確率が高い順番に並べてみよう。

②4人のうちには、証言しているように見えて何も証言していない人がいる。いったい誰だろう。

4人の証言は、C、B、A、Dの順で外れやすい。表を見たら一目瞭然だろう。当たりが◯、外れは×で示している。

Cはかなり踏みこんだ証言をしている。四つの場合のうち、第一の場合しかないですよと、残り三つの場合を排除している。だから外れやすい。真相が残り三つのケースだったら外れになってしまうからだ。逆にこんな踏みこんだ証言が当たっていたら、すごく価値がある。

一方、Dの証言は決して間違うことがない。つねに成り立つ。「カッチーは外出しなかったんだったら自宅にいた」というのは、「カッチーは自宅にいたなら自宅にいた」ってことだからね。偽装した同語反復だ。言い換えれば、Dの証言はどんなケースも排除していない。「この場合はありえませんよ」と排除するものがない。だからじつは何も言っていないんだ。**何も主張していないんだから間違うこともない。**

いつでも成り立つようなことは、決して間違うことがない。しかし、それを言っても何も言ったことにはならない。さて、反論というのはツッコミということで、ツッコミというのは「それって間違いかもよ」と指摘することだから、**何も言ってない＝間違いがありえない＝ツッコミ不可能＝反論不可能**、ということになる。

【練習問題㉟】

次の五つの主張を、踏みこんだ強いことを述べているものから、ほとんど何も述べていない弱い主張へと並べてみよう（話を簡単にするために、人々は銃規制に賛成か反対のどちらかだ、という前提で考えてほしい）。

（1）米国民のほとんどが銃規制に反対である
（2）米国民には銃規制に反対している人もいる
（3）米国民には銃規制に反対している人は一人もいない
（4）米国民の全員が銃規制に反対である
（5）銃規制に反対している米国民のほうがそうでない米国民より多い

何かを言ったように偽装する方法

反論されるのをひどく嫌う人がいる。そんなに反論されるのがイヤなら、うんと弱いことを言えばよい。ここで「弱い」というのは、主張が弱いということ、つまり**何も言っていないのに近い**ということだ。とはいえ、Dみたいなことを言ったら、あまりにバレバレ、何も主張する気がないんだなと一発でばれてしまう。なので、多くの場合いろんな仕方でカモフラージュされる。

何も言っていない（それによって反論を避ける）のに、何かを言ったように偽装するやりかたを二つあげておこう。

一つは、**同義語や反対語を悪用することで、主張を何にでも当てはまるものにしてしまう**、というものだ。典型例は血液型性格判断。

「B型の人は外向的・社交的で愛想が良いときもありますが、その一方で用心深く引っ込み思案なときもあります」

よーく考えてみると、これって「B型の人は外交的・社交的であるかそうではないかのどちらかだ」って言ってるのと変わらない。つまりDの証言と同じだ。言葉遣いが「ありますが」の前と後ろで変えてあるので気づきにくい。

どんな人にも当てはまることしか言っていないので、これを読んだ人は「あ、私の性格にピッタリ」と思ってしまい、血液型と性格のつながりを信じてしまう。

第二の偽装方法。**主張をいろんな仕方で解釈できる曖昧な言葉で表現することで、ほとんど何にでも当てはまるようにしてしまう。**じつはこれをいちばん多用しているのは、政治家の答弁だ。

「関係各所において可及的速《かきゅうてきすみ》やかに適切に対処していきたい。国民の皆様に真摯《しんし》に寄り添って、信頼回復のために全力を尽くしたい」

「関係各所」ってどの範囲なのか曖昧だ。後になって○○省が何も対処しなかったということがわかったとしても、それは関係各所には入っていませんでしたと言い逃れができる。「可及的」ってわかる？「できるだけ」という意味だ。だとしても「できるだけ早く」は曖昧だ。「遅くとも○月○日までに」って言っちゃうと、その日までにできないと、ウソついたと言われちゃうので、こういう言いかたになる。「真摯に寄り添う」って具体的に何をすること？

こういう曖昧さを取り除いてはっきりものごとを言ってしまうと、反論を受けることになる。「それでは遅いよ」とか「その対処法ではうまくいかないよ」とか。じっさいうまくいかなかったりすると、後から批判される。以上を避けようとする卑怯者が政治をやると、こういう言い回しだらけになる。

キミたちは、こういう言葉遣いを身につけてはいけない。だから、勇気をもって**反論の隙がちゃんとあるような主張**をしなければならない。つまり、**中身のあることを主張しなければならない**。中身のあることを主張すると、反論される。それでいいのだ。その反論のほうが正しいにせよ、反論にさらにキミが反論できたにせよ、最初より正解に近づいたんだから。

学問はそれをやってきた。まず、主張をできるかぎり曖昧さのない言葉で表現する。そこに現れる言葉を厳密に定義する。実験手続きをちゃんと示したり、典拠（何という学術雑誌の何ページに載っている、といった情報）を示す。これらは、他の研究者たちに**反論の手がかりを与えるため**だ。同じ実験をやってみて違う結果が出たり、典拠に当たったら違う解釈をすべきだということがわかったりしたら反論される。その繰り返しで学問は発展してきた。

議論のレッスン②——生産的な反論をおこなう

今度はキミが反論する側に回ったときの話。批判・反論はみんなで正解に近づくためにおこなわれるものなので、本来生産的なものだ。そうすると、考えなきゃいけないのは、**どういう批判や反論な**

ら**生産的なのか**、ということだ。逆に、**どんな批判が不毛な批判になってしまうのだろうか**。

まず、**反論には二種類ある**ということに注意してもらおう。「反論」って、**「反対な論」**とも**「論に反対」**ともとれるよね。これらがここでいう「二種類の反論」のそれぞれに相当する。

(1) 反対な論

相手の主張と反対の主張を結論として導くための論。具体例を使って説明しよう。

著作権ってあるよね。いまの著作権はまだ弱いからもっと強くして、著作者の権利を守ろうという考えの人と、いまの著作権は強すぎて弊害が目立つから、もっと弱めて著作物を誰でもフリーに使える公共の素材にしていこうという考えの人がいる。じっさいに論争が絶えない。ここでは、話をうんと簡単にするために、相手の主張は「著作権は必要だ」だとしよう。これに対して、それと反対の主張「著作権はなくすべきだ」を、根拠を示してサポートすれば、キミは「反対な論」を立てたことになる。

さらに、相手の論証が次のようなものだったとする。これはいちばんメジャーな著作権擁護のための議論で、「インセンティブ理論」と呼ばれている。サポ文の基本パターンの形で書いてみる。

【著作権擁護派の論証】

私の主張は「著作権は必要だ」である。

この主張が正しいと考えるための根拠は、次の四つを合わせたものである。
根拠1：文化の発展のためにはクリエイターが良い作品をつくり出し続ける必要がある。
根拠2：クリエイターが良い作品をつくり出し続けるには、そのためのインセンティブ（やる気を高めるもの、動機づけ）が必要である。
根拠3：クリエイターが創作へのインセンティブをもつためには、作品から金銭的利益を得る必要がある。
根拠4：クリエイターが作品から金銭的利益を得ることができるようにするためには、クリエイターに作品に対する所有権（つまり著作権）を認める必要がある。

これに対し、デジタル世代のキミは、人工知能による作品創造が普及していくだろうという予想のもとで、次のような論を立てた。

【キミ：著作権反対派の論証】
私の主張は「著作権はなくすべきだ」である。
この主張が正しいと考えるための根拠は、次の四つを合わせたものである。
根拠1：今後、人工知能による作品創造が普及していくに違いない。
根拠2：人工知能による作品創造の特徴は、短時間のうちに膨大な量の作品がつくられるということである。

根拠3：そうすると、世の中にはちょっとだけ異なる大量の作品がすでに存在することになり、誰かの著作権を侵害せずには誰も何も創造できないことになる。

根拠4：このように、人工知能による作品創造が普及した社会では、著作権は創造活動を阻害する。

キミの論もなかなかいいね。じっさい、こういう論を展開している学者もけっこういる。キミの論は、著作権擁護派とは正反対の主張をサポートしているから擁護派とは「反対な論」だよね。

でも、こういう「反対な論」って、正解（この場合は、著作権をどうしていくのがいちばん良いか）を目指した共同作業という観点からすると、ちょっと足りない。というのも、相手の論とキミの論は嚙み合っていないからだ。それぞれまるで独立の根拠を使っている。

だから、キミの論は相手の主張と対立するだけで、相手の主張を崩すことができない。そうすると、相手に主張を取り下げさせることも修正させることもできない。**議論の参加者が、「反対な論」ばかりを戦わせていると、議論は先に進まなくなる。**

（2）論に反対

そこで、議論を前に進めるためにキミは相手の論そのものに何か言わないといけなくなる。つまり、**相手の論にツッコミを入れるんだ。**ツッコミを入れて、それが成り立たないこと、あるいはサポートが不十分であることを示すというタイプの反論だ。だから「論に反対」と名づけたわけ。「反対な論」とは異なり、これが成功すれば相手の論証に修正を促すことができる。もちろん、相手もキミの論に「論に反対」をぶつけてくるだろう。そうしたらキミも修正する。これを互いに繰り返すことによって、もしかしたら正解に近づけるかもしれない。

相手の論に反論する（ツッコミを入れる）仕方については、じつはすでに述べてある。相手が使っている根拠が間違っていることを示すか、根拠から主張は出てこない（根拠は主張を十分にサポートしていない）ことを示すかだ。しかし、このためにはまず、相手の論を分析して、どれが主張か、どれが根拠かをはっきりさせておかなくてはならない。つまり、**相手の論に対して、クリティカル・リーディングをしっかりやっておく必要がある。**

【練習問題㊱】

著作権擁護派の論証にツッコミを入れてみよう。根拠1にツッコむのはけっこう難しい、というより著作権反対派のキミも根拠1には同意するだろう。これにツッコんだらやりすぎだ。根拠2、3、4にはツッコミどころがある。どんなツッコミどころがあるか考えてみよう。

生産的な反論をするために気をつけること

というわけで、たんに「反対な論」を立てるだけでなく、相手の論に対して反論を試みることが議論を生産的なものにするということがわかった。次に、相手の論に対して反論しようとする際に、**その反論が生産的なものであるためには何に気をつけねばならないか**をまとめておこう。じつはこれもすでに述べてあるんだ。

（1）燻製ニシンを避けよ

相手の論にはいろんな構成要素がある。根拠もいくつもあるだろう。その中には主張をいちばん強くサポートする重要なものもあるし、弱いサポートにしかならない、ついでに付け加えたようなものもあるだろう。あるいは、いろんなオマケがある。具体例による説明、言葉の説明など。

キミが相手の論に反対するときには、**できるだけ重要な要素にツッコミを入れなくてはならない**。付け足しの根拠や、具体例や、言葉の説明など、相手の論のあまり重要ではないところばかりを批判して、いちばん強いサポートを与えている根拠のところを批判しないでおくと、結局相手の論はほとんど無傷で残ることになる。

これがなぜ「燻製ニシン」なのかというと、すでに96ページで説明した通り、ニシンのにおいに惑わされて、本来の獲物のことを忘れてしまう猟犬の話にちなんでいる。重要な要素から目をそらして、どうでもよいところばっかり批判するのもこの猟犬と同じ、ということだね。

（2）「それを言っちゃあおしめえよ」

相手の論をやっつけることばかり考えて頭に血がのぼると、とんでもないツッコミを入れてしまうことがある。たとえば、著作権擁護派の論にはこんなツッコミも（やろうと思えば）できる。

「べつに文化が発展しなくてもいいじゃん」

著作権擁護派の論はうんと短くすると、「文化の発展のために著作権が必要だ」なので、文化が発展する必要がないなら、著作権もいらなくなる。このツッコミはたしかにツッコミにはなっている。しかし、文化の発展は大切だというのは、キミも共有している前提ではないか。それを否定してどうする。

著作権擁護派の論は、ほんとうは「文化の発展は望ましい」という根拠0を使っていたのである。でも、これは相手も当然のこととして認めてもらえるとみなしているので、わざわざ言わないでおいたことなのね。こういうのを**「隠れた前提」**という。

議論というのは、そこに参加する人が、いくつかの前提を共有しているからこそ成り立つ。この場合は、文化を発展させたいね、というのはどちらも共有したうえで、著作権はそのために役に立つか、むしろそれをジャマするかを争っているんだ。どちらも認めているチョー重要な前提だからこそ、わざわざ言わずにおいてあることにツッコんじゃうと、議論は実りをもたらすはるか前に終わってしまう。まさに「それを言っちゃあおしめえよ」なのである。

議論がエキサイトしてくると、こんなふうになっちゃう人はよくいる。大学での教育をどう改善しようか議論しているときに、そもそも大学なんてなくなっちゃっていいじゃんと言うヤツ。未来世代の幸福のためにどんな環境エネルギー対策をとればよいかを議論しているときに、どうせ人類もいつかは滅びるんだからどっちでもいいじゃんって言うヤツ。アホですよこういうヤツは。

「燻製ニシン」と「それを言っちゃあおしめえよ」は、一方はどうでもよいところにツッコむ、他方はツッコんじゃいけない重要なところにツッコむというわけで、すごく対照的に見える。だけど、この二つには共通するところがある。それは**議論に勝つことだけが目的になっちゃって、いっしょに考えて正解を探すというほんらいの目的を忘れてしまった**、ということだよね。だから、何のために反論・批判するのかという心構えが大事だ、と言ったんだ。

【練習問題㊲】

次の論争（すべてほんとうにあった論争）について、どんなことがらが「それを言っちゃあおしめえよ」だろうか。つまり論争のどちらの陣営も認めて、それはツッコまないようにしている隠れた前提があるとしたら、それは何だろう。

（1）アファーマティブ・アクションに賛成か反対かの論争
（2）太陽の「黒点」は、太陽表面にある暗い部分なのか、太陽の周りを回る星なのかについての論争
（3）進化の主な原因が自然選択か突然変異かの論争
（4）喫煙者は就職させないとした企業の採用方針に賛成か反対かの論争
（5）商業捕鯨に賛成か反対かの論争

【8、9章のまとめ】

・じょうずに考えるのに不向きな、私たちが生まれつきもっているアタマを補うための補強手段の二番手は、他者といっしょにみんなで考えることである。

・他者とともに考えるためには、言葉を使って、①キミの考えを相手に伝える、②相手の考えをキミが知る、③互いの考えをやりとりしながらいっしょに考えていくためのスキルを身につける必要がある。つまり、

①自分の考えを伝えるために文章をどうつくったらよいか（文章設計術）

②相手の考えを学ぶために文章をどう読めばよいか（クリティカル・リーディング）

③言葉・文章をやりとりしながらみんなでいっしょに考えるにはどうすればよいか（議論術）

の三つが重要になる。

・文章設計術のポイントは次の通り。文章には必ず相手と目的がある。良い文章とは、目指す相手に対して目的をうまく果たせる文章のことである。

・だから目的と相手に応じて良い文章のための条件は異なる。特定の相手に対して特定の目的を果たすように文章を設計しなければならない。

・文章設計の手順は次の通り。文章の目的と相手をはっきりさせる。文章の仕様を細かく

定める。仕様に基づいて具体的に文章を設計する。いったん書きあげたら仕様に照らして修正点をチェックする。

・「主張を証拠でサポートする」型の文章（サポ文）を書けることは、民主主義社会に暮らすかぎり、誰にとっても重要である。

・サポ文の基本パターンは、主張＋根拠＋オマケ（重要性アピール、説明、但し書き）。

・良いサポ文を書くには、２３１～２３２ページに掲げた５ステップに従うとよい。

・サポ文に適しているのはプレーンな文体である。それは、一つひとつの文が、短く、主語―述語の対応がしっかりしており、一義的に読め、文章の中で果たす役割が明確な文体。過剰なレトリックを含まない文体のこと。

・クリティカル・リーディングとは、さまざまな要因で基本型からズレてしまっているサポ文を、基本パターンに戻す読みかたである。

・クリティカル・リーディングの手順は次の通り。

①文章を構成要素に分解する

②バラバラにした構成要素それぞれの役割を考える

③構成要素を基本パターンの形に整理して並べ直す

④基本パターンの形に再構成した文章をサポートが十分かという観点からチェックする

⑤チェックの結果、もとの文章に欠陥が見つかったら手直しする

・議論術について最も重要なのは、「批判」とは何かについての誤解を捨てることだ。議論には批判が付きものだが、その批判とは相手をやっつけるためのものではなく、みんなで正解に近づくためのものである。

・議論のために重要なのは、反論してもらえるような主張をすること、生産的な反論をおこなうことである。

・生産的な反論をおこなうためには、「反対な論」をぶつけるだけでなく、「論に反対」つまり相手の論にきちんとツッコミを入れることが重要。その際に、寛容の原理を忘れてはならない。また、燻製ニシン型の反論や、「それを言っちゃあおしめえよ」型の反論を避ける必要もある。

第10章 「集団思考」にお気をつけあそばせ
——考えるための制度《しくみ》をつくって考える①

さて、「生まれながらのアホさ加減を乗り越える方法」もいよいよ大詰めとなった。三つめは「考えるための制度《しくみ》をつくって考える」。ここでいうしくみ、「制度」とは、**「考えるための組織やルール」**のことだ。

前章で見た通り、みんなで実り豊かな議論をすることで、キミの思考は飛躍的に改善される。しかし他方で、「みんなで考えること」は取り扱いを間違えると、逆の結果をもたらすこともある。だからこそ、**「みんなで考えるための制度」**が必要となるんだ。

もう一つ、「考えるための制度」のうち、人類の思考能力をとんでもなく拡張してくれたものがある。それって何かというと「科学」、もっと広く言うと**ガクモン**だ。

この第10章では、前者の「みんなで考えるための制度《しくみ》」について解説し、次の第11章でガクモンについての話をする。

さっそく「制度」についての話をしよう。……と行きたいところだけど、ちょっと待ってちょうだい。その前に、そもそもなんでこんな「制度」が必要なのか、考えておきたい。

なぜカシコい人たちがバカげた決定をしてしまったのか

「みんなで考えると文殊の知恵」というのはとてもポジティブでいいんだけど、現実の世の中を見てみるとそんなに話は簡単ではない。というのも、**みんなで考えたら、かえってもっとアホになってしまった**、ということも同じくらいよく起きているからだ。みんなで考えることによって、逆に一人ひとりのもつ愚かさが増幅されたり、個人のときにはなかった新たな愚かさが現れたり、という現象だ。みんなで考えたら一人のカシコさを超えた賢さが現れるのを「集合知」というのなら、こちらは**「集合愚」**と名づけてもよいかもね。

集合愚現象について、はじめてまとまった研究をしたのがアメリカの心理学者、アーヴィング・ジャニスだ。ジャニスがその研究をしようと思ったきっかけは、次のような疑問を抱いたからだという。

ケネディ政権と、それを引き継いだジョンソン政権は、優秀なスタッフを抱えていた。なのに、とても愚かな政策をとってしまった。まず、ベトナム戦争のやめどきを間違えて泥沼化させてしまった。「キューバ危機」に至っては核戦争一歩手前まで行ってしまった。なぜだろう。アメリカ社会で最もカシコいはずの人々を集めて考えたはずなのに、なぜこんなにバカげた決定をしてしまったのか。

ジャニスの答えは、そりゃみんなで考えたからだよ、というのね。正しくは、**みんなで考えることの良くない面が現れてしまったからだ**、と言ったほうがいいかな。ジャニスは、集団で考えることがかえって愚かな意思決定を生み出すという現象を**「集団思考」**と名づけて、それがどういう特徴をもつのか、なぜ起こってしまうのか、それを避けるにはどうしたらよいかを調べた。

集団思考ってどんな思考？

かいつまんで述べるなら、集団思考は次のような特徴をもっている。

(1) 自分たちの正しさを疑わなくなる傾向

(2) オレたち負けないもんね幻想

こんだけ仲間がいるんだからぜったい大丈夫だ、失敗なんかしない、と楽観的な見通しをもってしまう。

(3) ステレオタイプ化

自分と意見の異なるグループや敵対する相手を、「軽蔑すべき邪悪な愚か者」という型にはめて見るようになる。

(4) 自己検閲

みんなの意見を察知して、それに自分の意見をあわせようとする。よく言われる「空気を読む」ってヤツ。

（5）全会一致の幻想

「みんなの意見」と異なる考えをもっていても、自己検閲により誰もそれを言わないで黙っている。そうすると多数派に賛成したことになってしまい、みんな同じ意見だった、全員が賛成したということになる。

（6）心をガードする傾向

自分たちの意見や決定に反する意見や不利な証拠に心を閉ざして、なかったことにする。

こうやって見てみると、個人の心がもともともっているバイアスと共通しているところが多いね。集団思考というのは、そうしたバイアスを修正するどころか拡大して、それにさらに**集団ならではの「新しい愚かさ」をプラスしたもの**、ということになるかな。

集団思考に陥るとどうなるか。自分たちに都合の良い偏《かたよ》った情報しか利用しなくなる。他の意見や自分たちのと違うプランをちゃんと取りあげて検討せずに、すぐ捨ててしまう。捨ててしまったらもう二度と振り向かない。自分たちのプランの問題点やリスクを考えられなくなる。自分たちの案がうまくいかなかった場合にどうするかをあらかじめ考えておこうとしなくなる。……こりゃアホな結果になることは火を見るより明らかだね。

どんなグループでも集団思考は起こりうる。クラス、クラブやサークル、仲良しグループもそうだ。大人も集団思考の餌食《えじき》になることは多い。会社の部とか課といったセクション、プロジェクトチーム、PTA、ママ友の集まり、自治会、マンションの理事会、保護者会、老人会。はてはお役所、政党、内閣……。ぼくたちのグループは集団思考をまぬがれていると胸を張れる人はいるかな？　理性的なはずの学者が集まってつくった研究会なども集団思考に陥ってしまうことがある。そういう研究会に参加して「敵認定」されると、すごくイヤな目にあう。

【練習問題㊳】

次に、困った集合愚現象の事例を描写してみた。それぞれについて、集団思考の特徴としてあげた六つの傾向のどれがどこによく当てはまるかを考えてみよう。新しい概念を事例に適切に当てはめるための練習でもある。

（1）仲良しグループで某テーマパークに遊びに行ったときのこと。誰かが、せっかく来たんだから、ランチはちゃんとしたレストランで食べよう、と言い出した。私は、パーク内のレストランは値段ばかり高くておいしくないし、そのときはちょっと金欠状態だったので、売店でファストフードで済ませたかったんだけど、せっかく盛りあがっているのに水をさしたら悪いかと思って黙ってた。そうしたら、みんな賛成だね、私たちやっぱり気があうねということになって、結局レストランで5000円も出してランチを食べることになってしまった。みんなそんなにリッチじゃないのに。きっと心で泣いていた子もいると思う。

（2）数組の家族が連れ立ってキャンプに出かけた。総勢20人くらい。川の中州《なかす》にテントを張って（これ絶対にやっちゃダメ）、バーベキューを楽しんでいたら、雨が降ってきた。ちょっと不安がよぎったメンバーもいたが、まあいつものメンバーだし大丈夫だろうと思ってそのままキャンプを続行した。そうこうするうちに、雨は土砂降りになり、川の水位が上昇してきた。地元の消防団が来て、あぶないから即刻やめて避難するようにと再三注意したが、「こっちは楽しんでるんだ。うるさいこと言うな。臆病者はひっこんでろ」と聞く耳をもたなかった。夜になって、ますます水位が上がって、もしかしたら対岸に渡れなくなるかもと思うくらいになったが、まあ大丈夫だろうとタカをくっていた。……結局、明け方まで雨は降りやまず、避難のタイミングを逸した彼らは、幼い子どもを含む多くが水にのまれて亡くなった。

なぜ知的な若者たちがサリン事件を引き起こしたのか

どういうグループが集団思考にハマりやすいのだろう。ジャニスの見解を私なりにまとめると、次のようなグループだ。

「均質性と凝集性が高く、規範の欠如やコミュニケーション不全などの構造的欠陥を抱え、外部からの批判・脅威などストレスの高い状況に置かれているグループ」

「均質性」というのは、人種とか階層とか考えかたとか価値観とか歴史観とか趣味とか……が同じような人たちばかり集まっているということ。**「凝集性」**というのは、そういう似通った人たちが、すごく仲良く結びついているということ。すごくパワーのあるリーダーが君臨していて、逆らうとひどい目にあっちゃう（出世できないとか、極端な場合には殺されちゃうとか）なんて集団も、凝集性が高くなるね。均質性と凝集性、二つ合わせて、「オレたち」と「アイツら」がきれいに分かれちゃってる、と言ってもいいや。敵味方のハッキリ分かれた、内では気の合うお友だち集団ってことだ。

「規範の欠如」というのは、より大きな社会、たとえば国際社会のルールがそのグループ内では通用しないってこと。民主的にことを進めるには証拠に基づいた議論が必要だよねというルールを無視して、自分たちに都合の良いデータをでっちあげたり、都合の悪い文書はなかったことにする、自分たちの都合の良いように全体のルール（法律）を変えるなんてのは、規範の欠如だね。

「コミュニケーション不全」ってのは、まともに話が通じないということ。リーダー自らヤジを飛ばして人の発言をジャマするとか、説明すると言って何も説明しないとか、質問に同じ答えを繰り返すだけでみんなをウンザリさせるとか。

で、これらが**「構造的欠陥」**だというのは、そのグループの特定の個人がそういうアホな人だというだけでなく、グループ全体がそれを許す、どころかサポートする体制になってるということ。「付《そん》度《たく》」とかね。

こういうグループが、他のグループや市民デモや一部マスコミとかから絶えず批判され、競争相手やよその国から脅かされ続けていると、集団思考に陥ってしまう。

たとえば、オウム真理教事件。おそらくキミたちにとっては生まれる前の事件だけど、１９９５年に、オウム真理教という新興宗教を信じるグループが、東京の地下鉄車内で猛毒のサリンをまきちらして、たくさんの犠牲者を出した。事件にかかわった信者には科学者の卵も多く、総じて知的でしかも世の中を良くしたいと切望する真摯な若者たちだった。そんな彼らがどうしてこんな事件を引き起こしたのか。その一部は、集団思考で説明できるのではないかと思う。だって、ジャニスの条件がこれにもすごくピッタリ当てはまるんだもん。

もともと教団というものは、教祖のもとに一つの信仰で結びついた均質性と凝集性の高い集団だ。はじめはヨガを学ぶ無害な集団とみなされていたが、次第に教義が過激になり、テロによる世直しを目的とした、教祖への絶対服従を強いる教団になっていく。

その頃から、信者になってしまった若者の親を中心とする被害者の会が組織され、マスコミなどでもオウム真理教批判が盛んになる。教団は警察の捜査を「教団への弾圧」ととらえ、富士山の麓《ふもと》に「サティアン」と呼ばれる道場を建設し、そこに引きこもった。そして最終的に、地下鉄サリン事件を引き起こした。外部の社会から引きこもって、社会からの批判と「弾圧」の脅威にさらされ続けていたわけだ。集団思考を促す条件が見事に揃っている。

インターネットが閉鎖空間を生み出す

インターネットも集合愚を引き起こす。私がインターネットに出会ったのは、いまから20年以上も前、30歳をちょっと越えた頃だ。そのときは、みんなインターネットにバラ色の夢を託していたなあ、と思い出す。便利な道具であったのはもちろんだが、インターネットにはそれ以上の意味合いがあった。世の中を根本的に変化させるものだと思われていたんだ。もちろん良い方向に。

インターネットは、情報をフリーにする。「自由」という意味と「無料《タダ》」という意味の両方で。そして、世界中の人々が互いに語り合うことを可能にする。これによって、異なる意見をもつ人々を出会わせ、自由でオープンな議論を生み出す。ネット上に、真に民主的な社会が実現できるかもしれない。こうした未来像は**「サイバーデモクラシー」**と呼ばれていた。

私はサイバーデモクラシー関係の本をずいぶん買ったし、授業でも使った。いまではそうした本は、書棚の隅っこにひっそりと眠っている。代わりに置かれているのは、ネット中毒やらフェイクニュースやらＧＡＦＡ（Google, Amazon, Facebook, Apple）がどんなに社会と経済をゆがめ、不健全なものにしているかを告発する本ばかりだ。世の中変わってしまったなあと、ため息が出る。

インターネット技術は、異なる意見をもつ人々の出会いを促進するどころか、むしろジャマするものになってしまった。一つは**フィルタリング技術の発展**。これまでにキミがどんなサイトを閲覧してきたかの情報をもとに、検索エンジンがキミの好みにあわせて見たい情報だけを自動的に選んでくれる（フィルタリングする）技術のことだ。

あることがらについて、みんながどんな意見をもっているかを知りたいとしよう。キミは、キーワードをグーグルの検索ウィンドウに入力して、いろんなサイトを覗いてみようとするはずだ。いろんなサイトへのリンクがダーッと並ぶ。

しかし、このときキミが「みんなの意見」だと思っているものは、グーグルの検索エンジンがキミのために取捨選択してくれた**「キミのような人が読みたいだろう意見」**にすぎない。キミが捕鯨反対派なら反対派の意見が並ぶ。賛成派なら賛成派の意見が並ぶ。キミがネトウヨっぽい人なら、お仲間の意見が並ぶ。キミはそれを読んで、みんなも自分と同じように思っているんだと知って安心する。そうでない考えは頭のヘンな少数派の意見だ、と思うようになる。これでは、異質な他者との出会いも対話もあったものではない。

さらに、ソーシャルネットワーク（SNS）は、ネットワーク上で誰とつながっていたいかを選べるという特徴がある。そうすると、自分と似たような考えの持ち主ばかりとつながることになる。**こうしてネット空間は、同じような意見の人ばかりからなる、いくつもの閉じたコミュニティに分かれていく。**そこでは、異質な意見を表明してもかき消され、みんなと同じ意見を表明すると、そうした意見がどんどん増幅されて返ってくる。まるで音の響きやすい部屋の中で、自分の声がいつまでもこだましているようだ。そうすると、ああやっぱり自分の考えは正しいんだと確信を深めることになる。こういう現象は**「エコーチェンバー」**と呼ばれている。

開かれた議論の場を生み出すと期待されたインターネットというテクノロジーは、あっという間に変質して、均質性と凝集性の高いコミュニティに人々を囲いこみ、集団思考を促進するものに化けてしまった。テクノロジーを使うことによって、そしてみんなといっしょに考えることによって、キミが生まれつきもっているバイアスをまぬがれよう、というのが本書のモットーだった。ところが、そのテクノロジーの使いかたを間違えると、むしろ、私たちのもっているバイアスを強めてしまうし、「みんなで考える」ことも、ときとして逆効果をもたらすということがわかった。じゃあ、どうしよう。

じゃーん。そこで、三つめの**「考えるための制度《しくみ》」**の出番だ。じょうずに考えるためには、たんに「みんなで考える」のではどうもダメらしい。どのような「みんな」とどのように「考える」のかも重要になる。どういう人に集まってもらって、どんなふうにグループで考えるか。そのためには、烏《う》合《ごう》の衆ではダメで、人々をうまく組織して、みんなで話し合って（あるいは文章をやりとりして）考えていくための決まり、ルールが必要だ。こうした組織やルールをひっくるめて**「制度《しくみ》」**と呼んでおこう。

ここで、ちょっと考えてみると、組織もルールも自然にあるものではなくて、人が工夫してつくりあげるものだ。だから、人工物。テクノロジーの一種とも言える。

組織とルールをつくる①
――「ちょっと違う人」と議論するときは「寛容の原理」を

集合愚・集団思考に陥りやすいのは、均質性と凝集性の高いグループだった。だから、集合愚を避けたいなら、この二つを弱めてあげればよい。

均質性を弱めるにはどうすればよいか。答えは簡単、**ちょっと違う意見の持ち主に入ってもらえば**

いいんだ。たとえば、外部の人、つまり異分野の人、違う職業の人、異文化の人……をゲストに招いて議論に加わってもらう。グループ内の異分子を追い出さない（でも、これってよくやってしまうんだ。あいつがいるとウルサイから、オレたちだけで決めちゃおうぜ、みたいに）。

ちょっと違う人が加わると、議論が面倒くさくなる。もともとのグループのメンバーと、ゲストに加わってもらった「違う人」とでは、議論の「隠れた前提」にしている基本理解と、使っている言葉の意味の理解がズレていることがあるからだ。だから、ちょっと違った人との議論では、つねに、**基本前提と言葉遣いをお互いに確認しながら進めていかなくてはならない**。

たとえば、哲学者と科学者では「観察」という言葉の意味がズレている。哲学者にとっての観察は、肉眼で見ることだ。科学者にとっては、顕微鏡や望遠鏡、しかも電波やX線みたいに目に見えない電磁波を使って「見て」も観察になる。これだけズレた言葉遣いをしながら議論していると、お互い何を言っているのかわからないとか、相手がすごくバカなことを言っているように思ってしまう。「話が通じない」ということになる。

なので、うまく通じていないなと思ったら、つねに言葉の意味とか、基本的な考えかたの「すり合わせ」をしなければいけない。このとき大事なのは、**どちらの言葉遣いのほうが正しいかを争ってもしょうがない**、ということだ。哲学者が、「科学者の言う「観察」は観察ではない」と言ったり、科学者がその逆をやったりすると、議論は不毛になる。「あなたはそういう意味で使っているんですね、だったら言いたいことはわかります（賛成はしないけど）」という態度が大切だ。前章で紹介した「寛容の原理」だね。

組織とルールをつくる②──「悪魔の代理人」におこし願う

グループの外から「違う人」を招くって、そんなに簡単なことではない。ヘタするとお金がかかったりするし。引き受けてくれる人を探すのもタイヘンだ。そこで、**メンバーの中からあえて反対派・異分子の役割を果たす人を選ぶ**、というワザがある。

これはちょっと説明がいるかもしれない。カトリック教会を例にとろう。「こんな不思議な出来事が起こりました。奇跡じゃないでしょうか」あるいは、「この方はこんなことをなさいました。ぜひ聖人と認めてください」。こうした申し出が教会に寄せられる。ここで、「はいはい奇跡ですね、聖人ですね、おめでとうございます」と簡単に認めてしまうわけにはいかない。ほんとうに奇跡なのか聖人の誕生なのか、できるかぎり厳密に審査しなければならない。

そこで、聖職者の中から**「悪魔の代理人」**と呼ばれる人が選ばれる。この人は、奇跡も聖人も存在しないという前提に立って、寄せられた申し出に徹底的にツッコミを入れまくる。それに耐えて残ったものだけがほんとうの奇跡として認められるわけ。奇跡も聖人も、そして神さまもいないという立場だから、悪魔の立場ということになる。

教会ってみんな同じ教えを信じている。均質性も凝集性も高い組織だよね。どうしてもそうなっちゃう。だからこうやって、**あえて批判者の役割をつくって、集団思考に陥ることを避けているわけ**

だ。キミもこの知恵を取り入れよう。みんなで議論するとき、提案に見落としはないか、十分にサポートされているか、もっと良い策はないかを検討するために、誰かに悪魔の代理人の役をやってもらうとよい。

【「悪魔の代理人」制度を活かすために】

悪魔の代理人という制度をキミたちの議論に取り入れて活かしていくためには、少しばかり注意してほしいことがある。ここにまとめておこう。

(1) 悪魔の代理人を選ぶタイミング

最初に、今日はボクが悪魔の代理人をやるよ、と宣言してもいいけど、いつもそれができるとはかぎらない。むしろ、次のような場合のほうが多いのではないかと思う。ある方向に議論がまとまりかけてきたけど、キミは「それで大丈夫かなあ?」と思っている。手直しするところがあるんじゃないか。見落としがありそうだ。ようするに議論の向かう方向に違和感を抱いたとする。このタイミングで、ちょっと「悪魔の代理人をやらせて」と立候補する。

(2) 誰が悪魔の代理人なのかをいつもはっきりさせておく

キミはいま悪魔の代理人を演じているんだということをはっきりさせておかないと、キミはたんに議論のジャマをしているやつ、ということになってしまい、せっかくのキミのツッコミが無視されてしまう。議論に加わっているみんなが、誰がいま悪魔の代理人をやっているのかがはっきりわかるようにしておかなければならない。

（3）悪魔の代理人はどんなツッコミをしてもよい

悪魔の代理人には「寛容の原理」は当てはまらない。どんな些細な疑問点でも、いっけん揚げ足取りに見えるツッコミなどもOK。悪魔の代理人が指摘したなら、メンバーはまともに取りあげて議論する。どうでもいいことに見えてじつは大事なことがら。些細な欠点に見えてじつは致命的な間違い。こういうのは気づきにくい。それを見つけ出すのを手伝うのが悪魔の代理人の役割だからだ。だから、代理人以外のメンバーは、代理人がヘンなことを言っても、腹を立ててはいけない。

（4）悪魔の代理人をやめるタイミング

悪魔の代理人の役割は、議論をぶち壊すことではない。みんなでより正解に近づくための手助けをするのが役割だ。だったら、どこかで代理人をやめないといけない。議論の流れが十分に改善されたなと判断したら、「悪魔の代理人をやめます」と宣言して役割から降りなければいけない。最後まで代理人を続けようとして、ヘリクツを重ねていると、議論の破壊者、つまりほんとうの悪魔になっちゃうよ。

【練習問題㊴】

学校のセンセイになったつもりで考えてみてほしい。キミの学校では、新型コロナウイルスの感染防止のため、ずっとインターネットを使った遠隔授業をやっていた。このままでは勉強が遅れてしまいそうなのと、緊急事態宣言が解除されたので、職員会議で話し合い、来週から通常授業を再開するということで話がまとまりかけている。キミはその流れにちょっと不安を感じている。そこで、悪魔の代理人になって、決まりかけている方針にツッコミを入れるとしたら、どんなことを言うだろうか。考えてみたまえ（どんなに些細なことでもよい）。

組織とルールをつくる③――「強いリーダー」はときには議論から退場！

集団思考にハマってしまいがちなグループのもう一つの特徴は凝集性だった。こちらを弱めるにはどうしたらよいだろう。

権限が強すぎてみんなから恐れられているリーダー、逆にメンバーみんなに尊敬され慕《した》われているカリスマ的リーダー、こういう人が束《たば》ねているグループは凝集性が高くなりがちだ。でもリーダーだって間違える。こういうとき、グループの凝集性が高いと誰も反対できない。みんな「なんかおかしいな」と思いながらついていって、ひどい結果に終わる。ギュッとつながるんじゃなくて、**ゆるーくつながるのが大事だ**。

だから、**優れたリーダーは、ときどき議論にわざと欠席する**。リーダーがいるときにはみんな説得されているが、いなくなると「リーダーが言ってたあれって、やっぱりおかしいんじゃないかなあ」というような意見が出てくる。これって、じっさい企業での会議のやりかたとして推奨されている。

組織とルールをつくる④——「発話権取引」というアイディア

さて、いまの話は、強いリーダーが束ねている凝集性の高いグループが集団思考に陥ることを避けるにはどうしたらよいか、という話だった。

でも、こういうこともある。強いリーダーがいるわけではないグループ、みんな平等だからね、みんなのことはみんなで話し合って決めましょうね、というすごく民主的なグループがあったとする。このグループは大丈夫か、というとそうでもない。そのメンバーの中で、弁が立って、押しが強くて、声のでかいヤツが、いつのまにか議論を仕切るようになってしまうからだ。

じつは、議論をしていていちばん困るのはこういう人が現れることだ。こういう人は、議論をリードしたい、というそのことのためだけに議論している。

こういう人の出現を防止するにはどうしたらよいか。ヒントになる面白い研究を紹介しよう。「ビブリオバトル」って知ってるでしょ。学校でやりました、という人もいるかもしれないね。あれを発案した情報工学者の谷口忠大《ただひろ》さんは、「みんなでやる思考」をより良いものにするには、どのように組織とルールをつくったらよいかを研究している。いろんな提案をしてくれているけど、面白いのは「発話権取引」というしくみだ。

みんなで考えて決めようとしているときに、一人の人がずっと発言していると、みんながそれに引きずられて、結局良い考えに至ることができない。かといって、順番に話してもらうと、言いたいことの特にない人にも発言を強制することになるし、何よりも良いタイミングで適切なことが言えない。そこで、谷口さんは次のようなルールを考えた。

手順1 全員に発話権カードを何枚かずつ配る。

手順2 発言したい人は、一枚ずつ発話権カードを使って発言する、自分には発言したいことはないが、この人の意見が聞きたいという場合、他の人にカードを渡してもよい。

手順3 手順2を繰り返した後に、すべての発話権カードを使い切ったら、議論は終了。

このルールに基づいて議論してもらったときとそうでないときを比べると、発話権取引を導入したほうが、自分の意見にちゃんとサポートを与える論理的な発話が増えるということがわかったそうだ。これなんて、すぐにマネできそうだ。

【練習問題㊵】

次の問題はちょっと手間がかかるよ。『十二人の怒れる男』という映画がある。ちょっと古くて1957年の作品だ。私も生まれていない頃だから、「かなり」古いか。でも、傑作として名高く、いまでも簡単に観ることができる。

少年が起こした殺人事件について、12人の陪審員が評決のために一室に集まって議論している（全員一致になるまで議論しなければならない）。全員一致で有罪の評決が下されそうになったそのとき、たった一人の陪審員が無罪を主張する。この「悪魔の代理人」的な陪審員を名優ヘンリー・フォンダが演じている。彼は、有罪をサポートすると思われた「証拠」にツッコミを入れまくり、他の陪審員たちの判断を一人ひとり覆していく。最終的には逆転。無罪の評決が下される。

この映画は、議論のルールを学ぶ教材としてよくできている。というのも、議論のすえに納得ずくで判断を変えることができる程度に、12人の陪審員の間で「議論のやりかた」について暗黙のルールが共有されているからだ。さもないと、永遠に決着がつかない（そのときは、もう一つの陪審員グループに判断を委ねることになる）。

さてそこで、まずこの映画を観てみる（ぜったい面白いよ）。そして、陪審員の間にどのような議論のルール（やってよいことと悪いことの区別）が共有され、それがどのようにうまく働いて逆転が可能になったのかを分析してみよう。

集団思考に陥らないためにキミ一人でもできること

以上、組織づくり・ルールづくりの提案を四つしてきた。どれもみんなでじょうずに考えるためのものだから、キミ一人でどうにかなるものではない。みんなが、それいいね、それを使って議論しよう、と納得してくれないといけない。そこで、キミだけでもできることを教えてあげよう。**集団思考のワナに陥らないためにキミ一人でもできること、それは何か。**

まずは、**「私は～～だから」という理由づけを自分に禁じる。**私は理系だから、私は推薦入試組だから、私は都会育ちだから（田舎育ちだから）、私は○○大学の学生だから、私は日本人だから、……こういったことを何かの理由に使わない。じっさい日本人なんだから、自分は日本人だと思うことはかまわない。だけど、それを日本人だからこうするのが当然だとか、自然だとか、当たり前だとは考えない。そういうことをやっていると、キミは自分で自分をエコーチェンバーに閉じこめることになる。言っていいのはただ一つ「私は人類の一員だから」だけだ。

集団思考を避ける第二の方法。世の中にはいくつものグループがある。家族、学校のクラス、学校のクラブ、学童保育、塾のクラス、地域の少年団、ゲーム仲間、地域のクラブチーム、ボランティア団体、町内会……。これらは、それぞれ違う人たちが属している。それぞれのグループには違った目的があって、違った考えかたのクセがある。で、なるたけたくさんのグループに属しちゃうんだ。全部に１００％身も心も捧げることはできないよね。だから、**それぞれにちょっとずつ距離を置きながら、ゆるく参加する**ことになる。

こうすれば、一つのグループの集団思考に汚染されることはなくなる。このグループをあのグループと比べることができるからだ。このグループはこういうところがちょっとアホだよねって気づける。あのグループは別のところがアホだ。それぞれアホなところがある。でも、いいところもあるので、それぞれとゆるくつながっておこう。……こんなふうに考えることができるといいよ。

第三の方法。**自分の属しているグループを外から眺める視点をもつ。**グループの中で一生懸命に何かをやっている自分を、斜め上方から見下ろして「何やってんだオレ」とか「どうでもいいことに懸命になって、私ってちょっとバカみたい」とかつぶやく自分をもつことだ。で、また一生懸命に戻ればいい。そして、この視点をもつのに最も役立つのがガクモンを身につけることなんだ。なぜなら、ガクモンというものは、個人や小さな集団を超えて、人類全体、あるいはもっと普遍的な立場からものを見る態度と方法を与えてくれるから。ということで次章に進もう。

第11章 最終手段「ガクモン的思考」の手ほどきをするぜ！

——考えるための制度《しくみ》をつくって考える②

1 学者でもないキミが、なぜガクモンを身につけなければならないのか？

思考の拡張手段としての「ガクモン」

さて、ここからは本書の最後の仕上げだ。ここまでは、生まれながらのアホさかげんを乗り越えるやりかたを紹介してきた。それぞれにプラス面とマイナス面がある。特に「みんなで考える」には集団思考というマイナス面があった。でもそれは、組織とルール（二つ合わせて制度《しくみ》）という人工物（テクノロジー）をうまく工夫することでなんとかなりそうだ。

第10章の冒頭で述べた通り、さまざまなテクノロジーで「みんなで考える」を補強して、人類の思考能力をとんでもなく拡張したものが、科学、もっと広く言えばガクモンだ。日本で「科学」と言うとどうしても、物理学とか化学とか生物学といった「自然科学」を思い浮かべてしまう。経済学とか心理学、社会学、歴史学などいわゆる「文系」の、「社会科学」「人文科学」も区別しないで話をしたいので、ひっくるめて**「ガクモン」**と呼んでおこう。

ガクモンはこれまで人類が思考能力を拡張するために作り出してきたさまざまなテクノロジーの集大成だ。だったら、キミがじょうずに考えられるようになるためにガクモンの力を借りない手はない。ガクモンは人類が開発してきた思考拡張の最終兵器だ。だから、学ぶべきなのである。

なーんだ。結局、ガクモンを勉強しなさいってことだな、と思ったキミに告ぐ。結論はそうなんだけれども、ここではガクモン身につけなくてもOKよ、などと言う思考法の本があったらお目にかかりたい。そうなんだけれども、ここでは**ガクモンってそもそもどういうものなの**、ということと、**ガクモンを学んで何を身につけるべきなの**、というところまでさかのぼって話をしたい。それが本書の特徴だ。

ガクモンとは第一に制度である——論文の査読を例に

すでに何度も繰り返してきたことだけど、ガクモンは一人じゃできない。ガクモンはみんなの知恵をうまく集めて、みんなでじょうずに考えるための制度（人工物）なんだ。

たとえば、論文という制度。良いことを思いついたり、新しいことを発見したら、論文に書いて発表しなければならない。これがガクモンの掟《おきて》だ。ずっと自分の頭の中だけに隠しておいて、自分だけの利益のために使おう、ということは許されない。だいいち、そうしている間に、他の人も同じことを見つけて、先に発表してしまうかもしれない。ということは「競争」も捨てたモンじゃない。学者たちに競争させ、一番乗りした人には名誉が与えられる（たとえば、賞をもらったり、発見したものやことがらに自分の名前を付けてもらえるとか）。これは、新しいアイディアを考え出すのを促し、貴重な知識をひとりじめさせないで、みんなでシェアすることで、さらに先へ進む役に立っているんだ。

最近では、この競争が行きすぎて、逆にいろんな弊害が生まれてきている。論文の数ばかりで研究者が評価されるので、読み切れないほど論文が書かれるようになったり、自分の論文数を増やそうと研究不正が横行したり。でもそもそもは、ガクモンの世界に競争があるのは、**ガクモンがじょうずに人々の思考を集めて使っていくために編み出された有益な制度**なんだ。

それから、141ページでも紹介した査読。学者は、他の学者が書いた論文を、たいていの場合は信頼する。疑い深いこと——通説を鵜呑みにするのではなく、いちどは疑ってみること——はガクモンをするうえで有効なんだけど、度がすぎるとかえってよくない。仲間のやってくれたことをいちいち疑っていると、ガクモンを先に進めることができないからだ。この論文に書いてあることはほんとうだろうか、よし、自分で実験をやり直してゼロから確かめてやれ、ってのは時間の無駄遣いだ。

もちろん、ものすごい大発見やびっくりするような結果については、追試とか再現実験とかいって、みんなで同じ結果が出るかを確かめることもある。でも、それほどビックリでもない結果は、基本的には信用して進んでいく。

どうしてこういう信頼が成り立つんだろう。**論文の信頼性を保つための制度**があるからだ。**査読制度**と呼ばれている。学術雑誌に投稿された論文はそのまま掲載されるなんてことはまずない。「他の人の論文の焼き直しではないだろうね」「どうでもいいような結果ではないだろうね」とか、「ちゃんとした実験がおこなわれているか」「得られた結果の解釈は正しいか」「主張に十分なサポートがあるか」など、同じ研究分野の複数の学者によっていろいろな観点からチェックされる。不十分と判断されると掲載されない。あるいは、書き直しを命じられる。えこひいきや逆に差別があるといけないので、誰が投稿した論文なのか、誰が査読しているのか、どちらにもわからないようにしてある。

こうした、けっこう厳しい査読をくぐり抜けたものだけが論文として掲載される。だから、学者は他の人が書いた論文を信用しているんだ。ネット上のブログやツイートとはまるで違うね。ここが大事。

ガクモンっぽい言説を、どう判断したらいいんだろう?

ガクモンを味方につけて、キミの思考を拡張していくときに大切なのは、**この人が言ってることは信用してよいかどうかを判断すること**だ。でも、その判断をどうやってやったらよいのだろう。

言っていることの内容で判断するのは難しい、というよりできない。ある人はホロコーストの犠牲者は数百万人だと言い、別の人はホロコーストなんてなかった、ユダヤ人の陰謀だと言う。ある人は、恐竜は隕石《いんせき》の衝突で滅んだと言い、別の人はその前から恐竜の絶滅は始まっていたから隕石が主な原因ではないと言う。どっちが信用できるかを、言っていることの内容で判断しようとすると、キミは歴史学者や地球科学者になって自分で研究をしなければならない。そんなことはできない。

じゃあ、どうしたらよいのだろう。簡単だ。どっちがまともな学者であるか、どっちがまともな出版社から出ている本かを比べればいいんだ。ちゃんと学会に所属していて、博士号をもっていて、大学や研究所に勤めている人なのか、そうでないのか。発行元が、他にも学術書を出しているちゃんとした出版社なのか、陰謀本や特定のイデオロギーの宣伝をするトンデモ本、嫌韓本ばかり出している、「売らんかな出版社」なのか（残念ながらそういう出版社はたくさんある）。これなら、歴史学や地球科学を学ばなくても判断がつくだろう。

えー。そんな権威主義的なことでいいんですか、と言われるかもしれない。いいんです。というかこれしかないんです。ガクモンはよく考えるための制度《しくみ》だと言った。そうしたら、その制度に属している人は、属していない人より「じょうずに考える」ことができるだろう。その制度の一部になっている出版社はそうでない出版社より、じょうずに考えた成果を出版している可能性が高いだろう。

恐竜の滅亡原因についてはまだ決着が完全についてはいない。だから、ちゃんとした恐竜学者でも、それぞれ異なる説を主張している。その場合は、どっちも信用していいんだ。信頼できるかどうかということは、結果として言っているこことが正しいか間違っているかとは関係ない。どっちもそれぞれ信用できるが、まだ白黒はつかないらしいね、と思っておけばよい。

つまり、**主張をみんなで吟味して、批判し合って、より良いサポートを求め合って……真理に少しでも近づこうとするグループの一員の言うことなら、とりあえず信頼してよい**。そうではなく、集合愚に陥りやすいグループの一員の言うことは信じてはいけない。こういうグループのメンバーの言っていることがたまたま当たっていたということもあるかもしれないが、それはあくまでまぐれ当たりだ。

ここで私はすごく当たり前のことを言っているんだ。でも、あまり言われないからあえて強調している。火星に生物がいる可能性について、NASAのウェブサイトに書かれている情報と、市井《しせい》の天文ファン・SFファンのサイトに書かれている情報とどちらを信用しますか、という話だ。じょうずに考えることのできない人は、**どんな情報も同列に扱う傾向がある**。ちゃんとした本に書かれていることも、怪しげなウェブサイトに書かれていることも区別なしだ。これではガクモンを味方につけて思考力を拡張したとは言えない。

制度に縛られているからこそ、思考が拡張するんだ

さて、査読制度が成り立つためには、査読をする側もされる側も、その基準についてだいたい合意していないといけない。つまり、どういう実験をどのくらいちゃんとやればいいのか、得られたデー

タをどういうふうに解釈すればいいのか、どのくらいの誤差があっていいのか。……ひっくるめて言えば、主張したいことがらにどのくらい強いサポートがなければいけないのかについて、両者がおおよそ同じ基準をもっていなければならないということだ。で、こういうサポート基準は、**「方法論」**と呼ばれるもののいちばん大事な要素だと言える。

こうした基準は、学問分野ごとにちょっとずつ違う。ときには、一つの学問分野のなかで、基準が変わることだってある（たいていは厳しくなる方向に変わる）。

たとえば、2016年に、アメリカ統計学会は、いろんな分野で「p値」という統計学上の数値基準が正しく使われていない、つまり乱用・誤用されているという声明を出した。これを受けて、p値を使いまくっていた心理学などの分野では、基準を変えようという動きが出てきた、なんてことが起きたりする。

ある分野の学者になる、ということは、**こうした制度を受け入れることと、それを支えているその分野の最新の「方法論」を身につける**、ということだ。ここで大事なのは次のこと。どっちも、「こうしなさい」とか「これしちゃダメ」というルールなので、キミをある意味で束縛するものだ。でも、**その束縛を受け入れることで**、キミはたくさんの学者たちを仲間にすることができ、ガクモンによってキミの思考を大きく拡張することができる。

なぜキミはガクモンをしなければいけないのか

とはいえ、次のような反論がありそうだ。でも、これって将来学者になる人にかぎった話でしょ。ボクは学者になんかならないから、思考拡張の最終兵器かどうか知らないけど、そんなものを身につける必要もないし、だいいちできそうにないよ。――いや、そうでもないと思うんだ。**ガクモンは専門の学者にならない人にも役立つ。しかも、思考の拡張手段として。**このことをあらためて確認しておこう。

キミたちが学校で教わるのは、たいてい過去のガクモンがすでに明らかにしてくれたことだ。こうした知識を身につけることによって、キミはそれまで考えられなかったことが考えられるようになる。

雷は空中放電だということを学ぶ。強い電気は空気中を流れることがあるということを知る。そうしたら、自撮り棒を電車の高圧電線に向けて突き出すと、もしかしたらアブナイんじゃないか、と考えることができるようになる。プラットホームで自撮り棒を電線に向けてはいかんよ、と張り紙がしてあるけど、あれってたんなるマナーをキミに押しつけているんじゃないということがわかる。こうしてガクモンの成果である知識を身につけることによって、キミは思考を拡張でき、そして自分の命を守ることができる。これはわかりやすい。

だけど、私がもっと強調したいのは次のことだ。キミは、ガクモンの結果わかった知識を学ぶだけではなく、**ガクモンのやりかたを身につけることによって、もっともっと自分の思考を拡張すること**

ができるんだ。でも、ガクモンのやりかた、言い換えればガクモンの手続き・方法って、学校ではあまり教えてくれない。地球の周りを太陽が回っているんじゃなくて、太陽の周りを地球が回っているって教わったでしょ。でも、**どうやってそれがわかったのか**はあんまり教えてくれない。もしかしたら、奈良時代より前には「はひふへほ」は「ぱぴぷぺぽ」と発音されていたと教わったかもしれない。でも、**それがどうやってわかったのか**は教わらなかったろう。

どうしてそれがわかったんだろう、どうしてそう言えるんだろう、と考えること。そしてそれを尋ねたり、調べたりする姿勢をもつこと。これがガクモンのやりかたを身につける第一歩だ。そしてそれは、学者にならない人にも大切なことだ。なぜなら、ガクモン的なやりかたは、キミの思考能力をうんと高めてくれるから。じゃあ、「ガクモンによって拡張された思考」、つづめて言えば**「ガクモン的思考」**ってどういう特徴をもっているのだろう。

じつは、「ガクモン的思考」(世の中では**「科学リテラシー」**とも言われる)ってどういうものか、なぜ専門家じゃない人にもそれが大事なのかについては、私はもう本を書いてしまった。『「科学的思考」のレッスン』(NHK出版新書)だ。くわしいことはそちらの本を見てもらうことにして、ここでは、この本では書かなかった(そのときははっきり気づいていなかったので)、ガクモン的思考の大切な特徴について話をしよう。そのために、ちょっと脱線する。でも、じきに本筋に戻るから安心して。

2「ガクモン的思考」のレッスンをしよう

鍋奉行の憂鬱

「鍋奉行《なべぶぎょう》」という言葉を知ってる? みんなで鍋料理を囲んでいるとき、必ず現れるお節介やきのことだ。こういう人はやたらと仕切りたがる。「ほら、そこのエビ、火が通ったから食べて。早く食べないとかたくなっちゃうよ」とか。しまいには、誰も頼みもしないのに取り分けようとする。こういうヤツは、焼き鳥屋では、鶏肉を串から外してバラバラにしちゃう。「はい、一人二個ずつね」とか言って。あーうっとおしい。

なので、鍋奉行を困らせてやろう。というので次のパズルを考えた。キミが鍋奉行体質の人だとしよう。キミを含めて何人かで寄せ鍋パーティーをやっている（人数はわからない）。パーティーの参加メンバーについて、次のことがわかったとしよう。

（1）鶏肉の嫌いなメンバーがもしいるなら、その人たちはみなシイタケも嫌いである。
（2）シイタケが嫌いで鶏肉の好きなメンバーはいない。

これだけの情報から確実に言えることは、次のうちどれだろう。ただし、好きの反対は嫌い、嫌いの反対は好き、とする。つまり、好きでも嫌いでもない、どっちでもいい、というのは「なし」で考える。話を簡単にするためだ。

（a）鶏肉の好きなメンバーがいるとしたら、その人はみなシイタケも好きである。
（b）鶏肉が嫌いでシイタケも嫌いなメンバーがいる。
（c）すべてのメンバーは鶏肉が嫌いかシイタケが好きかのどちらかである。

まず、（a）はどうだろう。（2）により、鶏肉好きでシイタケ嫌いという人はいないのだから、鶏肉好きは（もしいるなら）みんなシイタケ好きだ。だから、（a）は確実に正しいと言える。この調子で他の二つを検討していくことも、もちろんできる。だけどそんなに簡単じゃないよ。だいいち、能率が悪い。（a）（b）（c）三ついっぺんに判定する方法はないだろうか。

第7章を思い出そう。すなわち**図の出番だ**。いま、好き嫌いが問題になっているのは鶏肉とシイタケの二つだから、それぞれの好き嫌いの組み合わせは4通りある。（1）（2）はどんな組み合わせの人がいないか、を述べている。（2）は「シイタケ嫌い＋鶏肉好き」がいないと言っている。左下の欄に属するメンバーはいないということだ。だからここを塗りつぶしてしまおう。（1）もじつはどういうメンバーがいないかを述べている。「鶏肉嫌いがいるならみんなシイタケ嫌い」ということは、「鶏肉嫌い＋シイタケ好き」は決していない、ということだ。だから、右上の欄を塗りつぶす。そう

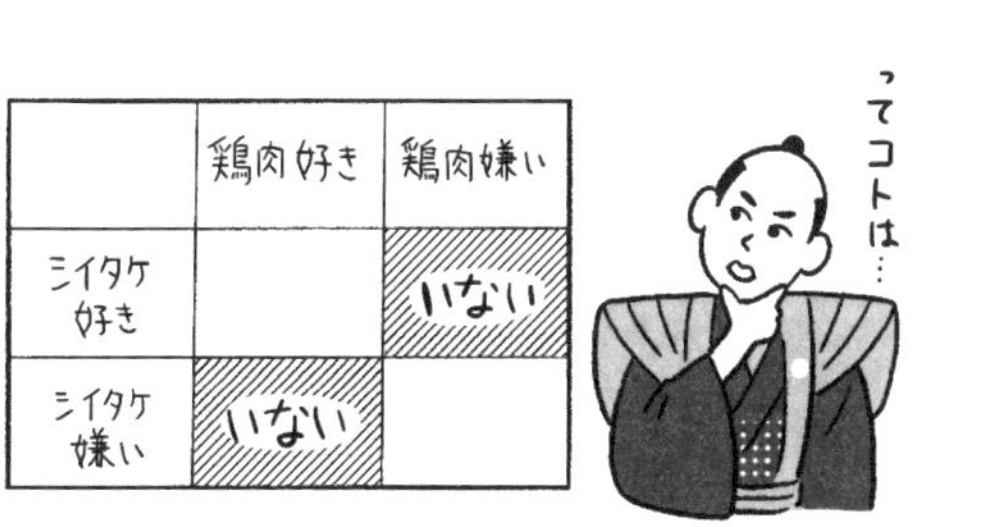

図11－1

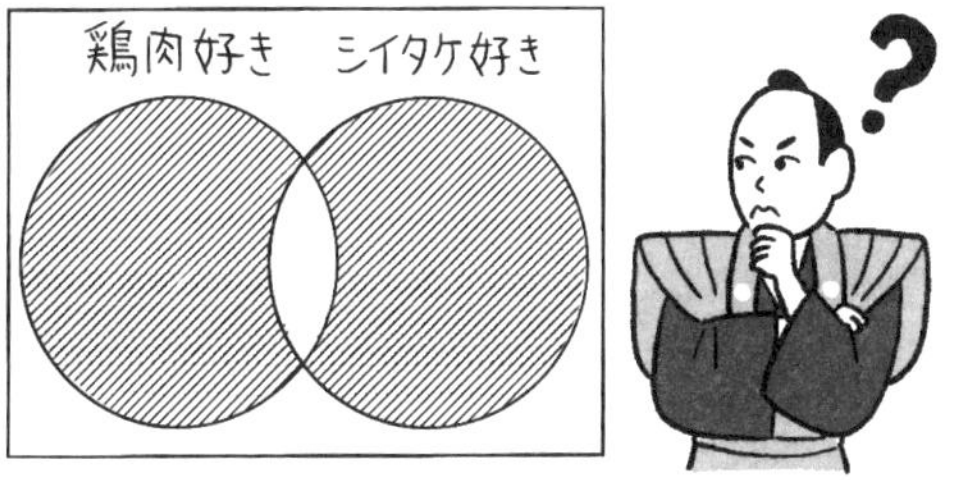

図11－2

すると、11－1のような図ができる。

塗りつぶされたところに当てはまる人はいない。そうすると、（a）鶏肉の好きなメンバーがいるとしたら、その人はみなシイタケも好きである、は正しい。（b）鶏肉が嫌いでシイタケも嫌いなメンバーがいるかどうかはわからない。なぜなら、わかったのは黒いところには誰もいないということだけで、メンバーが二カ所の白いところのどこにいるのかはこれだけの情報からはわからないからだ。全員、左上にいるかもしれないし、全員が右下にいるかもしれない。左上と右下の両方に何人かずついるかもしれない。なので、（b）は（1）（2）から確実に言える、わけではない。（c）は確実に言える。すべてのメンバーは左上か右下のどちらかにいる。左上ならシイタケ好き、右下なら鶏肉嫌いだ。

どうだろう。うまい図を工夫することで、**効率的に正確に考えることができるようになった**。この図のポイントは、四角を四つの領域に分けて、どこに人がいないか、いるとしたらどこかという情報を書きこんでいくことだ。大事なのは四つの領域に分けることだけなので、それさえやってくれるなら別の図でもいい。キミたちはきっとベン図を習ったろう（図11－2）。

でも、私は**図11－1**のほうがわかりやすいと思う。なぜなら、ベン図では、「シイタケ嫌い＋鶏肉嫌い」を表す領域が、二つのマルの外側の穴の空いた形になるからだ。四つの組み合わせを表す図形ができるだけ同じ形で、できれば同じ大きさのほうが考えやすいんだ。こういうことって思考の拡張という観点からは案外バカにできない。

エビ様お成り～、するとどうなるか？

ところで、シイタケ鶏肉鍋はちょっとさみしい。そこでエビも入れてあげよう。だんだん豪華になってきた。そうするとエビの好き嫌いも考えてあげなければいけない。そこで、さっきの（1）（2）に加えて、次の二つの情報がわかったとしよう。

（3）エビが好きなメンバーがもしいるとしたら、そういう人は全員シイタケが嫌い。
（4）エビも鶏肉もシイタケも嫌いなメンバーはいない。

そして、キミの鍋奉行ぶりもエスカレートして、ついに取り分けの境地に達したとしよう。さて、このときどのような組み合わせで取り分けてあげればよいだろう。つまり、誰も手を伸ばさないと最初からわかっている組み合わせはどれで、誰かがとってくれそうな組み合わせはどれだろう。

（a）エビのみ　（b）エビ＋シイタケ　（c）エビ＋鶏肉　（d）シイタケ＋鶏肉

今度はエビ、シイタケ、鶏肉の三品について、好きと嫌いを考えることになるから、ぜんぶで八領

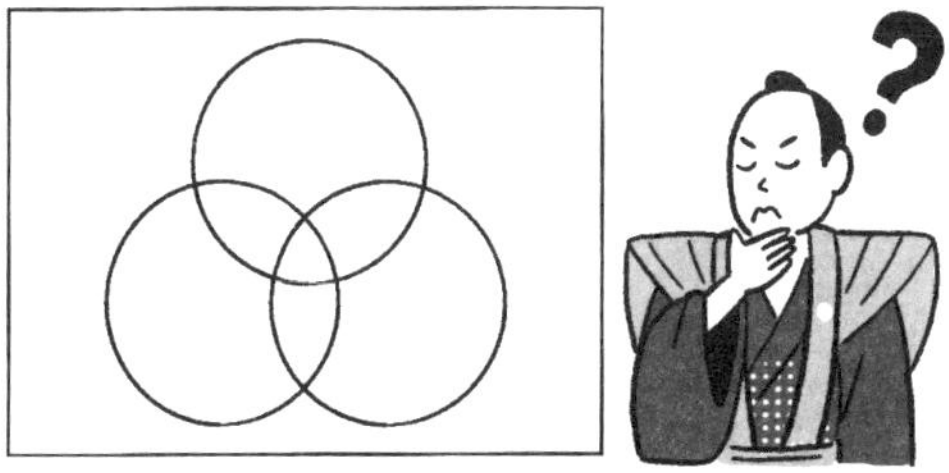

図11－3

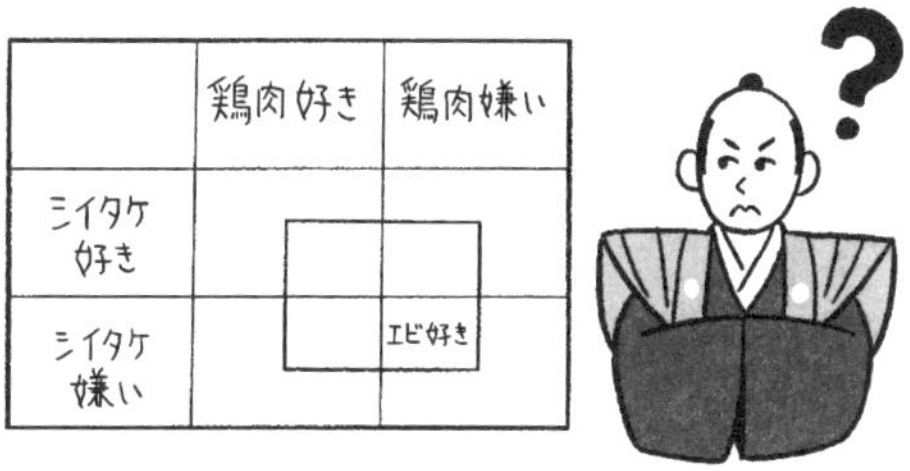

図11－4

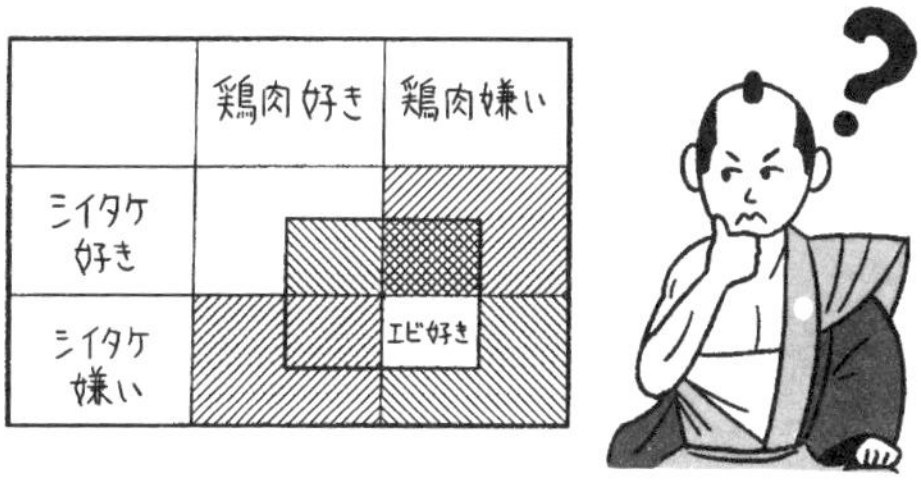

図11－5

域に分割すればよい。ベン図なら簡単で、**図11－3**のようにやればよい。じゃあ、さっき私がオススメしたやりかただったらどうなるだろう。これもちょっと工夫すればよくって、**11－4**のような図を描くことができる。

真ん中の四角の中はエビ好き、外側がエビ嫌いを表す。ここに（1）（2）（3）（4）の情報を描きこんでみると**図11－5**のようになる。黒いところは、そういう組み合わせの好き嫌いをもった人はいない、ということを表す。

そうすると、一目瞭然。このグループには、いるとしたら「鶏肉好き＋シイタケ好き＋エビ嫌い」か「鶏肉嫌い＋シイタケ嫌い＋エビ好き」の2種類の人しかいない。だから、「（b）エビ＋シイタケ」「（c）エビ＋鶏肉」を残さず食べてくれる人はいない。誰かが残さず食べてくれそうなのは（a）と（d）だけだ。八つの領域はできるだけ同じ形と大きさであってほしいんだけど、それはちょっとムリだった。でも四つずつ同じ形と大きさなので、それでもベン図よりは考えやすい。もちろんベン図でもいいんだけど。

【練習問題㊶】

じゃあ、もう一品加えたらどうするってことで、ハクサイくんに参加してもらおう。となると、ハクサイの好き嫌いも聞いちゃおうということになる。ハクサイ参加で可能性は16通り！　になる。そこで、16通りの組み合わせを表す領域を、できるだけ同じ形と大きさで表すことのできる図を工夫してつくってみよう。

図と言葉、どちらも思考力を増強してくれる

以上でわかったことをまとめるとこうなる。第6章で、私たちの思考を拡張する最も大切な人工物として「言葉」の役割を強調した。言葉は、何かを表す働きをもったもの、つまり表象の代表選手だ。そして表象のもう一つの代表例が絵とか図なのである。言葉は思考能力を増強する。同じくらい、**図も思考能力を増強してくれる**。

どっちのほうが思考能力増強装置としてすぐれているか、と問うのはナンセンス。それぞれ得意なところと不得意なところがある。たとえば、「郵便局の向かって右側にクリーニング店があり、郵便局の向かって左側に喫茶店がある」ということから「クリーニング店の左側に喫茶店がある」ということを推論するのを、言葉だけを使ってやれ、と言われるとすごく難しい。でも、三つの店を図に表せば、クリーニング店と喫茶店の位置関係は一目でわかる。図は、推論を自動的にやってしまう。

だけど、今度は与えられた情報が、「郵便局の向かって右側にクリーニング店があり、郵便局の向かって右側に喫茶店がある」だとしよう。そもそもこの情報を一つの絵に描くことができない。郵便局を左端に描くのはいいとして、クリーニング店と喫茶店をどの順番で並べればいいかわからないからだ。こういう決まらないところ、不確定なところがある情報も、言葉でなら難なく表せる。図や絵はこうしたことには不向きだ。

というわけで、図はうまいときにうまく使えば、私たちの思考を、正確に効率的にしてくれる。ほとんど図のほうで自動的に考えてくれるようなときもある。言葉のレパートリーを増やしてそれを使いこなせるようになるのと同じくらい、**図のレパートリーを増やしてうまく使えるようになるのは、思考力を高めるうえで大切なこと**なんだ。

ツルカメ算必勝法

「役に立つこと」を難しく言うと、「効用」ってなるんだけど、図の効用について、もう一つ指摘しておくことがある。キミたちは小学生のとき、ツルカメ算って習った？　こんなやつだ。ツルとカメがあわせて8匹います。足はあわせて22本です。ツルとカメはそれぞれ何匹いるでしょうか（ツルの足は2本、カメの足は4本、というのは前提ね）。……じつに不自然な問題だ。ツルとカメがあわせて何匹いるか勘定すれば、それぞれ何匹かなんて、そのときいっしょにわかっちゃうはずだもん。ま、それはおいておいて。

私が小学生のときに教わった解きかたはこういうの。仮に8匹がぜんぶツルだとしよう。そうすると、足は総計2×8＝16本のはずだ。でも足は22本で6本多い。この多い分は、カメがいるせいだ。カメの足はツルより2本多い。この余分な2本が積もり積もって6本の違いになった。ということは6割る2で3匹のカメが含まれていたわけである。ツルは、8－3＝5羽。……なんて不自然な解きかた！　ツルもカメもいるとわかっているのに、あえてぜんぶツルとしてみる、というのがワザとらしい。私の先生は、カメが前足を引っこめたとしてみよう、というわけのわからん言い訳をしていた。

あるとき、友だちが塾で教わったと言って、次のような解きかたを教えてくれた。たとえばカメが3匹いたら、足の本数の総計は4×3で12本だ。これって、縦4センチメートル横3センチメートルの長方形の面積が12平方センチメートルというのと同じ計算だ。ということは、このツルカメ算の問題は、次のような問題に直せる。

高さ4センチと2センチの二つの長方形が**図11－6**のように置かれています。横の長さはあわせて8センチです。面積はあわせて22平方センチメートルです。それぞれの長方形の横の長さはいくらでしょうか。

これってすごく簡単。この図形を二つの長方形が横に並んでるのではなく、二つの長方形が縦に積み重なっているように、区切りかたを変えて見てみる。下にある長方形の面積は16平方センチメートルだ。そうすると、上に乗っかっている長方形の面積は22－16で6平方センチメートル。この長方形の縦の長さは2センチだから横は3センチ（**図11－7**）。

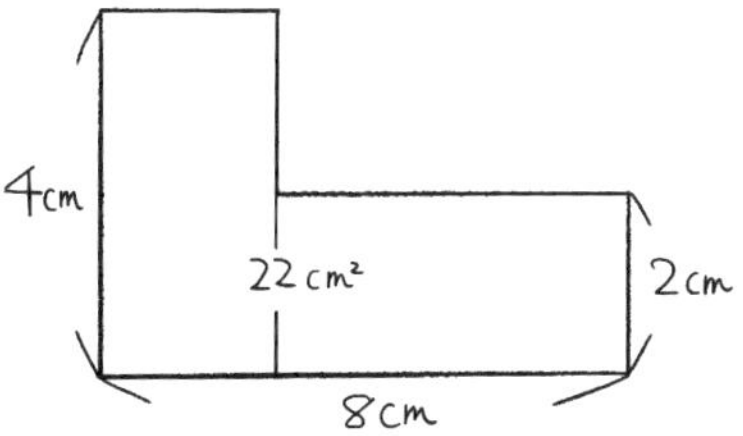

図11－6

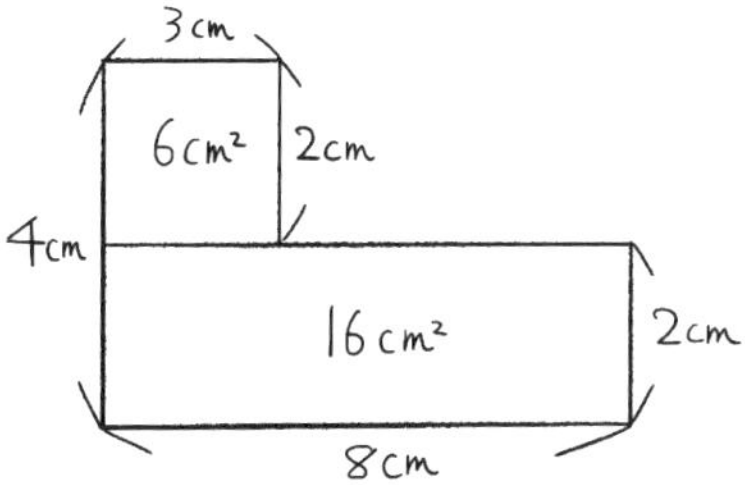

図11－7

もともとの解きかたで、「ぜんぶツルだとしてみる」という不自然な想定をしていたところが、L字型の図形の区切りかたを変えて見てみる、というすごく自然な操作に置き換えられているんだ。

「何かを図で表す」ってどういうことなんだろう？

私たちが喜んだのも当然だろう。これなら、ツルとカメだけじゃない。ゴキブリスパイダー算でもどんと来いだ。足の本数×匹数＝足の総数、だけじゃなく、単価×個数＝総額、平均×サンプル数＝総計、食塩水の濃度×食塩水の量＝食塩の量、速度×時間＝移動距離……こういうかけ算を含む問題はみんな、縦×横＝面積の問題に直して考えることができる。一つ4円のキャンディと一つ2円のキャンディをあわせて8個買ったら、22円になりました。それぞれ何個買ったのでしょうか。という問題も同じように解ける。

【練習問題㊷】

いま使った二つの長方形からなる図を使って解くことができる問題をつくってみよう。

さて、なぜ同じように解けるのかというと、ツルとカメの問題も、二種類のキャンディの問題も、二つの長方形の面積の問題も、みんな同じ図で表せるからだ。同じ図で表せるということは、**三つの問題には何か共通したところがある**ということを意味している。ツルの羽のことや、カメの甲羅《こうら》や、キャンディの色や味、長方形の色、そういった「どうでもいいこと」を忘れてしまって、残った何かが共通しているんだ。その共通した何かを「**構造**」という。

三つの問題は構造が共通している。カメとキャンディと長方形にはどこも似たところがないけど、ツルとカメ（の足）からなる集まり、キャンディ（の値段）からなる集まり、長方形（の面積）からなる集まりになると、共通点が出てくる。それが構造だ。「パターン」と言ってもいいかな。

何かを図に表すということは、**どうでもいい細かいことを見えなくして、ある集まり（ガクモンのほうでは「システム」とか「系《けい》」とか言ったりする）の構造を取り出して目に見えるようにする**ということなのである。

構造の取り出しの例をもうちょいあげてみよう

自然数というのはどういう数のことか。

0, 1, 2, 3, 4, 5, 6, ……

のことである。知っとるね。どの自然数にもその次の自然数が一つだけある。出発点の0以外のどの自然数にも一つ前の自然数がある。ところで、今度はこんな数の列を考えてみよう。

1, 2, 4, 8, 16, 32, 64, ……

どの数にもその次の数が一つだけある。1以外のどの数にも一つ前の数がある。このことは自然数の列と変わらない。

1, 1/2, 1/4, 1/8, 1/16, 1/32, 1/64, ……

これも、どの数にもその次の数が一つだけある。1以外のどの数にも一つ前の数がある。

a, {a}, {a, {a}}, {a, {a}, {a, {a}}}, {a, {a}, {a, {a}}, {a, {a}, {a, {a}}}}, ……

今度は並んでいるのが数ではない。集合だ。どんな規則で並んでいるかわかるだろうか。前にある集合の全部を要素とする集合を次に書いてある。これもどの項にもその次の項が一つだけある。先頭を除けば、どの項にも直前の項がある。

この四つに共通しているのは、**出発点が一つあって、その次、その次と一列にどこまでも続いているという「構造」**だ。図で書くと次のようになる。

●→●→●→●→●……

「→」は「次」を表す。数学ではここに出てきた四つの列を区別しない。みんな同じ構造だからだ。それには**「ω《オメガ》列」**という名前がついている。そして、数学者はすべてのω列に共通して成り立つ性質に興味をもって調べていく。

たとえば、どのω列にも「<」という関係を定義できる。第一と第二の列では「<」は普通の数の大小関係だ。第三の列では、「<」は前に来る数より後ろの数が小さいことを表す。第四の列では、「<」は前に来る集合が後ろに来る集合の要素として含まれていることに相当する。

で、どのω列でも、「$x<y$　かつ　$y<z$　ならば　$x<z$」とか「$x<y$　かつ　$y<x$　となることはない」といったことが成り立つ。ここで大事なのは、何かが一列に並んでω列をつくっている

ことなのであって、**何が並んでいるのかはどうでもよい**のである。

さて、自然数を3で割った余りを考えてみる。そしてその余りが等しければ同じ数だとみなしてしまおう。つまり、0と3と6と……は違う数ではなくて、みんな一つの同じ数だと思う。それを[0]で表す。1と4と7……も一つの同じ数とみなし、[1]で表す。そうすると、数は[0]と[1]と[2]の三つだけになる。この三つの数からなる構造はω列ではなくなってしまう（図11－8）。「↓」は「次」を表している。もっと構造だけを取り出した図にしてみると、11－9になる。これって、どこかで見たことない？　それぞれの●をグー、チョキ、パー、「↓」を「勝つ」だとみなすと、ジャンケンだ。[0]と[1]と[2]からなる数の体系を「3による剰余系《じょうよけい》」という。3による剰余系とジャンケンは構造としては同じなのである。江戸時代には虫拳《むしけん》というのがあって、グー、チョキ、パーの代わりに、ヘビ、カエル、ナメクジだった。あるいは遊郭《ゆうかく》などでよくおこなわれた藤八拳《とうはちけん》では、庄屋、猟師、キツネだった。

何だっていいのである。図のような構造をもっていさえすれば、ジャンケンとして成り立つ。ジャンケンというゲームにはいろんな性質がある。まず、必勝の手はない。二人でやるときには、二人とも同じ手を出す「あいこ」しか

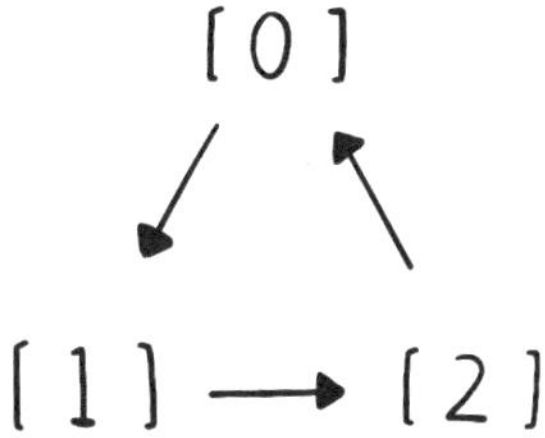

図11－8

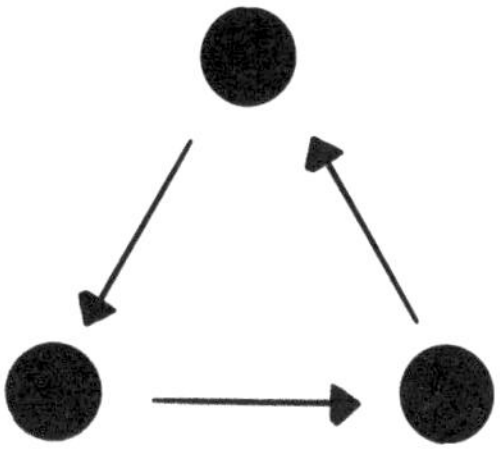

図11－9

ないが、三人以上でやるときにはそれとは別の「あいこ」がある（グー、チョキ、パーのすべてが出てしまったとき）。これは、ジャンケンの構造によるのであって、キツネやカエルやハサミの性質には関係ない。

「目を凝らすこと」と「目を細めること」

さ、ようやく本論に戻ることができる。どうでもいい細かいことをあえて見えなくする。そして異なる系が隠しもっていた共通の構造・パターンを見えるようにする。これがガクモンの方法の一つの大事な特徴なんだ。われわれの脳みそはこれがあまり得意ではない、というかほとんどできない。それをできるように思考を拡張してくれるのがガクモンの意義だ。

ガクモンというと、一つのことをどこまでもくわしく調べる、というイメージがあるかもしれない。ニホンザルの群れを研究するのに、一匹一匹に名前をつけて区別して、それぞれの行動を細かに観察するとか。真珠湾攻撃につながる過程で誰がどんな発言をしたのかを逐一《ちくいち》調べあげるとか。もちろん、ガクモンはこういうこともやる。たとえて言うなら、**目を凝《こ》らしてうんと近づいて見る**、というやりかただ。

でも、そのちょうど逆のこともやる。**目を細めて一歩遠ざかって眺める**。そうすると、細かなところは見えなくなる代わりに、全体がもっているパターンが浮かびあがってくる。デジタル画像に親しんでいるキミたちは、画像をドンドン拡大していくと、色のついた四角（ピクセル）が並んでいるのが見えるだけで、何の画像なのかわからなくなっちゃったという経験があるだろう。そういうとき、目を細めたり、遠くから見ると、かえって何が写っているのかが見えてくる。

ガクモンの強みは、**この両方の見かたをできるようにしてくれる**、というところにある。**ふつうに目を開いて、中距離から見ていたのでは見えないものを見せてくれる**。それがガクモンの意義だ。

図の効用と数学の効用は、じつは似ている

図は「目を細めて一歩遠ざかって眺める」ための手段だ。**それのもっと発展したものが何を隠そう数学なのである**。中学生になると、方程式というものを教わる。それを使うとツルカメ算はもっと簡単に解ける。ツルカメ合わせて8匹で、カメがx匹、ツルがy匹だとすると、

$$x+y=8$$

足があわせて22本だから、

$$4x+2y=22$$

この二つの方程式（こういうのを連立方程式という）を解け、という問題になる。キャンディの問題も、二つの長方形の面積の問題も同じ連立方程式を解く問題になっちゃう。この連立方程式は、三つの問題（他のたくさんの問題も含む）に共通の構造を取り出したものになっている。

もう一つ例をあげよう。振り子は重りが行ったり来たりしている。バネの先に重りをつけて引っ張って手を離すと、重りが行ったり来たりする（バネ振り子という）。あるいは、ヒモの先に重りを

「行ったり来たり」3パターン

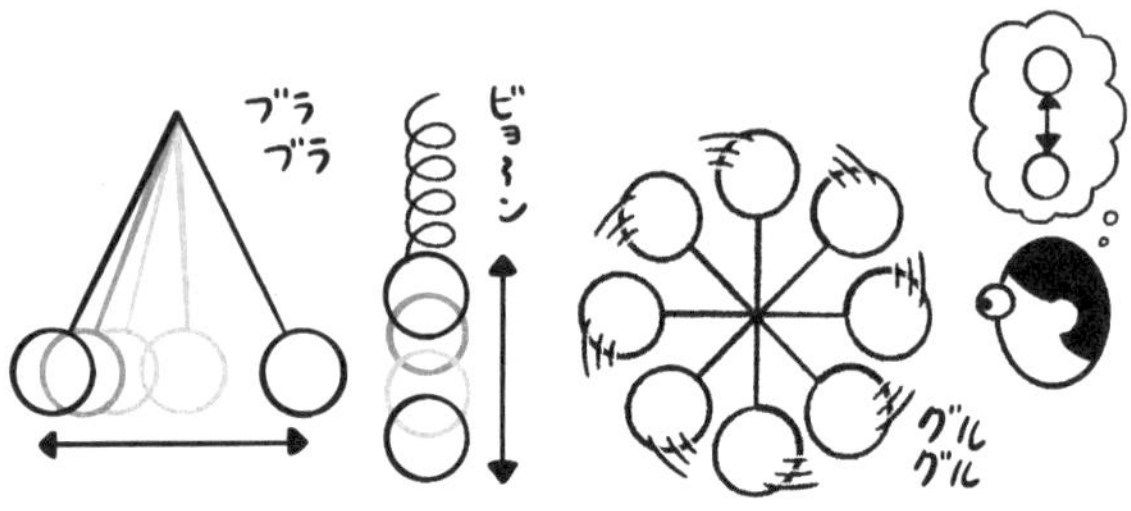

つけて、同じ速さでぐるぐる回しているのを想像してほしい。これを真横から見ているとしよう。そうすると重りが行ったり来たりしているように見えるはずだ。

じつはこの三つの「行ったり来たり」は、同じ形をした方程式で表すことができる。つまり、共通のパターンをもっているわけだ。だから、ひっくるめて「単振動」と呼ばれる。自然界にある「行ったり来たり」現象のいちばん基本的なものだ。

というわけで**数学も、目を細めて一歩遠ざかって眺め、隠れていた共通の構造を取り出すための有力なツール**なんだ。そればかりか、数学は図よりももっと強力だ。何しろ、「絵にも描けない」構造も数学なら表現することができるから。3次元図形、たとえば立方体を紙に描くことはなんとかできるけれど、4次元の立方体を2次元の紙に描くことは難しい。でも、それを式で表現することは簡単だ。さらには何次元でもOK。情報科学では100次元の空間なんてザラに使う。それどころか物理学、たとえば量子力学では無限次元の空間が出てくる。どちらも図には書けない構造だ。でも、式で表現することは簡単。

数学以外のガクモンは、基本的には「この世にあるもの」を研究している。生物学はユニコーンやドラゴンを調べたりしない。数学は別だ。**この世にあるかないかなんてお構いなしに、どんな構造だって調べてしまう、すごく自由なもの**なんだ。そのために、いろんな構造をうまく記述できるように数学の言葉はどんどん拡張されてきた。数学は記述できる構造のレパートリーがものすごくたくさんある。だからこそ、数学は他のガクモンにもものすごく役に立つんだ。

たとえば、一人ひとりが自分の儲けを最大限に増やそうとして、マーケットで取引をしているとき。全体としてどんなパターンが生まれてくるかな、といったことを、目を細めて一歩遠ざかって眺めようとするならば、数学を使わないといけない。このように、数学は何を研究するのにも役立つ。というのは、どんなものもパターンや構造をもっていて、その構造を調べるのに数学ほど適したものはないからだ。

数学は苦手、じゃもったいない！

……というわけで、ガクモンが私たちの思考を拡張してくれる、一つの大事なやりかたについて話をしてきた。**世の中で起きていることを、目を細めて一歩遠ざかって眺め、隠れていた構造を大づかみにする。**ガクモンは、こういう思考法を可能にしてくれる、ということだ。

同時に、数学を勉強することにどんな意味があるかがわかったろう。数学は苦手という人は多い。天体とか生きものとか化学物質とか歴史上の事件みたいに、この世にあるもの、起きていることについての勉強じゃないからね。具体的でないので、何のために学ぶのかがわかりにくい。むしろ、**数学**

は国語に似ている。新しい言葉を身につけて、これまで考えられなかったことを考えられるようにするために学ぶんだ。思考のレパートリーを広げる、ということをやっているんだ。

だから、「オレ、アタマ悪いから数学勉強しません」というのは間違っている。数学を身につけないからアタマ悪いままなんだ。……ちょっと言いすぎたか？

ここまで話してきた通り、キミの思考力を増強するには、頭の良くなる薬を飲む必要などない。うまいテクノロジーでキミの脳を補強すればいいんだ。で、人類はずっとそれをやってきた。人類は思考力を増強するテクノロジーを脳に装着したサイボーグなのである。

【10、11章のまとめ】

- ・私たちが生まれつきもっている、ショボいアタマを補うための補強手段の三番手は、「みんなで考えるための制度《しくみ》をつくって考えること」である。
- ・みんなで考えれば、必ず一人で考えるよりじょうずに考えることができる、とはかぎらない。かえってアホになってしまうこともある。それを集合愚とか集団思考という。
- ・集団思考は、自分たちの正しさを疑わなくなる傾向、オレたち負けないもんね幻想、ステレオタイプ化、自己検閲、全会一致の幻想、心をガードする傾向、によって特徴づけられる。

・インターネットもみんなで考えるためのテクノロジーになりうるが、集合愚をもたらすテクノロジーにもなりうる。

・そこで、みんなで考えるためのしくみ＝制度をうまくつくる必要がある。たとえば、ちょっと違う意見の持ち主に参加してもらう、「悪魔の代理人」を指名する、リーダーはときどき議論から退場する、「発話権取引」を導入する、などである。

・制度や組織によって「みんなで考える」を補強して、人類の思考能力をとんでもなく拡張したものがガクモンである。だから、じょうずに考えることができるようになるためには、ガクモンの成果を身につけることが最も手っ取り早く効果的である。

・ガクモンとは制度である。査読のことを考えればわかる。

・ガクモン的主張の中身について、それが正しいかどうかは素人には判断しにくい。その場合、どっちがまともな学者であるか、どっちがまともな出版社から出ている本か、などを比べればいい。これなら素人にも判断できる。けっしてどんな情報も同列に扱ってはならない。

・私たちの思考を拡張するのは、まず第一に言葉だが、言葉と同じくらい図も思考能力を増強してくれる。適切な図を工夫することで、私たちはアタマだけでは考えられないことを考えることができるようになる。

・何かを図に表すということは、どうでもいい細かいことを見えなくして、構造を取り出して目に見えるようにするということである。
・細かいことをあえて見えなくして、異なる系が隠しもっていた共通の構造・パターンを見えるようにする。これがガクモンの方法の大事な特徴だ。
・数学も、構造・パターンを見えるようにし、それについて考えることを可能にするという働きをもっている。数学を学ぶことは思考のレパートリーを広げるということである。

終章

新・ガクモンのすすめ

そもそもなんで「じょうずに」考える必要があるのかをよく考えてみよう

ここまで、じょうずに考えるための方法と、その方法を身につけるためのトレーニングについて書いてきた。その方法もトレーニングもたいして難しいことじゃない。

ところが、よく考える人になるためにいちばん難しいのはそこじゃないんだ。難しいのは二つ。**自分はじょうずに考えられないかもしれないということを自覚すること。**そして、**もっとじょうずに考えられるようになりたい、と願うこと**なんだ。自分はもうすでにじょうずに考えられると思いあがったり、じょうずに考えなくても幸せに生きていくことができると思ったりするのは、じょうずに考えることが苦手な人の特徴だ。これってもろ128ページで紹介した「希望的観測」だもんね。

なので最後の章では、初心にかえって、**なんで私たちは「じょうずに」考える必要があるのかを**考え直してみよう。そのうえで、**私たちがガクモンを学ばなければならないのはなぜなんだ**ということをはっきりさせよう。キミたちに、心の底からじょうずに考えられる人になりたい、と思ってもらうためだ。そうしないと、どんな方法もどんなトレーニングもムダムダ。

じょうずに考えられないと生きにくい

ヒトは、ややこしいことがらを考える能力が、他の動物よりちょっとばかりすぐれている。そしてその能力によって、厳しい環境を生き延び、こんなに繁栄するようになった。というか、そういう能力をもったヒトだけが生き延びることができた、と言うほうが正しいか。なので、こうした「考えるための能力」はみんなに生まれつき備わっている。ヒトとして生まれるかぎり、みんな考えるようにできているのである。だから私たちは、どうしても考えてしまう。そして考えを止めることができない。それはサイがツノをつけたり外したりできないようなものだ。

考えることができるというのは、基本的には良いことだ。生きるのに有利なことだ。考えられないのに比べれば。だけど、このことは裏を返せば、**私たちは「考える」に頼って生きていかざるをえない**、ということでもある。ヒトの暮らしは、みんながそこそこじょうずに考えられる、ということを前提してできあがってしまった。だから、たんに考えることができるのではダメだ。「じょうずに考える」ことができないと困ったことになる。

じょうずに考えられないと生きにくくなる、というのは一人ひとりをとってみても言えることだし、人類全体にも当てはまることだ。

まずは一人ひとりのレベルで考えてみよう。残念ながら、すべての人が善人なわけではない。自分さえよければ他人はどうでもよいと思っている人がいる。他人を自分の欲望のはけぐちとしか思っていない人がいる。他人の無知や不幸につけこもうとする人がいる。他人を支配したり蔑《さげす》んだりするのがなによりの楽しみだという人がいる。「あなたのため」と言いながら他人のプライバシーにずかずかと踏みこんでくる人がいる。キミの周りにもいるだろう。これからもたくさん出会うはずだ。

もちろん、キミの成長を我がことのように喜んでくれる人、いざというときにキミに助けの手を差し伸べてくれる人、損得抜きでキミと付き合ってくれる人もたくさんいる。でも、世の中はそういう人ばかりではない。あまり気分の良い話ではないけど。だから、私たちの暮らす世界はユートピアではない。たしかに「ライフ・イズ・ビューティフル」でもあるんだけど**「ライフ・イズ・ヘル」**でもある。そういえば、ブルーハーツも、この世は天国じゃないけど地獄でもないと歌ってたっけ。ま、そういう世界に私たちは暮らしている。

さて、考える力は私たちみんなに備わっている。だから、キミを傷つけ、利用しようとする人も、考えることができる。どうやったら、キミをもっと深く傷つけることができるか、どうやったら、キミをもっとじょうずに支配することができるか。支配されていると思わせずに支配できたら最高だ。どうやったらそれができるだろう。……キミの「敵」はこうしたことを考えている。こうした世の中で、人の食い物にされずに、しかも気高く生き延びる方法があるとしたら、それはただ一つ。**そいつ**

らよりもっとよく考えることだ。そして「やられたらやりかえす」「やられる前にやっつける」ではない仕方で、どうやったらうまく生きられるのかを考えることだ。そうしないと、キミの人生はずっと戦争状態（平坦な戦場）になってしまう。

希望的観測で生きると、どういう結果になるか

是枝裕和《これえだ》という映画監督の作品に『誰も知らない』（２００４年）がある。これは東京でじっさいに起こった事件を題材にしている。

お母さんが四人の子どもたちを置き去りにして新しい恋人のもとに行ってしまい、行方知れずになる。育児放棄《ネグレクト》されてしまった子どもたちはなんとか生き延びようとするのだけれど、悲しいことにいちばん年下の妹は亡くなってしまう。弟と妹たちをまもるために懸命に努力するお兄ちゃんの役を演じた柳楽優弥《やぎらゆうや》さんが、カンヌ国際映画祭で、史上最年少で最優秀男優賞を受賞した。

このお母さんは悪魔ではない。悪意に満ちた、愛情のかけらもない人間として描かれているのではない。それなりに子どもたちを愛している気のいい人なんだ。でも、子どもたちをひどい目にあわせて、ついには死なせてしまう。彼女は悪人ではないが、よく考えることのできない人、として描かれている。これをやったらどうなるか、これをしないとどうなるかをうまく考えられないんだ。なので、**希望的観測で生きることになる**。まさに、信じたいことを信じている人。

こんなシーンがあった。お母さんとお兄ちゃんが布団を干しながら会話している（まだお母さんが

家出する前の話)。

母:お母さんねー、いま好きな人がいるの。

兄:(あきれたように) また!

母:また、じゃないの。でもすごい今度の人は、やさしくてー、まじめだしー、お母さんのことちゃんと考えてくれてるような気がすんの、、、、、、……。

うまく考えられないとタイヘンだ。自分もひどい目にあうかもしれない。このお母さんも、好きになった男の人に捨てられっぱなし。そして、子どもたちをまきこんでひどい目にあわせてしまう。

「ヘタの考え休むに似たり」どころではない例

このことは社会全体、人類全体にも当てはまる。東日本大震災からもう10年近くたった。あのときのことを思い出すといまだに冷や汗が出る。福島第一原発の事故のことだ。メルトダウンしかけた原子炉をなんとかしようと現場の技術者たちは必死で努力していた。東京電力の幹部が「もうダメだ、撤退する」と言ったことに対し、当時の首相が東京電力本社に乗り込んで激しく詰めよる一幕もあった。もし、途中で技術者たちが逃げ出していたら、東日本に住んでいるキミはいまごろ関西弁をしゃべっていたかもよ。

日本は資源が足りない。特に石油はほとんどとれない。そういう日本が戦後復興を遂げて経済成長するには、原子力エネルギーに頼るほかない。これはそれなりにまともな考えかただった。そして善意の考えかたであったこともたしかだ。ただ、急ぎすぎたと私は思う。考えが足りなかったと思う。もっと「よく」考えるべきだった。「原爆落とされて戦争に負けた日本は核の平和利用で今度こそ世界にリベンジ！」という愛国的な感情に目がくらんでしまったということもあるでしょう。とにかく大急ぎで原発を導入しようとした。なので、冷却水がなくなったら原子炉はどうなるの、そのときはどうしたらよいの、という実験を国内で繰り返しおこなうこともなく、アメリカで使われている原子炉をそのまんま輸入して使いましょうという、**ターンキー方式**がとられた。買ってきて、鍵を回せばそのまま使える、という意味ね。

アメリカの原子炉は、だいたい内陸部にある。そこでコワいのは竜巻だ。なので補助電源は竜巻を避けて地下に置いてある。それを海っぺりにある日本の原発も真似してしまった。深く考えずに。なにせ「ターンキー」ですから。おかげさまで、津波で電源が使えなくなって、あの事故につながってしまった。

まあ、百歩譲って、あの事故は「想定外」と言い訳できるかもしれない。私はそうは思わないが、できたとしよう。でも、核廃棄物（最後に残る放射性のゴミのことね）の最終処分はどうするんだという問題は未解決のままだ。

そういう廃棄物が安全になるまでには千年、万年単位の時間がかかる。その間、どうやってとっておこう？　埋めちゃうにしてもどこに？　誰も掘り返さないようにするにはどうしたら？　「ここを掘ってはいかんよ」と立て札を立てるにしても、千年後の人たちにまだ日本語が通じるかしら。そんな立て札を立てたら、ここに埋まってますよと教えているも同然。テロリストに狙われたらどうするんだ。だいいち、埋めて安全に管理するにはお金がかかる。そのお金を負担するのは未来の人たちだ。この人たちはいまの原子力発電の恩恵をこうむっていない。なのに負担だけ押しつけるのはどうよ？

こんなことは、ちょっと考えれば想定できたことだ。でも考えずに始めちゃった。なんとかなるべで突っ走ってしまった。その結果、行き場のない使用済み核燃料が六ヶ所村にたまり続けている。

私たちだって「ざんねんな生きもの」だ

こういうのは「じょうずに考えた」とは言わない。おかげで、キミたちの世代、その次の世代……がとても困ることになってしまった。これと似たようなことはいっぱいあるでしょ。国の借金がとんでもない額になってるとか、年金がもらえなくなりそうだとか、人口が減るとか、いつまでたっても周りの国々と仲良くできないとか、こんだけ事故が起きてるのにまだ学校で組体操やってるとか。不公平になるのはわかりきっているのに英語の入学試験を業者テストにしようとか（結局、見送りになったけど）。これって、みんなキミたち、またはキミたちの次の世代にツケが回る。

こうして、「少しは考えたんだけどうまくは考えられなかった」ということ（この場合は、「じょうずに考えようとしなかった」ということ、と言うべきかな）は、未来世代も含む「みんな」にとても困った事態をもたらす。

先日、地下鉄の中で『ざんねんないきもの事典』という本の広告を見た。デンキウナギは、敵から身を守るために電気を発するんだけど、そのとき自分も感電しているんだって。ざんねんな生きものだねえ、……と笑っている場合ではない。生き延びるために思考能力をもったヒトも、その思考のせいで不幸に陥ることがある。ヒトは考える能力を発展させて生き延びてきたんだけど、その能力は幸福も不幸ももたらすようになってしまった。うまく考えると幸福になれるかもしれないが、ヘタに中途半端に考えるとかえって不幸になる。だとしたら、私たちもそうとうにざんねんな生きものだ。

というわけで、**「じょうずに考える」ということはキミ一人のサバイバルにとっても、みんなのサバイバルにとっても、すごく重要なこと**なんだ。ところが、考えることは誰にでも備わった能力だけど、「じょうずに考える」ことはトレーニングしないとできるようにはならない。不幸にしてそのトレーニングを怠《おこた》ると、かなりざんねんな生きものになってしまう。だからこそ、「じょうずに考える」ための練習が必要だったんだ。

考えることのもつ明るい面

……ちょっと脅迫っぽかったかなと反省している。そこで、明るい面についても書いておこう。

じょうずに考えることができると、**考えることじたいが楽しくなる。**

私たちは走ることができる。こうした能力は、もともとは獲物を追いかけ、敵から逃げるために備わっているもので、それが身についてないと生き残りにくい。このように、走る能力は、本来は別の目的のための手段として備わっているのだけど、私たちは走ることそのものを楽しむこともできる。走ることじたいが目的になるんだ。マラソンやジョギングを楽しむ人はたくさんいる。はたから見ると、ハアハア、ゼイゼイ、あまり楽しそうに見えないんだけど、でもご本人は走ることじたいがたまらなく楽しいらしい。走るのがじょうずになってくると、もっと楽しくなる。そうするとますますじょうずになる。そうするとさらにさらに楽しくなる。

考えるのも、これと同じと思うんだよね。アタマを絞って考えること、じょうずに考えるためにいろいろ調べること、考え抜いた末に謎が解けてアタマがすっきりすること、これってそれじたい楽しいことなんだ。ものごとをうまく考えられると、キミの人生はより楽しいものになる。

電車の中で数独とか詰将棋とか、考える系のゲームに熱中しているおじさんおばさんを見ることがあるでしょ。ご本人は「ボケ防止のため」と言うかもしれないが、それにしては楽しそうにやっている。理詰めで考えること、そして考えて答えにたどり着くことそれじたいを楽しんでいるに違いない。というわけで、**考えることとそれじたいを楽しむことのできる人は、その分、より豊かな人生を歩むことができる。**

「論理的に考え、語るべきとき」ってどういうとき?

じょうずに考えることイコール論理的に考えることではないのだけど、論理的に考えることはじょうずに考えることの大事な部分だ。本書では、いきなり論理的に考えるとはどういうことかを定義してしまったけど、せっかく「じょうずに考える」ことがなぜ重要かを考えたのだから、**論理的に考えることは何のために必要なのか**もはっきりさせておこう。

「論理的な愚か者」になってはいかんよ、という話の繰り返しになるけど、私たちはいつも論理的に考えなければならないわけではない。他愛のない会話を楽しんでいるとき、落ちこんでいる人をなぐさめようとしているとき、むしろ論理はジャマになる。前者においては、かえって連想で話題がどんどん飛んでいったほうが楽しいかもしれない。後者においては、あえて視野を偏らせて、物事の明るい面だけを見ようとしたほうがよいかもしれない。また、これはすでに強調しまくったことだけど、私たちのアタマは論理的思考がスラスラとうまくやれるようにはできていない。ちょっとがんばらないと論理的に考えることはできない。

じゃあ、**がんばって論理的に考え、語るべきときって、いったいどういうときなんだろう**。

みんなで悪だくみをしているときは、論理的に考えて語り合わねばならない。銀行強盗のプランを練っているときとかね。「警報を鳴らされちゃったらどうする」というツッコミに対して、「そういう縁起でもねえことを言うな」と答えるボスのもとでは、強盗はきっと失敗する。……なんでこんなことを言うかというと、「論理的に考える」ことじたいは善いことでも悪いことでもないということを忘れてはならないからだ。周到に綿密に考え抜いたうえで悪いことをするヤツはいる。**論理的思考というのは手段であって目的ではない。**善い目的のために使われることも、そうでない目的のために使われることもある。どっちにも役立つ。包丁みたいなものだね。おいしい料理をつくるためにも、人殺しにも使える。

なぜ思考にサポートを求めるのか

本書の第I部でさんざん説明した通り、論理的思考ってのは**サポートが十分かを気にしながらおこなわれる思考**だ。でも、そもそもなんで思考にサポートを求める必要があるんだろう。

あることがらが正しいかどうかは、そのときにはわからないことが多い。69ページからの例で言うと、AくんもBくんも会話をしているときには、ラーメン屋の入り口に廃業を伝える張り紙が貼ってあると思っていた。それは正しい証拠で、サポート関係にツッコミどころもなく、だから廃業したのも正しいと思っていた。でも、店先には違う張り紙が貼ってあった。証拠は正しくなかった。でも、会話をしているそのときには、正しいかどうかは、ほんとうのところわからない。

さらに、正しいかどうかは、直接にはわからないこ

論理的に考えて悪さをする

とが多い。もちろん、直接にわかるときもある。店先まで行って、二人の目で張り紙を実際に見てみれば、廃業を伝える張り紙が貼ってあるというのが正しいかどうかは、じかにわかると言ってよいかもしれない（Cさんだったら、それにもダメ出しをするだろうけど）。

だけど、すべてのことがらがそうであるわけではない。ビッグバンがあったということ、生きものが進化すること、物質が原子でできていて、その原子が原子核と電子でできているということ。私は、こういったことは正しいと思う。しかし、それが正しいことを直接確かめたわけではない。目の前で生物が進化するところを見たわけでもないし、ビッグバンに立ち会ったわけでもない。それが正しいと思ってよさそうだと判断するための十分なサポートを科学者が与えてくれたから、それが正しいと考えている、ということだ。

ビッグバンの場合を例にとってみよう。いま、遠い宇宙を観測すると、遠くの星ほど地球からすごいスピードで遠ざかっていると解釈できる証拠が手に入る。宇宙は膨張しているらしい。ここから逆にさかのぼって考えると、ずっと昔には宇宙は、ほとんど点のように小さなものから始まったと推論できる。そのいちばん最初のはじまりがビッグバンだ。そして、ビッグバンのときのものすごい高温の名残《なごり》が、電波として宇宙のあらゆる方向から地球に来ている。いまできる宇宙観測の結果が、ずっと昔に起きたために直接確かめられないビッグバンの存在を証拠立ててサポートしている。

十分なサポートを集めることは、私たちががんばればできる。この世の目に見えないところとか、遠い過去とか、すごく時間のかかることとか、ミクロの世界がどうなっているかとかについて知ろうとしている科学者は、そのサポート集めをやっている。でも、その結果、私たちが信じるようになったことが、結果的に正しいかどうかは、**私たちの努力だけでは決まらない。結局この世がじっさいにどうなっているかで決まる。**原子が原子核と電子でできていなかったら、そう思うことにどんなに良いサポートがあったとしても、私たちの思っていたことは間違いになってしまう。そしてこの世がどうなっているかは、私たちにどうすることもできない。

というわけで、私たちにどうにかなるのは、**できるだけよくサポートされたことがらを信じるようにすることだけ**だ。私が、神が生きものをいまある形につくったとは考えずに、生きものは簡単なものから次第に進化したと考えるのはなぜか。前者が間違いで後者が正しいからではない。後者のほうがいろんな意味で良いサポートをもっていて、だから「きっと正しいだろう」と考えることのできる度合いが高いからだ。私たちは「より良いサポート」を目指して、多くの場合それを手に入れることはできるけど、正しさそのものをじかにつかむことはできない。**この世の真理をじかに手に入れることのできない人間が、真理の代わりに大切にしているもの、それが「サポートされた思考」**なのである。

一つめの答えは「真理を求めるとき」

そこで、さっきの問いをちょっとだけアレンジしよう。いま考えたいのは次のことだ。

善い目的のために、がんばって論理的に考え、語るべきときって、いったいどういうときなんだろう？

おそらく、答えは二つあると思うのね。一つは、**この世がほんとうのところどうなっているかをなるべく正しく知りたいとき**。もう一つは、**そうやって知ったことがらに基づいて、みんなの幸せにかかわることがらについてみんなで議論してどうするかを決めようとしているとき**。

第一の活動がプロっぽくなって、専門家がやるようになったものを「科学」とか「学問」という。でも、この活動じたいは誰だってやっている（やらないといけない）。近所のラーメン屋が廃業したかどうかを知ろうとする、これも「この世がほんとうのところどうなっているかをなるべく正しく知る」の一部だよね。そういったごく日常的な「知る」もあるし、物質は電子とクオークでできているとか、「南京大虐殺」でどのくらいの人が殺されたのかとか、そういう学問的な「知る」もある。

この世のほんとうのありさまをなるべく正しく知るためには、論理的思考が必要だ。すでに述べたように、「ほんとうのありさま」には、直接目で見て確かめることができないものが多い。だから、間接的な証拠をいろいろ集めて、それを使って、「この世はこうなっていますよ」という主張をサポートする必要がある。そして、そのサポートが強ければ強いほど、主張は「きっと正しいんだろうなあ」と思ってもらえる。

もう一つの答えは「政治をするとき」

第二の活動は、みんなに関係することをみんなで議論して決める。これもいろんなレベルでおこなわれている。学級会、クラブ活動、大人になると地域の自治会、父母会……、いろんなのがある。家族や恋人の間だって、ときには議論して決めないといけないことが出てくる。結婚後の姓をどうするか、結婚式はやるのかやらないのか、仕事をどう続けるか、子どもは何人つくろうか、どこに住もうか……。

みんなに関係することを決める、二人から国際レベルまで、これをひっくるめて**「政治」**という。政治のやりかたにもいろいろある。オレが偉いんだから、オレが全部決める、文句言うな、というやりかたもある。この場合、論理的思考は必要ない。必要なのは腕力が強いことと恥知らずであることだ。

でも、みんなに関係することはみんなで議論して決めよう、という政治のやりかたもあって、これをちゃんとやるためには論理的思考が必要だ。なぜなら、**みんなで決めるためには、みんなが納得しないといけないから**。みんなを納得させるためには、主張がちゃんとサポートされていなくてはいけないし、ツッコミに耐えられるものでなくてはならない。

私たちの国は「みんなのことをみんなで議論して決める」という建前で政治がおこなわれる国だ。ただし、国民全員が議論に参加することはできないので、選挙を通じて選んだ議員が議論して「みんなのこと」を決める。議会制民主主義というやつだね。こっちにもプロっぽくなった人々が現れる。政治家だ。ところがこの人たちは、あまり論理的思考や論理的議論が得意ではないように見える。というよりも、それをする気があるのかが疑わしい。だから困っちゃう。

このことを憂《うれ》えていると話が長くなってしまう。とりあえずここでは、**論理的思考には科学（ガクモン）と民主主義を支えるという大切な働きがある**ということをわかってもらえたらうれしい。この世がほんとうのところどうなっているのかを知りたいなら、自分たちの未来を自分たちで考えて決めていきたいなら、論理的に考え、論理的に語ることが必要になる。『誰も知らない』のお母さんみたく「でもすごい今度の政権は、私たちのことちゃんと考えてくれてるような気がすんの」って思って、みんなお任せしちゃうんだったら、論理的思考は必要ない。

ガクモンを学ぶと頭が良くなる？

さて、ガクモンというものは、「みんなで考える」ことと、テクノロジーと制度《しくみ》がうまく組み合わさった、アホさ乗り越え装置のいまのところ最高傑作だ。だから、みんなガクモンを身につける必要がある。ところが、ガクモンを学ぶことについては、いくつかの誤解がある。その誤解をやっつけておこう。

まず、ガクモンは頭の良い人がやるもんでしょ、というのは間違っている。学者や研究者は職業がら「自分はカシコいよ」ということをアピールするので、さすがは学者になるような人は頭がいいね、と思ってしまうかもしれない。そういう天才的な人ももちろんいる。けれど、学者がみんなそうであるとはかぎらない。選ばれた天才だけがガクモンをやれるわけじゃない。好奇心、新しい知識とやりかたを受け入れる素直さ、そして勤勉さがあればガクモンを始めることは誰にでもできる。むしろ逆なんだ。**頭の良い人がガクモンをやるんじゃなくって、ガクモンをやることによって頭が良くなる**というのが正しい。
　ところが、この「ガクモンをやると頭が良くなる」という言いかたにもちょっと注意が必要だ。たしかにある意味で、ガクモンを身につけると頭が良くなる。でもそれは、ウエイトトレーニングをやると腕の筋肉が太くなるというのとはわけが違う。ガクモンをやると、キミが生まれながらにしてもっている脳みそじたいが鍛えられて高性能になる、というわけではない。一人ひとりの頭を根本的に良くすることは難しい。ひょっとしたらできないかもしれない。

「ガクモン」は、キミの脳のアタッチメント

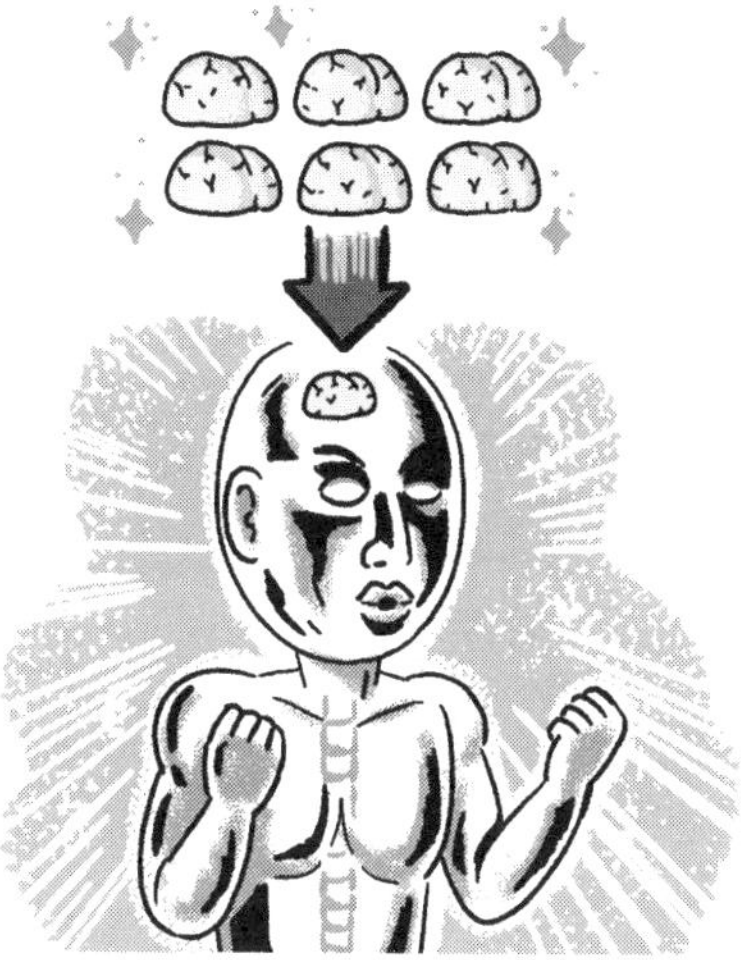

　そうではなく、ガクモンは頭蓋骨《ずがいこつ》の外にあるキミの脳なんだ。いわば、**キミの脳のアタッチメント、キミのもう一つの脳**。生まれつきもっている脳だけでやるより、もう一つの脳と両方で考えたほうが良いのは当たり前。しかも、このもう一つの脳は、キミの生まれる前から、たくさんの人が考えてきたことと、それをサポートするために集めてきた証拠のカタマリだ。だから、きわめて高性能。

だから、キミの思考はとんでもなく拡張される。これが「ガクモンをやると頭が良くなる」の正体だ。

というわけで、キミの思考力を増強するための、いちばん手っ取り早くて、いちばん能率の良い方法は、**ガクモンという第二の脳をキミに装着すること**だ。人工物で脳を補強するということを、人類はずっとやってきた。言語がまず第一歩だ。人類は思考力を増強するテクノロジーを脳に装着したサイボーグなのである。そして、ガクモンは人類が開発してきた最強の思考力増強テクノロジーだ。これを味方につけない手はないだろう?

「学問のススメ」なんて忘れてしまえ

じゃあ、ガクモンというアタッチメントを味方につけて、もっと複雑でもっと普遍的なことをうまく考えられるようになって、何をするのか。つまり、**何のためにガクモンを学ぶのか**。最後にこの問いに答えて本書を終わろう。

何のためにガクモンするのか。そういえば『学問のすゝめ』という本があったな。福澤諭吉の有名な本だ。じつは一人で書いたんじゃなくて、同じ豊前中津《ぶぜんなかつ》藩《はん》の後輩（七つ下）である小幡《おばた》篤《とく》次郎《じろう》と組んで書いた。１８７２年（明治５年）から76年（明治９年）にかけて、17編に分けて出版された。これをちょっと読んでみよう。というわけで読んでみると……がっかりするぞ。初編の冒頭は次のように始まる。

天は人の上に人を造らず人の下に人を造らずと言えり。

福澤諭吉といえば四民平等。そのとき決まって引用されるあの有名な言葉。……なわけだが「と言えり」が気になる。天は人の上に人を造らず「って言うでしょ」。あるいは「って言われているじゃん」だ。自分たちの主張じゃないみたいだ。彼らのホンネは、その次の次の次の文から始まる。

されども今広くこの人間世界を見渡すに、かしこき人あり、おろかなる人あり、貧しきもあり、富めるもあり、貴人もあり、下人《げにん》もありて、その有様《ありさま》雲と泥との相違あるに似たるは何ぞや。

人は士農工商という身分から解放されて、四民平等の世の中になりました。でも、その建前とは裏腹に世の中にはエラい人とそうでない人、リッチな人とそうでない人がいますね。違いは何でしょう、と問いを立てている。答えは……、

諺《ことわざ》に云《い》わく、天は富貴を人に与えずしてこれをその人の働きに与うるものなりと。されば前《ぜん》にも言える通り、人は生れながらにして貴賤貧富の別なし。ただ学問を勤めて物事をよく知る者は貴人となり富人となり、無学なる者は貧人となり下人となるなり。

うーん。すごくストレートなお答え。社会的地位のあるリッチな人とそうでない人との違いは、そう、ガクモンをやったかどうかですね。四民平等の世の中って競争社会ですよ。そこで生き抜いてエラくなるため、お金持ちになるためには、ガクモンを勉強しましょう。で、オススメは読み書き算盤《そろばん》、日本と世界の地理、窮理学《きゅうりがく》（物理学）、歴史、経済、修身、外国語。特にじっさいの役に立つ実学が大切ですよ、と続く。

ね、うんざりするような理屈でしょ。福澤諭吉はこれを庶民に向けて書いている。急いで近代化をとげて欧米列強と肩を並べるためには、国民全体の知的レベルを高めなければ。そのためには庶民にはガクモンを身につけてもらわねば。ここまではまあいいとして、富や名声などの実利を餌にすれば庶民は勉強するだろうというのが、なんだか人をバカにしている。

だいいち、江戸時代の町民は、寺子屋で読み書き算盤という実学を学んでいたし、それでがんばって働けば、そこそこおカネもたまったし、家庭ももてたし、それなりに暮らせたんだから。自分の才覚でね。これを読んでそういう庶民が「よし、ガクモンしよう」ということになったか、はなはだ疑問。

同じことは現代にも当てはまる。競争社会ですよ、厳しいですよ。ガクモンがないと脱落しますよ。ちょっとでも良い大学に行ったほうがお得ですよ。大学でも遊んでいたらダメで、ほんとうにガクモンを身につけて実力をつけないと、会社に雇ってもらえなくなりますよ。出世できませんよ。——こんなんで、若者をガクモンに誘えると考えているとしたら、そりゃかなりアホだ。

だって、「そういう社会にノー！」な人もいっぱいいるわけだから。つまりね、いまある社会で人を出し抜いてリッチになったり出世したりしたい人には福澤型ガクモンのススメは有効だ。で、じっさいガクモンはそういうことの役に立つ。善い役立ちかたとは言いたくないが。

一方、いまある世の中を不満タラタラ受け入れて、自分より弱い者をいじめて憂《う》さを晴らして生きていけばいいさ、と思っている人にはガクモンは役立たない。知恵がつくとかえってツラいからね。自分の信じていたいことを信じていたほうが気が楽だ。

では、いまの世の中、何のためにガクモンを身につけるのか？　言い換えれば、**どんな人にガクモンは役立つんだろうか？**

お兄ちゃんに学ぶ

さっき紹介した『誰も知らない』に、お兄ちゃんが久しぶりに帰ってきたお母さんを問い詰める場面がある。子どもたちは、お母さんにほったらかしにされているので、学校に通えないでいる。そこで……、

兄：あのさ。前から言ってると思うけどさ。いつになったら学校行かせてもらえんの？

母：なに学校学校って。いーじゃん別に行かなくたって。学校なんか出てなくたって偉くなった人いっぱいいるでしょー。

兄：誰だよ。
母：……わかんないけど。……いるわ、そんな人たくさん。（中略）……あ、いたー。偉くなった人。
田中角栄。知らないか。
兄：知らない。
母：古いか。

面白い、というにはあまりに痛々しい会話。学校に行かなくても、ガクモンを学ばなくてもエラくなった人はいる、というお母さん。これを裏返せば、お母さんは、学校に行くのは基本的にはエラくなるため（お金持ちになるため）だと思ってる、ということだ。福澤諭吉と同じ。だから、エラくなる競争から降りてしまえば、ガクモンはいらない、ということになる。

一方、お兄ちゃんは、そういうお母さんにもう絶望しかかっている。お母さんがちゃんとしてくれないのは、ものごとをうまく考えることができないからだということがうっすらわかっている（この会話からもわかる）。そして、これから心を入れ替えてちゃんと考えるようになるには遅すぎる、ということもわかっている。だから、お兄ちゃんがお母さんと話をするときには、いつもニヤニヤ苦笑いを浮かべている。

お兄ちゃんは、自分は学校に行かなくてはいけないと思っている。学校でガクモンに触れないといけないと思っている。自分たちを苦境から脱出させてくれるのは学校で勉強することだと思っている。それは、お兄ちゃんが三人の弟と妹が生き延びるのに責任をもつ立場に身を置いてしまったからだ。お兄ちゃんが「じょうずに考え」なければ、幼い子どもたちは生きていけない。幸せになれない。きょうだいみんなで生き延びて幸せになるためには、オレがお母さんとは違って「じょうずに考える」ことのできる人にならなければいけない。そして学校は、ちゃんと考える人になるために身につける（装着する）べきいろんなものにアクセスできる場所だ。

大学新入生しょくんへ、そして高校3年生しょくんへ

お兄ちゃんが自分は学校に行かなくてはと思うのは、自分のためだけではない。小さな弟と妹のためでもある。じょうずに考える人にならなくてはいけないのはなぜか。究極的には、人々の幸せのためなのである。

ガクモンを学ぶ必要があるのは、自分と周りの人たちが幸せに生き延びていくために力を尽くそうとする人、そしてそのために世の中をちょっとでも良い方向に変えたいと願う人だ。そう思わない人には、ガクモンはもったいない。「周りの人」が大きな集団になればなるほど、良くしたい「世の中」のスケールが大きくなればなるほど、キミが生まれつきもっている脳ではどうしようもなくなる。ガクモンを頼りにする必要が高まってくる。

ガクモンを身につけるのは、ちゃんと考えられる人になるため。そしてちゃんと考えるのは、より良い世の中をつくり、自分たちの幸せな生存をはかるためだ。だから、ぜひガクモンをやってくれた

まえ。ガクモンを身につけて、キミの思考力という武器を最大限に拡張して闘ってくれたまえ。

特に、大学新入生のしょくん。大学はガクモンを身につけてじょうずに考えられる人になり、人々に貢献できる人になるためにはけっこう役に立つ。もちろん、そのように大学を役立てなかった人は世の中にいっぱいいて、そういう人がキミたちの未来を暗くしている。逆に、大学に行かなくてもガクモンを学ぶことはできる。じょうずに考える人になることはできる。

ただ、大学は、カシコくなりたいと思う人にとっては、居心地がよく、またそのためのたくさんのリソースを提供してくれる、一言で言って「すごく便利なところ」であることは確かだ。**大学を役立てられるかどうかは、キミが大学でどのように過ごすかにかかっている。**自分はもっとカシコくなるためにここに来たのだということを忘れずに日々を過ごしてくれたまえ。

高校生しょくん。これから進路を選択したり受験勉強したりでたいへんだ。のんきな子ども時代が本格的に終わりを告げようとしているわけだ。暗い気分にもなるよね。二つだけ言っておきたい。

まず、**どの大学に入ろうか、どの大学に行ったら有利だろう、ってあんまり考える必要はないよっ**てこと。そんなに無理しなくとも入れてくれるところに行きなよ。だって、いま述べたように、どの大学に行くかではなくて、行った大学でどのように過ごすかのほうがずっと大事なんだから。カシコくなろうとしない奴は、どんな大学へ行ったってダメさ。マルコムXみたいに、出身校は本です、って言うのかっこよくないか？

第二に、**受験勉強って案外ばかにならないってこと**。だって、おそらく生涯はじめて、自分で自分をカシコくするために学ぶ体験だからね。学校の先生が手取り足取り受験勉強の手伝いをやってくれるガッコウもあるだろう。でも、もしかしたらそれは、キミにとって不幸なことかもしれない。入学試験の本番はセンセイが手伝ってくれないからね。キミひとりでなんとかしなければならない。そのためには、キミは自分で勉強しないといけない。これはね、キミがじょうずに考えられる人になるためには、けっこう貴重なチャンスなんだ。そう考えると、受験勉強もまんざらツライばかりではなくなる。いま自分は自分をカシコくしているんだ、と思いながらやってみたまえ。少しは楽しくなるぞ。

練習問題解答

①（40ページ）

シミュレーションをしているとみなせるところ

「かき氷屋をやったら」から「2000人に売れれば……」までの箇所。これはわかりやすいね。取らぬ狸《たぬき》の皮算用ってやつだ。「皮算用」には「シミュレーション」って振り仮名をふってもいいだろう。「いやしかし、そうすると」から「でもいいんじゃないか？」までもシミュレーションとみなせる。仮にオンデマンド配信でやるとどうなるかを想像しているからね。「高校生目線で考えないと……」も、このあと思考がそれていかなければシミュレーションをやることになる。視点を取り替えて想像してみるというシミュレーションだ。

反省的思考をしているとみなせるところ

「いやいや、いまはかき氷も歯医者もどうでもよくて」。自分の思考をモニターして、本来のテーマからそれてしまったことに気づき、もとに戻そうとしている。「なにが「だから」だ」も反省的思考。前後の思考を「だから」でつなぐのはおかしい、と自分の思考パターンにツッコミを入れている。「いや、これってだけど実施側の理屈かもしれないな」も、自分の思考が実施側の視点に偏っていることに気づいて、修正しようとしている。

こんだけとりとめなく考えているときにも、私たちの思考はシミュレーションや反省といった人間独特の思考をおこなっている。考えてみるとすごいね。

②（47ページ）

理由が「……」のところに来るグループ（「だから」の仲間）

「したがって」「だとすると」「なので」「このため」「よって」「それゆえ」「その結果」「そのため」「そうであればこそ」

理由が「〜」のところに来るグループ（「なぜなら」の仲間）

「なんとなれば」「というのは〜だからだ」「なぜって」「だって」「どうして……なのか。それは」

③（55ページ）

（1）レオナルド・ダ・ヴィンチの自画像と『モナ・リザ』を重ねてみると、目と鼻と上唇の配置がちょうどぴったり重なる。（自画像派はこれをサポートとみなしているが、あまり強くないサポートだ。だから、定説にはなっていない。もし、ダ・ヴィンチの日記などに、『モナ・リザ』は自画像をもとにして描いたというような本人の証言が見つかれば、もっと強いサポートになるだろう。）

（2）地球が公転している様子は、ふつうじかに見ることはできないし、仮に見たとしても、すぐには回っていることはわからない。だから間接的なサポートが必要になる。科学の歴史をさかのぼると、おおよそ二つの証拠によって地球が公転しているという仮説はサポートされてきた。

（i）年周視差　地球が太陽の周りを回っているとしよう。いま地球がE_1の位置にいるなら、半年後にはちょうど太陽の反対側の位置E_2に来ているはずだ。そうすると、恒星SはE_1から見たときとE_2から見たときではちょっとだけ異なった方向に見えるはずだ。そして恒星Sの見える方向は一年周期でもとに戻るはずである。これを年周視差という。年周視差を測定することで地球が公転していることのサポートを与えることができる（図1）。

（ii）年周光行差　真上から降ってくる雨を歩きながら見ていると、斜め前から降ってくるように見える（図2）。

これと同じように、地球が動いているなら、恒星からやってくる光も、地球の進行方向斜め前からやってくるように見え、恒星の見かけ上の位置はややズレるはずだ。しかも、半年後には地球の運動方向は逆になるから、ズレは反対の方向になり、一年でもとに戻るはずである（図3）。これを年周光行差という。年周光行差を測定することでも地球が公転していることのサポートを与えることができる。

地球から最も近い恒星でも太陽までの距離に比べるとうんと遠いので、図1の三角形SE_1E_2はすごくトンがったものになる。つまり年周視差はうんと小さい。だから、じっさいに年周視差の測定に成功したのは、精密な天体観測ができるようになる19世紀半ばまで待たねばならなかった。これに比べると、年周光行差はもっと大きな数字になるので、ニュートンの死の直後（18世紀前半）には測定に成功して、これが地球の公転のサポートとさ

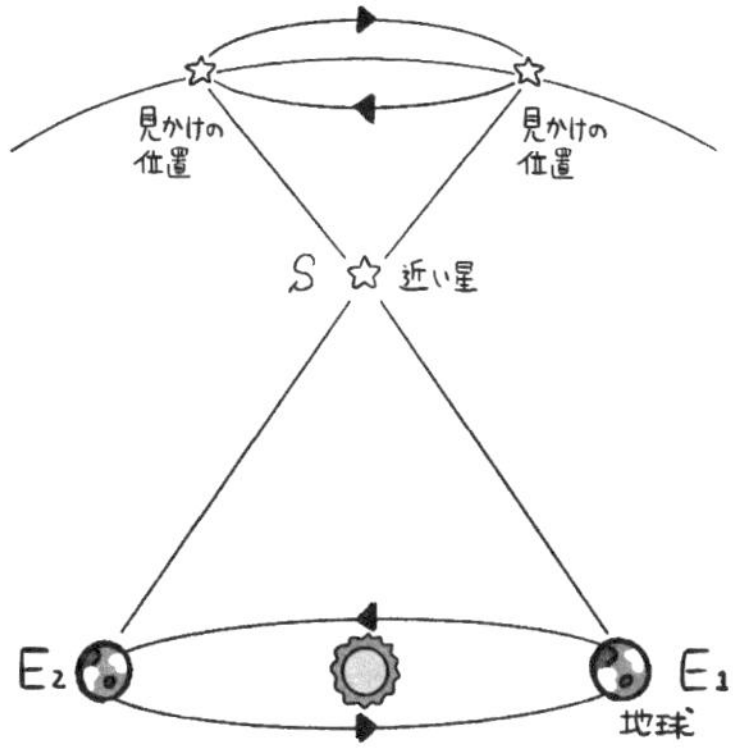

図1

図2

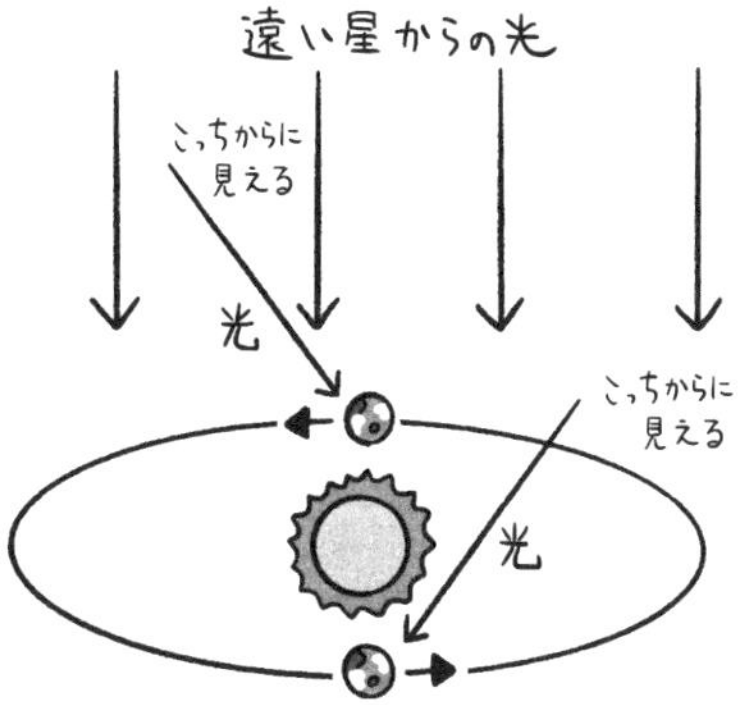

図3

れていた。
（3）実際に酢を加えた水でれんこんを茹でてみればよい。そのとき、酢を入れた水と入れない水でそれぞれ同じれんこんを同じ大きさ厚さに切ったものを、同じ分量だけ、同じ温度で同じ時間茹でて比べてみると、もっと強いサポートになる（こういうのを**対照実験**という）。
これとは異なるサポートの仕方もある。こんなのだ。れんこんに含まれる色素のフラボノイドは酸性では無色、アルカリ性では黄色になる。また、酢はポリフェノール系物質の酸化による褐変を防ぐ。したがって、れんこんを酸性の水で茹でることで白く保つことができる。一般的な科学的事実によって説明をすることでサポートするというやりかただ。ちなみに、フラボノイドは小麦粉にも入っていて、ラーメンが黄色いのは、鹹水《かんすい》というアルカリ性の液体を使って麺をつくるからである。
（4）実験してみて逮捕されるというのもたしかにサポートになるだろうけど、そんなことをする必要はない。著作権法を調べてみればよい。著作権はいくつかの権利の集まりだが、その中に「送信可能化権」というものがある。著者が自分の著作物をウェブサイト上にアップロードし、利用者がダウンロードできるようにする権利のことだ。もしその著者がこの権利を放棄していないなら（雑誌に載っている漫画はたいていそうである）、それを勝手にホームページで配信すると著作権侵害になって罰せられる。この場合は、法律の条文がサポート（根拠）を与えているわけだ。

④（61ページ）

この問題は一通りの答えにはならない。（9）がまったくサポートにならないのはいいだろう。（1）もほとんどサポートにならない。キミのフィーリングだけじゃダメだよ。というわけで、（9）と（1）が最弱に位置する。これはいい。

残りの七つは、いくつかの種類に分けられる。

(i) じっさいやってみる系→(3)(5)(6)(7)

(ii) 伝聞系→(2)(8)

(iii) 科学理論による説明系→(4)

それぞれの系の中では順位がつけられる。「やってみる系」では、(6)(3)(5)(7)の順にサポートが強くなっていく。(3)より(5)のほうが強いのは、(3)が記憶のなかのおろしたてと、いま味わった30分後のものとを比べているのに対し、(5)は両方とも、いま味わっているからだ。

伝聞系では、料理教室とおばあちゃんのどっちを信用するかによって順位がつく。まあ、料理のプロがお金を取って教えている料理教室のほうが、信頼性が高いと考えるのが普通だろう。

あとは、三つの系どうしを比べることになる。これが人によって違いが出てくる点だ。つまり、どんな種類の証拠をより信頼できるものとするかについての考えかた(こういうのを認識論という)に左右される。キミがどういう認識論の持ち主かに応じて異なるんだ。じっさいにやってみる経験重視か、権威を重視するか、理論的説明重視か。大事なのは、それぞれの系のなかで、サポートの強弱を並べることができるということだ。

⑤(68ページ)

(1) この例の「私」はガリレオである。ガリレオの主張に対しては次のような反論がなされた。望遠鏡で月を観察したらでこぼこ・ゴツゴツに見えたということからは、ほんとうに月がゴツゴツしているとか、まして岩石でできているということは出てこない。見えたでこぼこは性能の悪い望遠鏡の生み出した幻かもしれない(じっさい、望遠鏡や顕微鏡で見えたものが装置の生み出したものにすぎないかどうかは、いまでもつねに問題になる)。また、月は天体であり天上の物質でできているはずだ。他方、望遠鏡は地上の物質でできている。望遠鏡が地上のものを大きく見せてくれることは認めてもよい。地上の物質どうしの相互作用だからだ。しかし、地上の物質でできた望遠鏡が天上の物質についてその真の姿を見せてくれる保証はない（天の物体と地上の物体はまるっきり異なっていて、それぞれ異なる物理法則に従っている、というのは当時の常識だった）。

（2）動物を食べるのも植物を食べるのも生命を奪うことであるということが正しいとしても、そこから植物を食べ動物は食べないという態度が間違っているということは出てこない。なぜなら、そこで奪われる生命のありかたが異なっているからだ。私たちが肉食の対象とするような高等な動物は、ヒトと似た神経系をもっている。おそらく、苦痛や不安を感じる能力をもつはずだ。植物はこうした意識はないだろう。そうすると、動物を食べるために殺すのは、動物に不安と苦痛を与えることでもある。苦しみを感じる能力のある存在に不必要に苦しみを与えることは正当化できない。だから、植物を食べるのは許される一方で動物を食べるために殺すのは許されないという考えかたは成り立ちうる。

（3）古典落語には冷酷非道な登場人物も出てくるよ、というツッコミもできるけど、ここでは反例をあげるのが問題のポイントなので、それはしないでおく。仮に古典落語には人情味のある人ばかり登場するというのが正しいとして、それが後半部分をサポートできないことを示してみよう。たとえば、古典落語は江戸時代の町人生活を描いたものが多いのは確かだが、それがいまの形につくられたのは明治になってからである。近代化によって徐々に殺伐としてきた明治時代にあって、江戸時代を理想化して描いただけかもしれない。

（4）練習問題④ではけっこう強いサポートと評価したけど、これにだって反例（ツッコミどころ）はある。次のようなツッコミだ。この実験結果だけからは大根おろしはおろしたてのほうが辛味が強いということは出てこない。まず、舌が慣れるということがある。もしこの実験で、先におろしたて、次につくりおきを食べたなら、同じくらい辛くても、舌が慣れてしまって、最初に食べたほうが辛いという判断になることもありうる（こういうツッコミを避けたかったら、１００人をランダムに50人ずつに分け、食べさせる順番を変えてやればよい）。

もう一つのツッコミは、次のようなもの。多くの人はおろしたてのほうがフレッシュで辛いんじゃないかというイメージをもっている。だから、どっちがおろしたてなのかわかるように実験したとするなら、そのイメージだけによって（ほんとうの味によるのではなく）おろしたてのほうが辛いと答える、あるいは辛いと感じるということがありうる。こういうツッコミを避けたかったら、実験参加者にはどっちがおろしたてか、どっちがつくりおきかわからないようにして実験をしないといけない。こういう実験のやりかたを**「盲検法」**とか**「ブラインドテスト」**という。

（5）例をあげるのを7でやめたから、なんとなくサポートになっているような気がするが、8まで続けたらすぐに反例が現れてしまう。8の2乗は64。6＋4は10となって、奇数にならない。

⑥（78ページ）

（1）太陽が地球の周りを回っているのではなく、地球が太陽の周りを回っているというのは正しいが、証拠は結論をサポートできていない。**↓（c）のケース**

（2）化学反応によって元素を変換しようとする試みがつねに失敗してきたことを証拠にして、元素の変換はできないと結論するのは、サポートとしてはまあまあ合格と言ってよいだろう。だけど、いまの科学的知見からすれば、元素は不変ではない。核反応によって元素の種類が変わることがあるからだ。たとえば、ウラン235は放っておくとα崩壊してトリウムという元素になる。また、ウラン235に中性子を当てると、核分裂を起こしてイットリウムとヨウ素に分かれる（他の組み合わせに分かれることもある）。このときに出る熱を使って発電するのが原子力発電だ。というわけで、サポートは合格だったが、結論はいまとなっては間違い。**↓（b）のケース**

（3）科学分野でノーベル賞を受賞した女性はけっこう多くいる（2019年時点で20人）。代表的なのはマリー・キュリー（1903年物理学賞、1911年化学賞）、バーバラ・マクリントック（1983年医学生理学賞）だ。なので証拠が間違い。仮に証拠が正しかったとしても、それは女性の理系進学を否定する根拠にはならない。だから結論は証拠にサポートされていない。そして、結論じたいも正しくないと考えるのが妥当だろう。

↓（d）のケース

（4）これはちゃんとした数学的証明である。↓（a）のケース

⑦（84ページ）

次はほんの一例。

C：でもでもでも、酔っぱらいにかぎって自分は酔ってないとか飲んでないとか言うじゃない。ホントに「しらふ」だったって証拠ある？

A：その日、何をしたかはっきり覚えているよ。その記憶によれば飲んでないって断言できるぜ。

C：でもでもでもでも、なんでそんなに自分の記憶力に自信があるの？　あなた記憶違いをしたことないって言える？

A：そりゃ、忘れてしまうこともあるし、記憶が間違っていたということもあるよ。でも、たいていの場合は、ぼくは正確に物事を覚えていると言っていいと思うよ。他の人に確かめてみても、ぼくの記憶通りだったってみんな言うし。

C：でもでもでもでもでも、それってあなたの証言と他の人の証言が一致したということにすぎないでしょ。他の人がグルになって、あなたがちゃんとした記憶の持ち主だと信じこませようとしていることも考えられるじゃない。

A：そんな陰謀が企《くわだ》てられてるとして、いったい何のためだよ。意味ないじゃん。

C：でもでもでもでもでも、あなたの周りの人たちは、ほんとうは宇宙人で、あなたの記憶を書き換えて、でも、あなたにはそれが正しいと思わせているかもしれないわ。地球征服のために。そうでないって証拠あるの？

A：うう。なんだか自信がなくなってきた。君の言ってることが正しいような気がしてきたよ……。

⑧（97ページ）

（1）相手の動物園・水族館擁護論は、「教育機関・研究機関・希少動物の保護・娯楽施設としての意義」という四つの根拠でサポートされている。これに対する批判者のツッコミは、娯楽施設としての意義という一つだけ、かつどちらかといえばマイナーな意義について、それを否定しているにすぎない。どうでもよい細かな点に議論をすりかえて議論全体を批判しているわけで、**「燻製ニシン」**のにおいがする。

（2）相手の主張の内容じたいにツッコミを入れているのではなく、相手の体格という属性に基づいて主張内容を否定している。典型的な**「対人論法」**だ。

（3）これはけっこうまともな反論に見えるかもしれないが、じつは**「わら人形」論法**の疑いがある。批判されている議論は、「科学・技術に関する意思決定への一般市民の参画」が必要だと主張している。これは、必ずしも「専門知識を無視してなんでも多数決で決める」という極端なしくみを提案しているわけではない。相手の主張を、攻撃しやすい極端な主張として歪めて解釈したうえでやっつけようとしている。

（4）これはよく政治家がやる最悪の論法だ。燻製ニシンも対人論法もわら人形も、とりあえず嚙み合った論理的コミュニケーションをしているふりはしようとしているわけだけど、これは積極的にコミュニケーションを拒否しようとしているからね。答えたふりをしているだけ。差別発言であることを認めてあやまれ、と言われているわけだが、この「答弁」は自分の発言が差別的だったとも、差別的ではなかったとも言っていない。「差別的だったならあやまる」と言っている。内容のきわめて薄いことをだらだらとしゃべって、答えたふりだけはする、というわけで**「同語反復の仲間」**に近い。

⑨(106ページ)

(1)「$n!+1$が素数である」をA、「$n!+1$が素数でない」をB、「nより大きな素数が存在する」をCとして、証明のかたちを取り出してみると、52〜53ページに記した証明は次のようになる。

AかBのどちらかである
AだとするとCである
BだとするとCである
したがって、いずれにせよCである

場合分けをして証明するということは、ジレンマと同じかたちをしているのである。だから、**ジレンマのかたちをしているというだけで疑似論理的だとか、正しくない推論だと決めつけてはいけない。**

(2)(1)に取り出したようなジレンマのかたちを見ると、これには反例はつくれそうにないことがわかる。つまり、三つの前提がみな正しければ、必ず結論が成り立ってしまう。そうするとこのジレンマにツッコミを入れるためには、**三つの前提のそれぞれについて、間違いですよ**と言ってあげればよい。

まず、仕事を辞めて結婚するか、結婚を諦めて仕事に生きるかのどちらかということはない。仕事と結婚のどちらも選んだ人はたくさんいる。次に、仕事を辞めて結婚すると社会に参加する機会がなくなるということもない。ボランティア活動や地域活動、民生委員などを通じて社会に貢献している主婦もたくさんいる。最後に、結婚を諦めて仕事に生きると家族とのふれあいがもてないということもない。家族は配偶者や子どもだけではないから。

⑩（113ページ）

（1）じつは、人が一生のうちに大腸ガンにかかる確率は8％くらいである。だから、こんにゃくを食べない人の92％も大腸ガンにかからない、ということは十分ありうる話だ。高い確率は必ずしも因果関係（この場合はこんにゃくを食べるという原因が大腸ガン予防という結果をもたらす）を意味しない。にもかかわらず、私たちは高確率から因果関係にすぐに飛躍してしまう。125ページで述べる通り、このような考えかたのクセを**「バイアス」**という。

こうしたバイアスを避けるには、**四分割表**と言われる表を描いて考えることをオススメしよう。

次ページの**表1**のようだったら、こんにゃくは大腸ガンと何の関係もないことになる。

表2のようだったら、こんにゃくは大腸ガンの予防に関係があるかもしれない。

表3の場合、こんにゃくをよく食べる人も、たいていかぜにはかかるんだけど、かからない人がこんにゃくを食べない人の5倍もいる。もしかしたら、こんにゃくにはかぜの予防効果があるかもしれない（あくまでも「かもしれない」だけ）。

（2）90％もの高い確率で産地を当てられるよしこ先輩が言うんだからきっとP県産に違いない、と思いたくなるんだが、ちょっと待った。次のようなケースを考えてみよう。P県産のさくらんぼはたいへん貴重で、あまり市場に出回らない。この店でも、100日のうちP県産のさくらんぼを出せる日はわずか5日だ。残りの95日は大産地のQ県のものを使っている。さてそうすると……

よしこ先輩が「P県産よ」と言ったときに、ほんとうにそれがP県産である確率（こういうのを条件付き確率という）を求めてみよう。次ページの**表4**の中でアミがかかっている部分だけに注目。「P県産よ」と言うのは

表1

		大腸ガンに	
		かかる	かからない
こんにゃくを	よく食べる	8	92
	食べない	8	92

表2

		大腸ガンに	
		かかる	かからない
こんにゃくを	よく食べる	8	92
	食べない	20	80

表3

		かぜに	
		かかる	かからない
こんにゃくを	よく食べる	90	10
	食べない	98	2

表4

出てきたさくらんぼは	よしこ先輩の判断は	よしこ先輩の発言	確率
Q県産	当たってた	「Q県産よ」	0.95×0.9＝0.855
	はずれてた	「P県産よ」	0.95×0.1＝0.095
P県産	当たってた	「P県産よ」	0.05×0.9＝0.045
	はずれてた	「Q県産よ」	0.05×0.1＝0.005

全体で0.095＋0.045＝0.14の確率で起こる。そのうち、ほんとうにさくらんぼがP県産なのは0・045だから、0・045を0・14で割って、0・321。よしこ先輩の言う通りP県産である確率はわずか3割なのだ。Q県産が極端に多いので、Q県産を間違ってP県産と言ってしまう確率のほうが高くなってしまう。なので、この晩に会食したメンバーの判断（よしこ先輩が言うんだからP県産だろう）は間違い。

（3）一年のうち雨の日はおよそ3分の1、一年のうち道路が水に濡れている時間はおよそ2分の1、この二つはそれぞれ正しいとしよう。だからと言って、一年のうち雨が降って道路が水に濡れる確率は、1/3×1/2＝1/6だ、って考えたらおかしいでしょ。雨が降ると、道路が水で濡れやすくなる。というかほぼ確実に道路は水で濡れる。だから、一年のうち雨が降って道路が水に濡れる確率は、1/3×1＝1/3と考えるのがよい。こういうとき、「雨」と「道路の濡れ」という**二つの事象は独立ではない**、というんだ。

Aが起こる確率とBが起こる確率を単純に掛け合わせて「AかつB」が起こる確率と考えてよいのは、Aが起きることがBを起きやすくしたり、逆に起こりにくくしたりするということがない場合、つまり、Aが起きたかどうかがBの起こりやすさに影響しない場合（これが**独立**ということ）だけなんだ。

同様のことが、この推論の後半部分にも当てはまる。道路が濡れれば転びやすくなる。転ぶと頭を打ちやすいだろう。だから、問題中に現れた四つの出来事は独立ではない。独立ではないことがらを独立であるかのようにみなして、単純に確率を掛け算したために、すごく起こりにくいことが起きたかのように錯覚してしまったというミスだ。

（4）これはいくつかの間違いが混ざり合っている。まず第一に、「そうでない生徒さん」にはいろんな人が含まれている。「わが社」のコーンフレーク以外の朝ごはんを食べてから学校に行く生徒も、そもそも朝ごはん抜きの生徒も混ざっている。「わが社の製品」じゃなくて、朝ごはんを食べるか食べないかのほうが成績に関係しているかもしれない。だから、朝食にかつお節入りコーンフレークを食べる生徒、それ以外の朝ごはんを食べる

表5

		テストの成績が	
		良くない	良好
朝食を	食べる	20	80
	食べない	60	40

生徒、朝ごはんを食べない生徒の三つのグループに分けて成績を比べてみないといけない。きっと、差が出てくるのは朝ごはんを食べるか食べないかのほうだろう（じつはそういうデータはある）。

それじゃ、朝ごはんを食べるか食べないかと成績の間に次のような関係があることがわかったとしよう。（1）の教訓は「四分割表を描け」だったから、それに従ってみた（表5）。朝食を食べるグループは食べないグループに比べて、成績良好者が倍もいる。コーンフレークにかぎらず朝ごはんを食べることは成績をアップさせると言ってよいだろうか。

即断は禁物だ。朝ごはんを食べると脳に栄養（特にブドウ糖）が供給されて思考が活発になるという可能性はもちろんある。つまり、朝ごはんが好成績の原因だという可能性である。しかし、次のような可能性もある。朝ごはんを毎朝食べてから登校する生徒は、生活習慣が身についている生徒だろう。そういう生徒は、毎日きちんと勉強時間を確保して机に向かう習慣も身につけていると考えられる。だから、生活習慣の確立という共通の原因があって、それが朝ごはんを食べる習慣と良好な成績という二つの結果をもたらしている、とも考えられる。朝ごはん習慣と好成績には共通の原因があるので、数字のうえでつながりが見られるが、朝ごはんが好成績の原因なのではない。こういう可能性もある。

あるいは、親が子どもの成長を気にかけ、きちんと子どもの面倒を見ているという養育態度が、朝ごはん習慣と勉強習慣（そして好成績）の共通原因なのかもしれない。

ここから言えることは、ある二つのことがらについて、**一方の数値が高いと、他方の数値も高くなるという傾向が見られるからといって、一方が他方の原因だと即断してはいけない**ということだ。そういう可能性もあるが、他の可能性もある。

⑪（121ページ）

（1）私たちは、コンビニは頻繁に利用する。美容院や歯科医院はそれほどではない。つまり、コンビニは馴染み深くて思い浮かべやすい施設なのである。だから思い浮かべやすい事例を使って判断しがちな私たちのクセによって、コンビニの数を実際より多く見積もってしまう。→（c）

（2）関西人はお笑いが得意というのは、典型例の典型例だ。→（a）

他にも、名古屋人は味噌が好きで「みゃーみゃー」言う、江戸っ子は喧嘩っ早い、東北人は我慢強い、九州人は男尊女卑。こういうお国自慢ないし「県民性」はほとんど「あるある」イコール、130ページで述べる**ステレオタイプ**だ。

（3）アルゼンチンの人口はおよそ4500万人。最初に与えられた数字（1億人あるいは1000万人）から調整して答えようとするのだが、その数字に引きずられてしまい、十分に調整ができない。こういう現象を、**アンカー効果**という。アンカーって碇《いかり》のこと。→（b）

⑫（133ページ）

A薬と答えた人が多かったのではないだろうか。でもこれは私たちの思考のバイアスを示しているんだ。そのことを理解してもらうために、まずは**期待値**について説明しよう。

10分の1の確率で1000円が当たるくじAと、100分の3の確率で3000円が当たるくじBのどっちかを引かせてあげるよと言われたとき、キミだったらどっちを引く？　賞金だけ比べたり、当たりの確率だけ比べたりするのはアホである。そういうときに期待値を計算しなさいと言われる。くじAは1000×1/10＝100だから、平均して100円もうかる。Bは3000×3/100＝90だから、平均して90円もうかる。これが期待値だ。くじAのほうが、もらえる可能性のある金額の期待値が高い。利益の期待値が高い選択肢を選び、損害の期待値が小さい選択肢を選ぶ。それが合理的な人だ。このように考えられてきた。

それでは、問題の二つの新薬について、救うことのできる人数の期待値を求めてみよう。A薬は確実に2000人救えるので、期待値は2000人。B薬は3分の1の確率で6000人を救えるので、やっぱり期待値は2000人。どっちも期待値は同じである。だから、期待値を頼りに判断する合理的な人だったら、どっちも同じ、どっちでもいい、という判断になるはずだ。

でも、多くの人はA薬を選ぶ。違いは、選択肢が確定した数で示されるか、可能性で示されるかの違いだ。どうも私たちは、期待値は同じでも、1万円確実にもらえるほうを、10分の1の確率で10万円もらえるほうより好むらしい。ところが、これは話の半分だ。選択肢を利益でなく損害をクローズアップした言いかたに変えてみる。つまり、

「A薬は4000人を救うことができずに死なせてしまう。B薬は6000人全員を死なせてしまう可能性が3分の2あるが、一人も死なせずに済む可能性が3分の1ある」

A薬とB薬の効き目は最初と変わらない。でも、言いかたを変えただけで、今度はB薬を選ぶ人が多くなるんだ。つまり、損害に焦点を当てた言いかたにすると、期待値は同じでも、確定した数よりも可能性のほうが好まれるのである。つまり、1万円確実に失うより、10分の1の確率で10万円とられるほうがましだと判断する傾向がある。不思議なバイアスが私たちには備わっているね。

⑬（165ページ）

（1）順に、「画一性」「抽象的」「もの（または「からだ」）」「客観」「人為（または「文化・文明」）」「凡才・凡人（または「秀才」）」「実践」「全体」「普遍（または一般）」「総合（「綜合」とも書く）」「手段（または「方法」）」

（２）

幸せ↓「幸福」「幸《さち》」「幸運」「福」「果報」「至福」「僥倖《ぎょうこう》」「多幸」「幸甚《こうじん》」「冥利《みょうり》」

うわさ↓「評判」「世評」「風評」「聞こえ」「巷説《こうせつ》」「外聞」「下馬評」「口の端《は》（にのぼる）」「人口（に膾炙《かいしゃ》する）」「通り」「風聞《ふうぶん》」「下世話《げせわ》」「流言」「蜚語《ひご》」「浮言《ふげん》」

景色↓「眺め」「風景」「光景」「風光」「情景」「眺望」「展望」「見晴らし」

きざし↓「知らせ」「兆候」「徴候」「前兆」「前触れ」「先触れ」「幸先《さいさき》」「縁起《えんぎ》」「萌芽《ほうが》」「瑞祥《ずいしょう》」「吉祥《きちじょう》」「吉兆」「凶兆」

心配↓「憂い」「不安」「思案」「おそれ」「気がかり」「心置き」「屈託」「懸念」「憂慮」「心許《こころもと》なさ」「危惧《きぐ》」「配慮」「気配り」「思いやり」「心遣い」「気苦労」「気骨《きぼね》」「心労」「思い過ごし」「用心」「心構え」「気構え」

すぐれている↓「勝る」「秀でる」「長じる」「長《た》ける」「抜きん出る」「たちまさる」「見上げたもの」「図《ず》抜ける」「ずば抜ける」「並外れる」「出色の」「光る」「際立つ」「輝く」「傑出した」「素晴らしい」「天晴《あっぱ》れな」「秀逸な」「見事な」「立派な」「良い」「素敵な」「目覚ましい」「輝かしい」「華々しい」「最高の」「至高の」「上々の」「極上の」「絶妙な」「天下一の」「優秀な」「ひとかどの」「異彩を放つ」「上等な」「けっこうな」「上出来な」（他にもいくらでもある。私たちは人を褒めるのが好きなのか？）

援助↓「支援」「援護」「賛助」「加担」「後援」「応援」「後ろ盾《だて》」「後押し」「助太刀」

望み↓「夢」「希望」「所望」「本望」「本懐」「渇望」「願望」「切望」「垂涎《すいぜん》」「宿望」「大望」「野望」「嘱望《しょくぼう》」「期待」「希求」「欲求」

賞賛↓「称揚」「讃美」「礼賛」「賛嘆」「感嘆」「熱賛」「絶賛」「激賞」「喝采《かっさい》」「推奨」

（３）

差別：生まれたところとか、肌の色とか、性別や、同性が好きか異性が好きかとか、たいていは持ち主には変えようのない性質を理由にして、ある人とか人たちを他の人たちと違った仕方で扱うことを差別っていうんだ。「違った扱い」といっても、たいていの場合は、下に見たりひどい目にあわせるといった不利益で不平等な扱いを指すことが多いね。

知覚：目で見たり、耳で聞いたり、手で触ったりして、「そこに赤いリンゴがある」とか「冷蔵庫の奥になにかベチョッとしたものがこぼれている」という具合に、外の世界のものとその様子を、ひとまとまりの意味のあるものとしてとらえる心の働きのこと。

フィクション：人が頭の中で、じっさいにはない世界や人物の、じっさいには起こらなかった出来事を、じっさいのことのようにリアルにつくりあげた、作り話、物語のこと。小説、マンガ、お芝居、映画、いろんなジャンルでフィクションを表現することができるね。

公正：もともとは、ズルやえこひいきをしないで、かたよりなく平等に人やものごとを扱うこと。これをしようとすると、決められたルールや手順をちゃんとまもってやることになることが多いね。だから「正しい規則や手続きに則《のっと》って」という意味もある。

権力：ある人や団体がいる。それをAさんとしよう。別の人や団体がいて、そっちをBさんとする。Aさんが、Bさんに、Bさんがしたくないことをイヤイヤながらにさせることができる力をもっているとき、AさんはBさんに対して権力をもつ、と言うんだ。その「力」のもとは、お金だったり武力や暴力だったり、みんなになんか偉いと思われている「権威」だったり、いろいろだ。

差し出がましい：AさんはBさんにあれこれ指図をしたりアドバイスをしたりするような立場じゃないのに、Aさんがでしゃばって、「Bさんのためを思って」とばかりに、余計なおせっかいをやいたり、図々しく指図や忠告をしたりする。こういうのは失礼なことと思われていて、それを非難したいとき「差し出がましいことをする」と言うんだ。そしてそういうことをするAさんみたいな人は「差し出がましい人」と言われちゃう。

民主主義：みんなの幸せに関係するようなことがらを、誰かに任せて決めてもらうのではなく、みんなで議論して決めてやっていきましょうという考えかた。そして、そういう考えかたに基づいて世の中をやっていこうとすると、いろんなしくみも必要になる。議会とか選挙とか。そういう世の中のしくみも「民主主義」と呼ばれる。

何食わぬ顔：なにかヤバいことをやってしまった、あるいは見てしまった、知ってしまったとする。そのときに、何事もなかったかのように、何も知らないかのようにふるまう。それが他の人にバレていると、「何食わぬ顔しやがって」と言われる。

（4）

・**「おざなり」**は、その場しのぎにいいかげんなことを言ったり、手抜きをしてごまかすこと。辞書には「おざなりのキス」という用例があったぞ。**「なおざり」**は、いいかげんに放っておくこと。どうやらもともとは同じ意味だった（本気度が低いとか真剣味に欠けるとか）という説もあるが、現代語では「なおざり」は「やらない」方向に力点が移動したようだ。「仕事をおざなりにする」は仕事をやってはいる（ただしすごくいいかげん）みたいだが、「仕事をなおざりにする」というのは他のことに夢中になって仕事を放棄しているというニュアンスがある。

・**「論理」**の定義は本文中でやったので省略。**「理論」**とは、科学（学問）研究で、個々の具体的な現象や事実がなぜそうなっているのかを統一的に説明したり、こういうことの後にはこういうことが起きますよと予測したり、それを使って現象を制御するために使われる普遍的・抽象的な知識の体系のことだ。

・「仮定」も「前提」も、そこから推論をスタートさせて結論を導くために使われる命題だ。どちらも結論をサポートするためのものであることには変わりはない。ただし、**「前提」**は、自分も相手もとりあえずは正しいと認めている、あるいは正しいものとみなそうという合意が成り立っているとき使う。これに対して**「仮定」**は、もっと「仮に正しいとしてみたら」という気持ちが強い。自分でも正しいと確信はしていない、相手と合意がとれているとは言えない、場合分けをして考える際に「nが偶数であるとしてみる」、こういったときには「仮定する」を使う。

・「検証する」と「検討する」は、よく混同されている。**「検討する」**はよく調査して、評価したり解決策を練ったりすることだ。だから、問題、提案、事件などが検討の対象になる。これに対して、**「検証する」**は「真か偽かを観測・実験で確かめる」ということだ。だから検証の対象になるのは「仮説」や「理論」になる。「一般相対性理論を検証する」は、実験や天体観測などを通じて、一般相対性理論が正しいかどうかを確かめるということを意味する。最近では、「トランプ外交を検証する」みたいに、たんに「くわしく調べて、あれこれ評価する」くらいの意味で「検証」を使っちゃうのが、マスコミを中心に流行っている。でも、本来はこれは誤用だと思う。

(5)

・**「保証」**は、間違いありません、大丈夫ですよ、なにかマズいことがあったら責任とりますよ、と請け合うこと。**「保障」**は地位・権利・利益などが侵害されないように保護し守ること。「安全保障」ってそういうことだ。**「補償」**は、損失や損害、かかった費用などを償って埋め合わせること。故障を補償するのはいいけど、故障を保証したらヘンだ(これぜったい壊れますよと請け合ってどうする)。

・**「施行(しこう/せこう)」**は、実際におこなうことだけど、特に公布された法律の効力を発生させること。**「施工(しこう/せこう)」**は、工事や建築を実施すること。

・**「共同」**と**「協働」**と**「協同」**はともに「複数の個人や団体が力をあわせて同じ目的、共通の利益のために事にあたること」なのだけど、「共同」は参加者が互いに同じ立場・資格だというところに力点がある(と辞書では言われている)。「共同組合」と言うしね。たしかに「産学(産業界と学術界)協同」とか「市民と行政の協働」といった具合に、異なるセクターが協力してものごとを進めるときには「共同」はあまり使わないようだ。でも、これらの違いはすごく微妙。

・「解放」は心や身体の束縛や制限を取り除いて自由にすること。「開放」は立ち入りを禁止・制限せずに、誰にでも自由な出入りや利用を許すこと。「解き放つ」と「開け放つ」の違いと言えばいいかな。

・「追求」は、目的のものを手に入れるためにねばり強くがんばること。「追究」は、その手に入れたいものが特に学問上の真理のときに使う。「追及」はこれらとだいぶ違って、責任や欠点や罪、原因などをどこまでも食い下がって問いただすことだ。「ねばり強く」というところが共通している。

・「判例」は、過去の裁判で下された判断のこと。「反例」は本文でくわしく解説した通り、一般的な主張の例外（成り立たないケース）、あるいは推論や論証で、前提は成り立つのに結論は成り立たないケース。「凡例」は、書物のはじめに、その編集目的・方針・使いかた・表記法などを箇条書きにまとめて記した部分、あるいは地図の場合、それぞれの記号が何を表すか（〒は郵便局だとか）をまとめて示す表のこと。「範例」は模範となる例のこと。つまりお手本。この四つはぜんぜん違うね。

・「実践」は、机上の空論や理論に対して、じっさいにやること。理論や理想を行動に移すことを意味する。「実戦」はそれの戦いバージョン。訓練・演習や戦略理論などに対して、じっさいに戦うこと。

・「叔父」と「伯父」。どっちも「おじさん」なので区別はないと思っちゃうが、本来は違いがある。叔父＝父母の弟／伯父＝父母の兄、という区別だ。年上が偉いという考えかたを背景として、偉いほうに首長の意を表す「伯」の字を当てているわけで（「叔」は若少、年少の意）、もうこんな区別は無くしてしまえ！　と私は思う。

・「特徴」のほうが一般的。他のものと比べてとりわけ違っていて、目立つ点のこと。「特長」は、それにさらに他に比べてとりわけ優れた方向に違っている、という含みが加わる。だから、「今度の新製品のとくちょうは、電力をやたらと消費するようになった点だ」というときに「特長」を使ったらおかしい。

⑭（178ページ）

図4

図5

条件を図に描いてみる。

条件（1）は「×三四　×四三」となる。（2）は図4のような具合。（3）は、二階堂と四谷は一ノ瀬より前に置かないといけないということだから図5のようになる。

さて、（2）（3）より、「・五・二・一・」の順で並んでいなければならないことがわかる（・のところに誰かを入れてもいいし入れなくてもいい）。この列に他の3人を付け加えていけばよい。

六本木はできるかぎり早い順番にしないといけないが、五の後でなければならないから、五の直後に置くのがよい。また、六をできるだけ早くするためには五の前には誰も置いてはいけない。そうすると、

五六・二・一・

四谷は一ノ瀬の前ならどこでもよいが、六本木の前に置くことはできない。そこで、

五六・四・二・一・

五六・二・四・一・

のどちらかがありうる。残ったのは三鷹だが、一ノ瀬をできるだけ早くしようとすると、一ノ瀬の前には置けない。一ノ瀬の後に三鷹を置く。

五六四二一三

五六二四一三

の二通りが答えである。

⑮（183ページ）

次ページの図6を見てほしい。お湯を沸かして、スパゲティ（乾麺・太いの）を茹でるのにけっこう時間がかかるという前提で考えてみた。2次元の紙の上で考えることのメリットは、縦軸を時間にして、横に並行しておこなうべき作業を並べることで、並列処理を計画しやすくなるということだ。おこなうべき作業をこのように並べた後で、じっさいにどういう順番でやろうかを考え、丸数字の番号を振り直す（一人ではやっぱり、一度に一つのことしかできない）。

⑯（188ページ）

まず、n(n+1)(2n+1)がつねに6の倍数であることを言うには、これが2の倍数であることと3の倍数であることの二つを言えばいい。こう考えて、387ページの図7のように骨組みを書いてしまう。余白たっぷり。最初に「証明終」と書くのは気分がいいぞ。

Ⅰ　n(n+1)(2n+1)が2の倍数であることの証明は簡単だ。nがどんな数であっても、nか(n+1)のどちらかは必ず2の倍数（偶数）だから。

Ⅱ　n(n+1)(2n+1)が3の倍数であることの証明はどうしよう。nがどんな数であっても、nか(n+1)か(2n+1)のどれかは必ず3の倍数だと言えばよい。そのためには場合分けをするのがよさそうだ。「nが3の倍数であるとき」「3で割って1余る数であるとき」「2余る数であるとき」の三通りに場合分けしよう。

以上を書き込むと387ページの図8のようになる。

あとは、AのところとBのところを埋めればよい。

Bは、n=3k+2なんだから、n+1=3k+3=3(k+1)となるから、(n+1)が3の倍数になる。だからn(n+1)(2n+1)も3の倍数。これでよい。

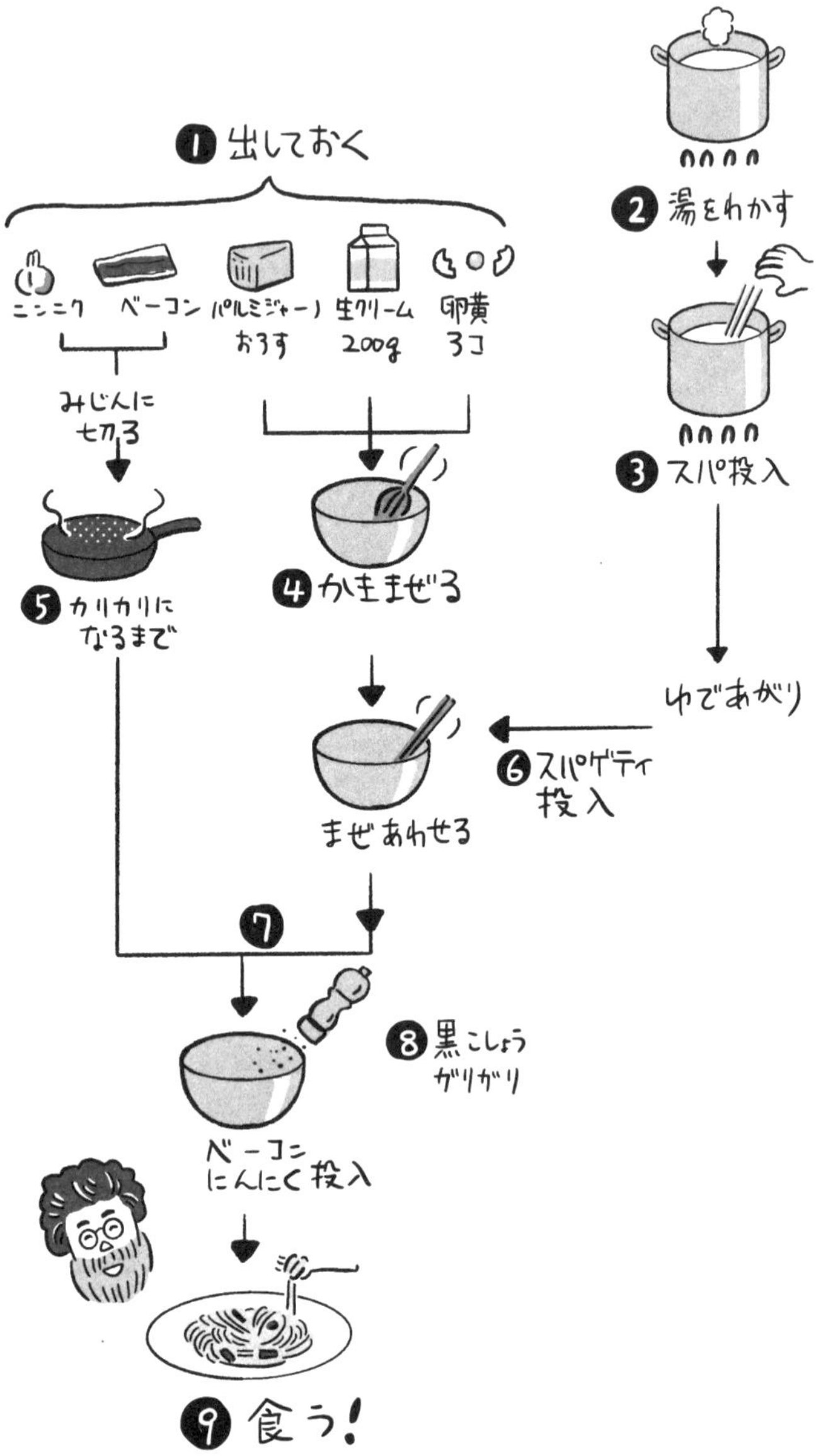

1 出しておく
ニンニク
ベーコン
パルミジャーノ おろす
生クリーム 200g
卵黄 3コ
2 湯をわかす
みじんに切る
3 スパ投入
4 かきまぜる
5 カリカリになるまで
ゆであがり
6 スパゲティ投入
まぜあわせる
7
8 黒こしょうガリガリ
ベーコン にんにく投入
9 食う!

図6

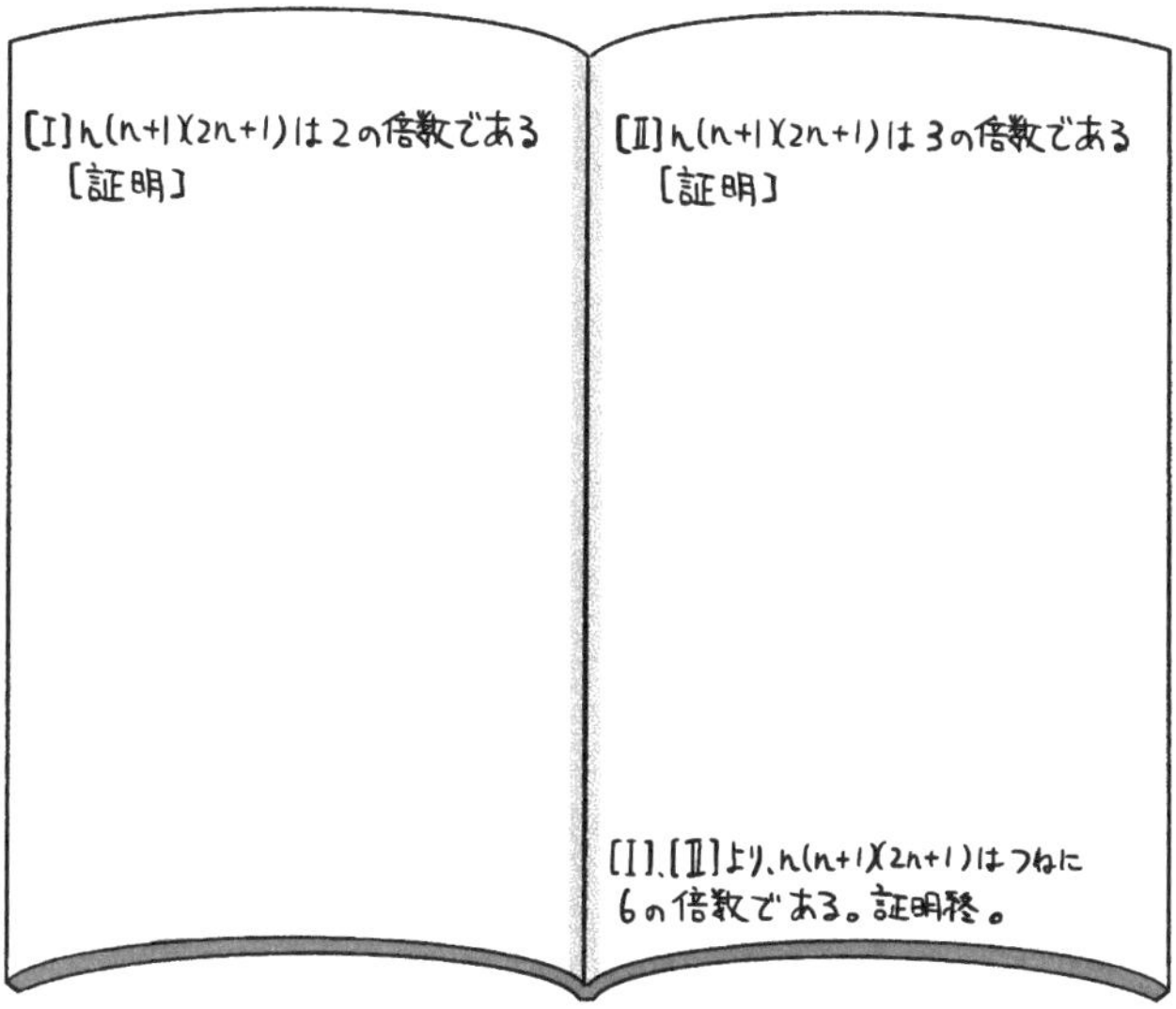
[I] n(n+1)(2n+1)は2の倍数である
[証明]
[II] n(n+1)(2n+1)は3の倍数である
[証明]
[I]、[II]より、n(n+1)(2n+1)はつねに6の倍数である。証明終。

図7

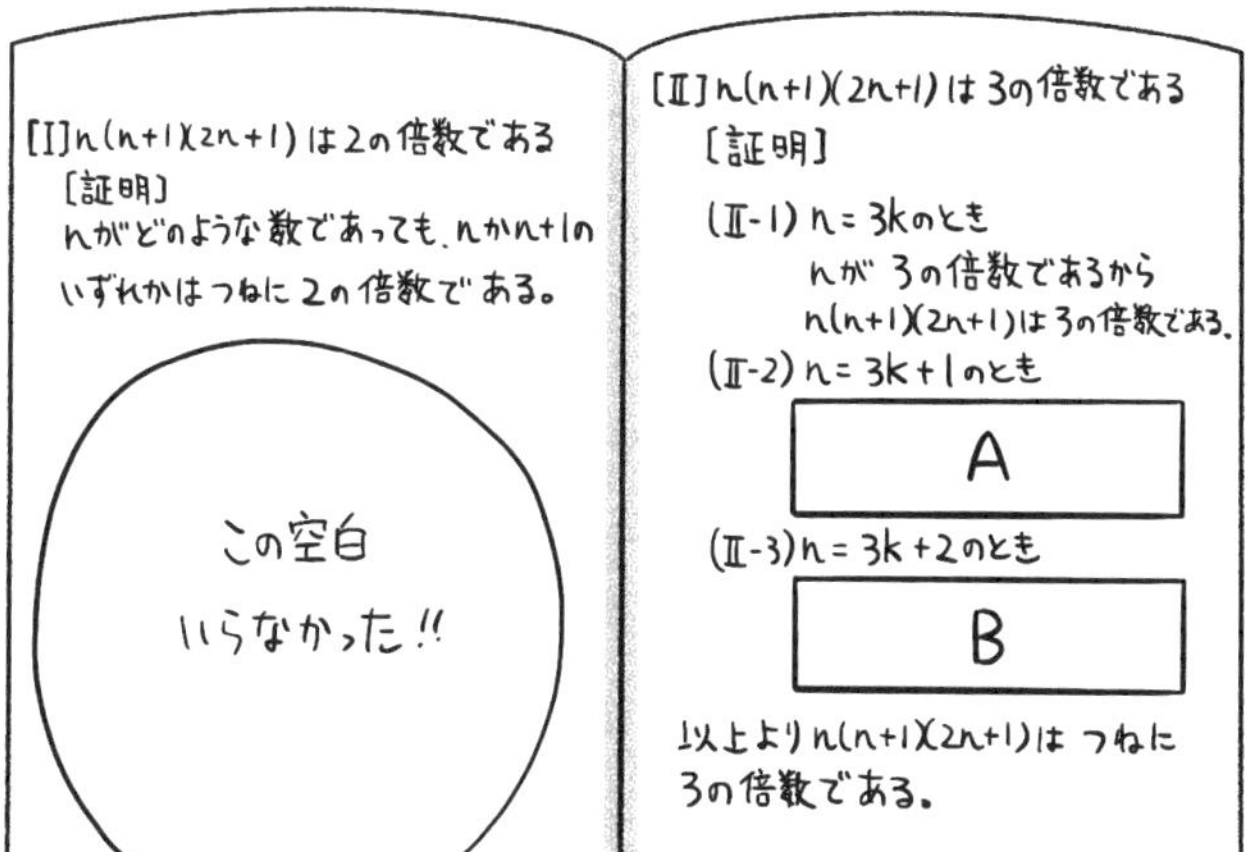
[I] n(n+1)(2n+1)は2の倍数である
[証明]
nがどのような数であっても、nかn+1のいずれかはつねに2の倍数である。
この空白
いらなかった!!
[II] n(n+1)(2n+1)は3の倍数である
[証明]
(II-1) n=3kのとき
nが3の倍数であるから
n(n+1)(2n+1)は3の倍数である。
(II-2) n=3k+1のとき
A
(II-3) n=3k+2のとき
B
以上より n(n+1)(2n+1)はつねに3の倍数である。
I、IIより n(n+1)(2n+1)はつねに6の倍数である。証明終。

図8

残るはAだ。きっと2n+1が3の倍数になるんだろう。n＝3k+1のとき、2n+1＝2(3k+1)+1＝6k+3＝3(2k+1)だから、思った通りだ。

あとは、これらをAとBの空欄に書きこんで、文章を整理して証明の完成だ。

⑰（193ページ）

（1）（a）により、今日買っていいのはどら焼きか大福だ。そして3人がそれぞれどちらかを買うのだから、2×2×2で8通りの買いかたがある。このくらいだったら表を書いてしまったほうが楽チンに考えられる。「ど」はどら焼き、「だ」は大福を表す**（表6）**。

（b）により、ほのかとはなよの両方が「だ」になっている列は許されない。「だ・だ」は消す（6と8が消える）。（c）により、さらに「ど・ど」も消さないといけなくなる（1と3が消える）。（d）により「・だだ」はダメ。これで4も消える。（e）ほのかがどら焼きを買うなら、ことりは大福を買わねばならない。これは、「どど・」はダメだということだ（これで2が新たに消える）。そうすると、許される買いかたは5「だどど」と7「だだど」だけになる。そうすると**ほのかはどら焼きを買うことができない**。**はなよは大福を買うことができない**。選択肢があるのはことりだけだ、ということになる。

この問題のポイントは、あまり深く考えないで、表を書いて機械的に可能性を潰していったほうが、ずっと考えるのが楽になり、また正確になるということだ。

（2）今度は（1）とは違って、すべての組み合わせを書き出してから、条件に合わないものを消していく、というやりかたはとれない。組み合わせが多すぎるからだ。もうちょっとうまい表の作りかたを考案しよう。

表のサイズを小さくするのに役立ちそうな条件は（a）だ。一つのセットに四種類以上は入れてはいけないのだから、三種類まで。そこで、**7**のような表をつくってみよう。うぐいす餅を「朧月」に入れたということも書

表6

	1	2	3	4	5	6	7	8
ほのか	ど	ど	ど	ど	だ	だ	だ	だ
ことり	ど	ど	だ	だ	ど	ど	だ	だ
はなよ	ど	だ	ど	だ	ど	だ	ど	だ

表7

	あけぼの	朧月	陽炎
1		う	
2		さ	
3			

表8 (A) よもぎ大福を「あけぼの」に、いちご大福を「陽炎」に入れたとき

	あけぼの	朧月	陽炎
1	よ	う	い
2		さ	
3		わ	

表9 (B) いちご大福を「あけぼの」に、ひなあられを「朧月」に入れたとき

	あけぼの	朧月	陽炎
1	い	う	わ
2		さ	く
3		ひ	

表10 (C) わらび餅を「あけぼの」に、草餅を「朧月」に入れる

	あけぼの	朧月	陽炎
1	わ	う	よ
2		さ	い
3		く	

いておく。また、条件（f）により、うぐいす餅を入れたセットには桜餅も入れないといけないので、それも書きこんでおく。

ここに、残りの五種類のお菓子を、条件を満たすように入れていけばよい。その入れかたはまだまだ何通りもありそうだ。どうしよう。問題は、条件を満たすように入れたとき、（A）（B）（C）のうちやってよいのはどれか、というものだった。そこで考えかたを逆転させる。たとえば（A）をやったとき、条件をすべて満たすことができるかを考えてみればよい。そうすると（A）〜（C）の三つに場合分けする必要が出てくる。

表8を見てみよう。（d）により、あけぼのにも陽炎にもわらび餅を入れることができない。だからわらび餅を入れられるのは朧月だけ。しかしそうすると、草餅を入れるセットがなくなってしまう。（e）によりあけぼのにも陽炎にも草餅を入れられないから朧月に入れるしかないが、朧月にはもう三種類入れてしまった。だから（A）はできない。

次は**表9**だ。（d）と（e）により、あけぼのにはわらび餅も草餅も入れることができない。朧月はもう満員だから、わらび餅と草餅は陽炎に入れるしかない。でも、条件（g）により陽炎にわらび餅を入れてはいけないのだった。だから、（B）もできない相談だ。

最後に**表10**。（d）により、よもぎ大福といちご大福は陽炎にしか入れられない。残りはひなあられだが、ひなあられをどこに入れるかを制限する条件はないので、あけぼのに入れても、陽炎に入れてもいい。いずれにせよ（e）と（f）と（g）も全部満たされている。

というわけで、**やってよいのは（C）だ**。

⑱（212ページ）

（1）相手はインタビュー対象にしたい情報学部の教員。目的はインタビューに応じる約束を取り付けて、アポイントメントをとること。

（2）文章の仕様を考えてみる

（2－1）**文章の読み手はどういう人か**

授業で会ったことはある。教員なのでいちおう「目上の人」と言っていいかも

相手は何を知っていて、何を知らないのか

・知っていること：頼みたい案件についてはほとんど何も知らない。私が情報学部の学生であるということは知っているかも

・知らないこと：たくさんある。具体的には（2－2）に記す

相手は何ができて、何ができないのか

・インタビューの時間を割いてくれることはできるだろうし、教員たるもの学生の勉強を手伝うことは拒否しないはず

・むやみに長時間をあてることはできないだろう

・突然押し掛けても応じてくれないだろう

（2－2）**目的のことをしてもらうためには、どのような情報を相手に伝える必要があるか**

・グループワークの宿題の概要、ねらいなど

・なぜ、その先生をインタビュー対象に選んだのか

・インタビューしたいことがら

・インタビューの仕方（面談するのか、メールで質問票を送って答えてもらうのか、どこでするのか、いつまでにするのか）

・インタビューにかかる時間
・何人でインタビューするのか
・インタビューにグループのみんなが行ける時間帯
（3）具体的に文章を設計する
（3－1）まず何を書けばよいか
インタビューに応じてもらいたいという依頼であることをまず言ってしまう
（3－2）情報を提示する順番
グループワークの概要→インタビュー内容→インタビュー実施の詳細、の順かな
（3－3）言葉遣いや文体
依頼だし（いちおう）目上の人なので丁寧に
（4）ヘタ夫くんの文章の欠点
・とにかくいろんなレベルで情報不足。グループワーク課題がどの授業で出たのか、そのねらいは何か。つまりなぜインタビューしなければならないのかがわからない。何を聞きたいのかわからない。インタビューの実施についての詳細（の希望）がわからないので、受け入れてよいものかどうか判断がつかない。
・「宿題が出たから協力せよ」では、わざわざ時間を割いてあげる気になれない。
・人にものを頼む文章としてはやや乱暴な言葉遣い。
・自分たちの希望を書かずに、相手にアポイントメントの詳細を決めてもらおうとする丸投げ姿勢はじつは失礼。
（5）欠点を修正して書き直した課題文

件名：「学生によるインタビュー調査のお願い」

こんにちは、情報学部3年の作文ヘタ夫と申します。先生には昨年「論理的思考入門」の授業でお世話になりました。

このたび、万城目先生の「社会調査法」の授業でインタビュー調査の実習課題がおこなわれることになりました。グループで情報学部の先生にインタビューをおこない、その結果をまとめて報告するという課題で、インタビュー調査のやりかたを身につけることが目的です。

私たちのグループは、作文ヘタ夫、帖佐このみ、イーデス・ハンロンの3名です。「論理的思考入門」の授業のときに紹介してくださった先生のご研究がたいへんに興味深かったために、先生にインタビューさせていただけたらと考えました。今回のインタビューでは、先生のご研究のテーマは何かということと、先生がどのようにしてその研究テーマに出会ったのかについてお話をうかがう予定です。

インタビュー調査は次のように実施する計画です。

形式：3名が直接先生にお目にかかって質問させていただきます

時間：約30分

場所：先生の研究室を希望いたします

期日：7月末日までのどこかで日程調整をさせていただければと思います

その他のお願い：先生の研究テーマについて参考になる書籍、論文などをご教示くださると幸いです。また、結果をまとめる際の資料とするため、インタビューを録音させていただきたくお願いいたします。

お忙しい毎日を送っていらっしゃることと拝察いたしますが、私たちのために貴重なお時間を拝借できれば幸いです。

もし、お引き受けいただけるなら、早速、スケジュール調整をおこないたいと思います。僭越《せんえつ》ながら、私たち3名が揃ってうかがえる日時をあらかじめお伝えします。

7月10日　3限、4限
7月12日　2限、5限
7月13日　3限
7月17日　3限、4限
7月19日　2限、5限

上記の日時でご都合がつかない場合、申し訳ありませんが、ご都合の良い時間帯をいくつかお示しいただけないでしょうか。できるかぎり調整して参上できるようにいたします。

グループ一同、先生のお話をうかがえるのを心から楽しみにしております。なにとぞよろしくお願い申し上げます。

⑲（213ページ）

これがダメ文章であるかどうかは、文章の相手と目的による。相手、つまりヘタ夫くんがパーティーに招こうとしている友だちがどんな人たちか、どんなパーティーをやりたいのかによってダメ度が異なってくる。面倒くさいことを前もって決めておくよりは、その場その場で臨機応変にやりゃいいじゃん、という人たちだったら、このメールでもまあまあいいかもしれない。でも、前もってきっちりプランを立てて、みんなが満足できるようにやらなきゃダメ、という人が多いと、この文章ではアウト。

前者の場合でも、少なくとも開始時間は知らせたほうがよい。来てみたら、もう鍋は食べ尽くされていたというんじゃ、喧嘩になるかもしれない。それに、会費をとるのかとらないのか、「飲み物」はお酒だけなのか、持って来いと言われている「食べたいもの」が鍋の材料なのか、ポテトチップスみたいなおつまみなのか、その辺も伝えてあげたほうが、参加者が何を持っていくか考えるのに悩まずにすむ。というわけで、最低限、次の情報くらいは伝えてあげたほうがいいだろう。

《欠点を修正して書き直した課題文》　件名：「鍋ものパーティーやろうぜ」

こんにちは作文ヘタ夫です。期末試験が終わる日の2月1日の夜、ぼくの下宿で鍋ものパーティーをやりますから来てください。6時から始めます。持ち寄りでやるので、会費はなし。ビールとソフトドリンクはこっちでたっぷり用意します。その代わり、鍋に入れたい肉や野菜、他に食べたいおつまみとかを持って来てください。参加者はだいたい5〜6人になる予定です。ぼくの下宿の場所は知ってると思うけど、わからない人は当日メールください。それじゃ、楽しみにしています。試験頑張りましょう。

⑳ （216ページ）

（1）A。決め手は、Aにはカタカナの「ム」がもろに描きこまれていることと、指がきちんと描かれていること。Bにはムも指もない。
（2）「ム」の位置。原画では下方の腕の一部になっているのに、再現画では上方の「コ」の中に入ってしまっている。
（3）「手紙」の後ろから3行め「この線の終わりから、カタカナのムを描く」のところがうまく伝わらなかった。「この線の終わり（終点）」は正しく理解したけど、その終点に「ム」のどの部分を接続するのかを勘違いした。原画は、「ム」の描き始めの点が接続しているが、再現画は「ム」の左下の折れ曲がる点が接続してしまっている。そのため、原画では「ム」が「コ」の外に位置しているのに、再現画では「ム」が「コ」の内側に入ってしまった。
（4）「この線の終わり」に「ム」をどのようにつなげるかをもっと明確に書いてあげる必要がある。たとえば、「この線の終点から始めて、カタカナのムを描く」とか「この線の終点に続けてカタカナのムを描く。このとき、その終点とムの描き始めの点とが一致するようにする」と指示すればよいだろう。

㉑（228ページ）

①2－4　他者と出会うならなにも本じゃなくてもいいではないかという、自分の見解へのありうる反論をあえて示し、それに応えることで、自分の主張のポイントをわかりやすくしている。
②3－1　できるだけ本を読めという主張に例外があることを指摘して正確に理解してもらおうとしている。
③2－5　読書は多様な人々との出会いであるということを、読書を旅にたとえることによってわかりやすく説明しようとしている。
④2－1　「広い視野」という言葉の意味を、自分はどう使っているかをより明確に説明して誤解を避けようとしている。
⑤3－3　余暇をすべて読書に当てろとまでは言っていない、として自分の主張（の程度・範囲）を正確に理解

してもらおうとしている。

⑥1　若者に本を読めと説教することがいかに大切か、と「重要性のアピール」をしている。

⑦2－2　「若者はみな読書すべき」を言い換えると「読書しなくてよい人がいるとすれば、それは若者ではなく精神的に老いた人だ」になる。主張を別の言いかたで言い換えてわかりやすくする、というかこの場合は主張を強調している。

⑧2－3　読書経験を通じて先入観や偏見を捨て広い視野でものごとを考えられるようになった具体例として、マルコムXをあげることでわかりやすくしようとしている。

㉒（230ページ）

もちろん以下に示すのは、一つの解答例だ。つなぎかたは一通りではない。練習のためにあえてオマケをたっぷり突っ込んでみたわけだが、これだけオマケが多いと、かえってどれが主張でどれが根拠かがやや不明瞭になってしまうことがわかるね。なので、「若ければ若いほど心が柔軟なので、読書のこうした効果はより顕著に現れる」という根拠のラストパートが出てきたあとで、「だからこそ、われわれは若いうちに読書体験を積んでおくべきなのである」を補って、ここまでが根拠ですよということをはっきりさせてみた。

すべての人は若いうちにできるかぎり本を読んでおくべきだ。言い換えれば、本を読まなくともよい、と言えるのは精神的に老いた人だけである。このことをぜひとも言っておかねばならないのは、若者の読書時間が年々減り続け、いまではかなり絶望的な事態となっているからである。

なぜ若者は本を読むべきなのか。読書は過去の人々、異文化の人々、架空の人々との出会いだからである。いわば、読書は旅だ。しかも、実際に足を運ぶよりずっと遠くまで行ける旅、現実には行けないところ（過去やフィクションの世界）にも行ける旅なのである。

そして、この出会いを通じて、先入観や偏見を捨てることができ、広い視野でものごとを考えられるようになる。ここで「広い視野」といっても、たんに考えていることがらの範囲が広いということを意味するのではない。世界情勢を偏見に満ちた仕方でしか見ることができない人もいる。自分の視点ではない視点からものを見て考えることができる人を広い視野の持ち主と言う。

ところで、他者と出会うならネットのほうが効率良いという人もいるかもしれない。だが、ネットで出会うことができる人は、あなたと同じような考えかたの人だ。あなたの視野を広げてくれる「他者」との出会いではない。たとえば、マルコムXは獄中の濫読体験を通じて、黒人解放運動のリーダーに成長した。彼は「出身大学はどこですか」と聞かれて「本です」と答えたことで有名だ。

そして、若ければ若いほど心が柔軟なので、読書のこうした効果はより顕著に現れる。だからこそ、われわれは若いうちに読書体験を積んでおくべきなのである。ただし、自由になる時間をすべて読書に当てるべきとまでは言えない。何ごともやりすぎは禁物である。さらに、あなたの偏見を強め、視野をかえって狭めてしまうような本もないわけではないから要注意だ。

㉓（２３０ページ）

「つまり」「言い換えれば」「すなわち」「言ってみれば」↓次のカタマリは前に書いてあったことを別の言いかたで言い換えて説明していますよ。どっちかの言いかたでストンと腑《ふ》に落ちてもらえるとうれしいな。

「これはまるで」「言ってみれば」↓次のカタマリは前に書いてあったことを説明するために適切なたとえを述べていますよ。たとえで説明するとわかりやすくなるでしょ？

「というのも」「なぜなら」↓次のカタマリは前に書いてあったことの理由や根拠を述べていますよ。しばしば

「だからだ」「だからである」が最後に来ます。そこまでが理由・根拠です。

「以上により」「というわけで」→次のカタマリは、前に書いてあったことを理由や根拠として、そこから何が言えるか（つまり結論・帰結）を述べていますよ。

「次に」「さらに」→次のカタマリは、前に書いてあったことに追加して、いくつかのことがらを並べています（並列）。

「他方」→次のカタマリは、前に書いてあったことと対照的なことを並べて違いを際だたせようとしています（対比）。

「しかしながら」→次のカタマリは、前に書いてあったことを否定して、言いたいことを主張しています（否定）。後ろに書いてあることが筆者の「本音」ですよ。

「しかしながら」「とはいうものの」「たしかに〜だが」→次のカタマリは、前に書いてあったことを少し譲って認めたうえで、ほんとうに言いたいことを主張しています（譲歩）。後ろに書いてあることが筆者の「本音」ですよ。否定との違いは、前に書いてあることをちょっとは認めているという点。

㉔（２３３ページ）

拝啓

酷暑の夏もそろそろ過ぎようとしています。朝夕はしのぎやすい日も多くなってきました。おじさまもお元気でお過ごしのこととお慶び申し上げます。

さてこのたびは、万年筆のご恵贈にあずかり、誠にありがとうございます。大学生になったらシャープペンシルではなくて万年筆も使ってみたいと、私が話していたのを覚えていてくださったんですね。思わず涙が出るほど嬉しく思いました。お送りいただいた品は、私のような若輩者にはいささか身に余る高級品ではありますが、一生大切に使っていきたいと思います。

来週の月曜日に日本を発つ予定です。おじさまをはじめみなさまとしばしお別れすることになり、さみしさと心細さを感じておりますが、アメリカでは精一杯頑張るつもりです。おじさまも、お体に気をつけてお過ごしください。渡米後、落ち着いたところで、あらためてお手紙を差し上げます。もちろんこの万年筆を使わせていただくつもりです。日本での出来事などお伝えくださいましたなら幸甚です。

それでは、留学の成果をご報告させていただく日を心待ちにしながら。行ってまいります。

敬具

㉕（236ページ）

（1）「違いは」で始まっているのに、文末が「異なる」になっている。書き出しと文末が対応していない。
【改善例】市販のチリペッパーとチリパウダーは、前者は赤唐辛子だけからつくられているのに対し、後者にはそれ以外のスパイスが調合されているという点で異なっている。

【改善例】市販のチリペッパーとチリパウダーとの違いは、前者は赤唐辛子だけからつくられているのに対し、後者にはそれ以外のスパイスが調合されているということである（というところにある、でも可）。
（2）それほどダメな文ではないかもしれないが、やはり、「処理されている」のは何か、「批判され始めた」のは何かを明示したほうがベター。
【改善例】大学で新型ウイルスの感染防止を徹底しようとすると、さまざまな意味でコストがかかるのは避けがたい。しかし現状では、教育サービスとキャンパスライフの質低下というかたちで、一方的に学生が負担する仕方でそのコストは処理されている。こうした現状は、緊急事態とはいえ望ましい姿ではないと批判され始めた。

【改善例】大学で新型ウイルスの感染防止を徹底しようとすると、どうしてもさまざまな意味でコストがかかる。しかし、教育サービスとキャンパスライフの質低下というかたちで、そのコストの負担を一方的に学生に押し付けているのが現状である。緊急事態とはいえ、こうした現状は望ましい姿ではないと批判され始めた。

（3）これも、（1）と同様に書き出しと文末が対応していない。「よくわかることは～必要がある」は対応がとれていない。二つめの文は、「というのも」で始まっているので、「だからである」で終わりたい。

【改善例】ギリシア近現代史を学ぶとよくわかるのは、「伝統はつくられる」という使い古された言い回しにあらためて注視する必要があるということだ。というのも、自分たちは古代ギリシア人の末裔だという意識は当のギリシア人からは失われてしまっており、その意識は独立運動に参加したギリシア人以外の浪漫主義者やインテリたちによって新たに立ち上げられたものだからである。

【改善例】ギリシア近現代史を学ぶとよくわかることだが、「伝統はつくられる」という使い古された言い回しにあらためて注視する必要がある。……

【改善例】「伝統はつくられる」という使い古された言い回しにあらためて注視する必要がある。これはギリシア近現代史を学ぶとよくわかる。……

㉖（236ページ）

（1）

【改善例】弊社の管理下にあるマイナンバーが確実に保存されていることを保証する方法についてお知らせします。

【改善例】弊社が管理しておりますマイナンバーを保存する際に、その確実性がどのように保証されているかについてお知らせします。

（2）

【改善例】 ところで、その阿鼻首相の動向について述べておこう。首相は16日、官邸で記者団の質問に答え、次のように述べた。すでに防衛省が決定していた陸上配備型迎撃ミサイルシステム「イーデス・アショア」の配備計画について、首相は、計画を停止するという河野桃太郎防衛相の決定を了承したことを明らかにした。その際「地元に説明してきた前提が崩れた」と述べたのに対し、どのように前提が崩れたのかを記者団に問われたが、首相は明言を避けた。また、どのように政治責任をとるかという質問に対しても、明確な回答を避けた。

【改善例】 ところで、その阿鼻首相の動向を紹介しておこう。16日、首相は官邸で記者団の質問に答え、陸上配備型迎撃ミサイルシステム「イーデス・アショア」の配備計画を停止するという河野桃太郎防衛相の決定を了承したことを明らかにした。この計画はすでに防衛省により決定されていたものである。16日の会見で首相は、「地元に説明してきた前提が崩れた」と述べたが、どのように前提が崩れたのかについては明言を避けた。また、どのように政治責任をとるかについて記者団に聞かれたが、これに対しても明言を避けた。

（3）

【改善例】 仕事の都合により夫とはいっしょに住んでおらず、現在も単身赴任を続けております。それでも一週に一度は必ず会うことにしておりました。こんな状況において、職場の飲み会に行く予定を報告すると、夫は「またか」と言い、途端に連絡を少なくしたり、冷たい態度をとったり、嫌味を言ったりするようになりました。夫が心配してくれていることは私も十分承知しており、そのことには感謝しております。しかしながら、私にも仕事上の付き合いがあり、職場の方ともいろいろ話をしたいのです。というわけで、報告のたびに夫にそんな態度を取られるのは耐えがたく、いっそ報告しなければお互いに良いのではと考え、一時期黙って飲み会に参加していました。ところがあるとき、スマホの通知でそれが発覚し、かなりの大喧嘩になってしまいました。夫に黙って参加してしまった私が100％悪いと思い、今後はきちんと報告すると約束して仲直りし、その後はできるだけ飲み会の頻度をおさえています。一方で、こんなに束縛されるのはおかしい、いっそのこと離婚してしまいたいという思いもあり、悩んでいます。

――こういうダメ夫を選んでしまったのは、私にはどうすることもできないけど、せめてダラダラ文を直すことはできるのでやってみました。読みやすくなったでしょ。

㉗（238ページ）

生物の形質や生態のすべてが、生き残って子孫を残すのに有利になるような「適応」の産物だと考えるのは間違っている。

［もちろん］ 適応の結果として説明できる形質もたくさんある。**［たとえば］**「赤い」という形質を考えてみよう。アカハライモリの腹はきれいな紅色をしている。正確に言えば、赤地に黒の斑点模様になっている。これは、警戒色として説明される。**［つまり、］** 敵に「自分は毒をもっているぞ」と警告することによって、食べられないようにしているのである。**［あるいは］** キンショウジョウインコのオスは首の周りが見事な紅色になっている。これは、メスを惹きつけて交尾の機会を高め、自分の遺伝子を残すためである。

［ところが／しかしながら］ 同じ赤さという形質でも、赤血球が赤いのは、そのことじたいが生存に有利なわけではない。ヘモグロビンという鉄を含むタンパク質が赤血球には含まれており、これが酸素と結びつくと赤色を呈するのである。**［つまり、／すなわち］** 生存に有利なのは、効率的な酸素の運搬手段であるヘモグロビンをもっていることであって、それがたまたま赤いのだ。

［したがって］ 生物がもっているあらゆる形質を、それがもたらす生存に有利な機能によって説明しようとするのは行き過ぎである。

表11

		大慌てで		
		リボンを結ぶ	駅に向かう	追いかける
結びつつ	駅に向かう	A	B	C
	追いかける	問題文に答えあり	D	E

㉘（239ページ）

表11を参照。

A　大慌てでリボンを結びつつ地下鉄駅に向かう咲を、萌は追いかけた。咲は大慌てでリボンを結びつつ地下鉄駅に向かった。その咲を萌は追いかけた。

B　リボンを結びつつ大慌てで地下鉄駅に向かう咲を、萌は追いかけた。咲はリボンを結びつつ大慌てで地下鉄駅に向かった。その咲を萌は追いかけた。

C　リボンを結びつつ地下鉄駅に向かう咲を、萌は大慌てで追いかけた。咲はリボンを結びつつ地下鉄駅に向かった。その咲を萌は大慌てで追いかけた。

D　大慌てで地下鉄駅に向かう咲を、萌はリボンを結びつつ追いかけた。咲は大慌てで地下鉄駅に向かった。その咲を萌はリボンを結びつつ追いかけた。

E　地下鉄駅に向かう咲を、萌はリボンを結びつつ大慌てで追いかけた。咲は地下鉄駅に向かった。その咲を萌はリボンを結びつつ大慌てで追いかけた。

㉙（240ページ）

「スペイン・インフルエンザ」、通称「スペイン風邪」は、人類を脅かした最悪のパンデミックとして名高い。ごく短期間のうちに世界で5億人が感染し、5000万人が死亡したと推計されている。歴史上最も多くの犠牲者を生んだ感染症である。1997年に、このスペイン・インフルエンザ・ウイルスが再生されたというニュースが、世界の人々を驚かせた。アラスカの凍土中に埋もれていたスペイン風邪の犠牲者の遺体から、80年近く保存されていたウイルスのＲＮＡが採取され、その塩基配列が解読されたのである。この遺伝情報をつなぎあわせ、欠けた部分の情報を既存ウイルスから補って作り出された人工ウイルスは、完全な感染性と強い病原性という好ましくない性質をそなえていた。過去のウイルスが、人の手によって復活させられたのはこれがはじめてだった。

㉚（242ページ）

（1）

お車で当館にお越しの方は、翠翠高速道路をご利用ください。土井中ＩＣで翠翠高速道路を降り、県道25号線を阿野世岳方面に北上します。三つめの十字路（進行方向右側に駐車場があります）を右折します。進行方向左にコンビニが見えてきますがそれを通り過ぎ、右側にコンビニのある角を左に入ります。しばらくすると、河童川を渡ります。渡りきってから二つめの交差点を右折します（一つめの交差点を右折した川沿いの道は行き止まりですのでご注意ください）。道はしばらくするとつづら折りの登り坂になります。つづら折りが終わると、「極楽温泉郷」の看板が見えてまいります。看板を通り越すと、まず進行方向左手に、そして次いで右手にホテルがございます。このあたり、左右に小道が分かれておりますが、当館の看板が左手に見えましたら、その角を左折していただきます。突き当たりが当館でございます。

（2）

裏長屋に住む魚屋の熊（噺家によって名前は異なる）は、腕は良いが商売を怠けて酒ばかり飲んでいる。しっかり者の女房がなんとか尻を叩いて芝浜の魚河岸《うおがし》に仕入れに出掛けさせたが、時刻を間違えたためまだ問屋が開いていない。浜で時間を潰していた熊は偶然財布を拾う。確かめると金が五十両も入っている（金額は噺家によってさまざま）。家に飛んで帰って、もう商売しなくても遊んで暮らせるとばかり、友だちを呼んで大酒を飲んで寝てしまう。翌朝、また女房が商売に行けと言うので、熊はきのうの金があるじゃあないかと答える。女房は、「そんな覚えはない。拾った夢を見たのだろう」と熊を説得してしまう。金を拾ったのは夢で、友だちに奢《おご》って散財したのが現実だと思い、熊は心を入れ替え酒を断って商売に励む。その甲斐あって、熊は通りに自分の店を出すまでになった。三年後の大晦日《おおみそか》。女房は熊に例の財布と金を見せながら告白する。大金を拾ってネコババしたら罪になるから、金はお上に届けて、夢だったことにしてごまかせと大家に言われ、その通りにした。落とし主が現れなかったために金が戻ってきたのだと言う。騙していて申し訳ない、どんなひどい目にあわされても構わないと泣いて謝る女房に、熊は怒ると思いきや心から礼を言う。女房が用意してくれた酒を飲もうと盃を口元までもっていったところで、熊はちょっと考え直して次のように言う。「よそう、また夢になるといけねえ」

（3）捕鯨反対の立場で書いてみた（グリーンピースなどの環境保護団体の主張を参考にした）。キミたちにやってもらいたいのは、次に、文章の構成を変えないで賛否の立場をとりかえて書いてみることだ。

２０１９年６月30日、日本政府は国際捕鯨委員会（ＩＷＣ）から正式に脱退し、１９８８年以降中断していた商業捕鯨を7月1日から再開した。この決定には大いに問題がある。そもそも商業捕鯨は国際的に禁止すべきだからである。

以下、捕鯨に反対すべき理由を述べよう。第一の最も大きな理由は、商業捕鯨は乱獲による鯨類の絶滅につながる恐れがあるということである。人類はこれまで鯨の個体数が減ると捕鯨をいったん停止し、個体数が回復したと思って捕鯨を再開すると、ただちにまた鯨絶滅の危機に瀕する、という愚行を繰り返してきた。さらに、現代では海の汚染や海洋生態系の乱れなどにより、鯨類の生存はそもそも脅威にさらされている。こうした状況で、個体数の減少に拍車をかける捕鯨活動を再開するのは、良い選択ではない。

個体数が減少しているのは鯨にかぎらないではないかという反論もありうる。しかし、魚などの漁業資源は、多数の卵を一度に産むことができるのに対し、哺乳類の鯨はごく少数の子どもしかつくれない。乱獲の影響が絶滅につながりやすいのである。

また、IWC科学委員会は1990年にミンククジラの個体数増を報告した。これは確かであるが、そもそも鯨の個体数の評価はきわめて難しいことを忘れてはならない。じっさい、2000年になると、IWCは個体数の回復状況はよくつかめていないと発表している。不確実な個体数の見積もりに基づいて安易に捕鯨を再開するのは危険である。

捕鯨に反対する第二の理由は、鯨を食べなくても日本人は生きていけるということである。グリーンランドなど北極圏に暮らす民族の捕鯨は例外的に認めてもよい。これらの地域は食料資源に乏しいからである。しかし、世界各地のさまざまな食品を輸入して食べている日本人が、それに加えて鯨を食べる必要はない。だいいち、鯨を食べたい日本人はそれほど多くなく、商業捕鯨のモラトリアム期間におこなわれていた調査捕鯨で捕獲された鯨で十分に需要をまかなってきた。

鯨は日本の伝統食だとか、捕鯨は日本の伝統文化であり、伝統は保存されるべきだとか主張する人々もいる。しかし、伝統には保存すべき良き伝統とそうでない伝統がある。家制度に結びついた長子優遇、女性蔑視は日本の伝統だが、これを保存すべきだとは言えないだろう。また、捕鯨が古くからおこなわれてきたのは、日本のごく一部の地域であり、鯨を食べる習慣が全国に広まったのは第二次大戦後の食料危機の時代である。多くの日本人にとって、鯨食は伝統ではないのである。

31

（253ページ）

（1）コロナ収束後に日常活動や経済活動をどのようにもとに戻せばよいかを議論するのではなく、収束後にどんな社会を目指すべきかを議論すべきである。

（2）「新型コロナウイルスの大流行はわれわれの社会を根本から変えてしまうかもしれない」ということを、天然痘やペストというコロナウイルス感染症とは別の伝染病の場合を使って説明している。したがって、コロナウイルスの話を別の病原体の話で説明しているわけだから、**アナロジー（たとえ話）による説明**である。さらに、コロナウイルスの大流行は社会を根本から変える可能性があるという主張の証拠にもなっている（この主張には他に証拠があげられていないので）。天然痘のときも、ペストのときも社会の大変化があった、だからコロナも、というわけだ。「**アナロジーによる説明のように見えて、じつはサポートでもある**」というケースだ。

32

（254ページ）

主張：いまなされている高度な人工知能による職業の消滅予測を真に受けるのは禁物である。

主張のサポート1：こうした予測はたいていスキルの機械化可能性のみによって計算されている。

主張のサポート2：職業が消えるか残るかはスキルの機械化可能性だけでは決まらない。

「主張のサポート1」も「主張のサポート2」のどちらも単独では主張のサポートにはならない。二つを合わせてはじめて主張がサポートされる。「1＋2↓主張」というパターンになっている。こういうのを**「結合論証」**と呼ぶ人もいる。

サポート2へのサポートa：消費者が人工知能によるサービスを望むかどうかが職業の消長に影響する。

サポート2へのサポートb：職業団体などがどの程度抵抗するかが職業の消長に影響する。

aもbも職業の消長がスキルの機械化可能性だけでは決まらないということへのサポートになっている。これはさっきの「結合論証」とは違って、aだけでも、bだけでもサポートになっている。独立したサポートが二つあって、2倍サポート！　ということだ。こういうのを**「合流論証」**という。

じゃあ、最後の文は何をしているのか。前半のフロント係についての部分はaの具体例、後半のハンコ文化についての部分はb（業界の抵抗）の具体例だ。そして、それぞれaとbのサポートにもなっている（具体例によるサポート）。

まとめると**図9**のようになる。

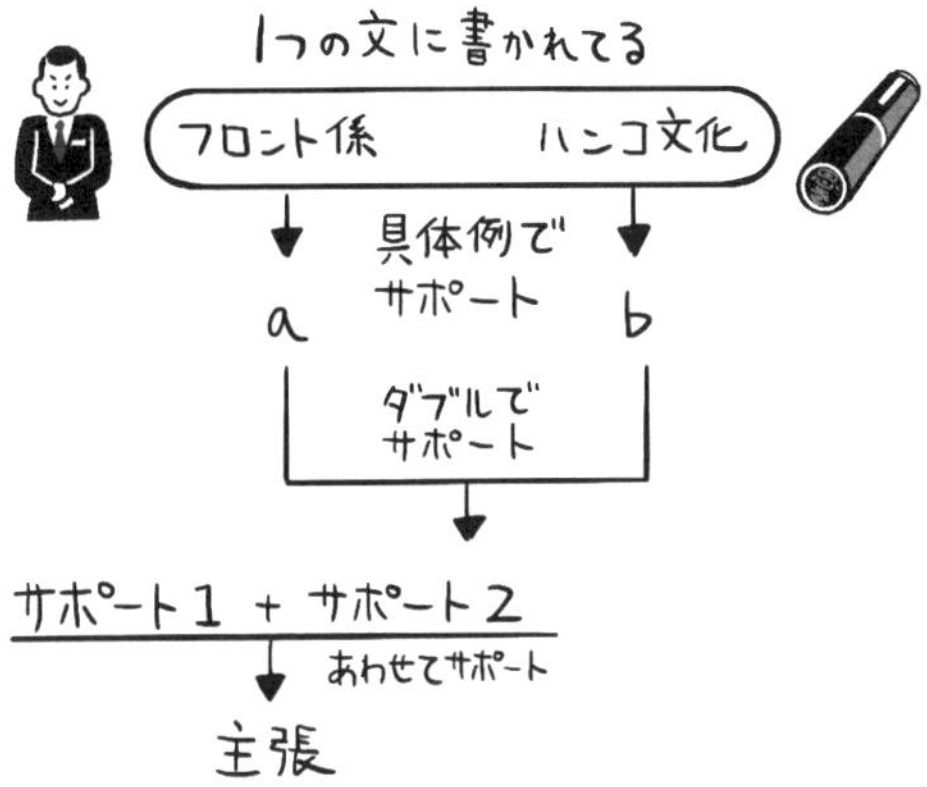

図9

㉝（258ページ）

「手順（1）サポ文かどうかをまず判断する」。サポ文でしょう、これは。

「手順（2）文章を構成要素に分解する」と「手順（3）バラバラにした構成要素それぞれの役割を考える」をこの順番通りにお

こなうことはじつは困難なのだ。というのも、一つの構成要素というのは、文章中で一つの役割を果たしているカタマリ、ということなので、役割を考えないと何を一つの構成要素としたらよいのかわからないからだ。だから、手順（2）と（3）は並行して進む、というか、ぐるぐる回りながら進んでいく。

この文章は、前半と後半で違うことをやっている。前半では、日本の大学では学生の自発的学習を促す指導ができていない、ということを主張している（④）。後半では、そうだとするとどういう困ったことになるか（大学は人材を育てられなくなる＝⑤）を述べている。この二つを主張とみなして、残りの要素が何をやっているかを考えていこう。

①はかぎりなく飾りに近いオマケだ。これから話すことは、カルボナーラのおいしいつくりかたではなく、ゾンビ映画の最新傾向でもなく、大学教育の質の話ですよ、と話題を提示しているだけ。落語で「え〜。無くて七癖、あって四十八癖とか申しますが……」って話に入るのと同じ。だから無視。

②はアメリカの学生の授業外学習時間のデータ、③は日本の学生のそれ。あわせて④の具体的数字を使った根拠になっている。

⑥は「なぜなら」で始まっているから、⑤の理由なんだな、とわかる。学問を修めるには自ら考えることが大切だから、学生が学問に没頭する（＝自分で学んで考える）時間がもてないと、学問を修めることができず、良い人材に育たない、というサポート関係が⑤と⑥の間にある。

困ってしまうのは⑦だ。ようするに、日本では大学3年生以降は、学生は授業に出てこない、ましてや自ら勉強なぞしない（＝不安の日々を送るだけ）と述べている。これは文章中で何をやっているんだろう。一つには、⑤のサポートを与えているともとれる。⑤が、日本の大学の話をしていて、日本の大学では学生が学問に没頭する時間が足りないので、人材育成がうまくいっていないということが言いたいのだとすると、⑦は⑤の前半部「（日本の大学では）学生が学問に没頭する時間が足りない」を、具体的な学生の姿を示すことでサポートしていると受け取れるだろう。こちらの読みかたを可能性Aと呼ぼう。

もう一つの可能性Bは、⑤を、日本の大学についてではなく、大学教育全体について成り立つ一般論だと解釈する方法だ。一般に、人材育成には、学問に没頭する時間が確保されている必要がある（その根拠は⑥）。なのに、日本の大学では学問に没頭する時間が確保されていない（特に3年生以降）。そうすると結論は、⑧「日本の大学は人材を育てることができていない」になるはずだ。でもこれを表す文はない。書かなくてもわかるから省略されているのかもしれない。主張や結論があまりに自明なときは、こんなふうにして書かれない可能性もあるんだ。

「手順（4）構成要素を基本パターンの形に整理して並べ直す」。この二つの可能性をふまえて、基本パターンを再現してみた。

【可能性Aの基本形】
主張1：日本の大学では自発的学習を促す指導ができていない。④
根拠：授業外平均学習時間の、アメリカ、日本、国際水準の比較。②③
主張2：このように日本の大学では学生が学問に没頭する時間が確保されていないので、人材育成に失敗している。⑤
根拠1：学問を修める（＝人材育成）には自発的思考と創造が必要。⑥
根拠2：日本の大学では3年以降、自発的学習の時間がない。⑦

【可能性Bの基本形】
主張1：日本の大学では自発的学習を促す指導ができていない。④
根拠：授業外平均学習時間の、アメリカ、日本、国際水準の比較。②③
隠れた主張2：日本の大学では学生が学問に没頭する時間が確保されていないので、人材育成に失敗している。⑧

根拠1：学生が学問に没頭する時間がないと人材育成は不可能。⑤
根拠1の根拠：学問を修めるには自発的思考が不可欠。⑥
根拠2：日本の大学では3年以降、自発的学習の時間がない。⑦
この文章はどっちの可能性なのか決め手がない。ということは、あまり構成の良くない文章だということだ。クリティカル・リーディングは、文章の構造を明らかにする読みかたなのだが、ときにはその構造のゆるさや曖昧さも明らかにしてくれる。

㉞（262ページ）

この文章の主張は何か。⑥＋⑦すなわち、「先進国であるはずの米国で感染拡大を防ぐことができないことの、注目すべき要因は政治的要因である」だ。だから、これを主張とする。

そうすると、①は主張の前半部と同じことを言っている。⑤は④に現れる「クラスター」という語の説明。②から④は、米国で感染拡大を防ぐことができていない実態を、具体例をあげてくわしく説明している部分ということになる。だからこれらをひっくるめて一つの構成要素とする。
⑧以降は次のように整理できる。⑧は政治的要因が感染を広げたことの一つの具体例であり、この文章ではこれが主張の一つの根拠「大統領がアメリカ経済を早く再開させようとしてきた」。
⑨は⑧の具体例「トランプ氏は、アボット州知事のロックダウン解除を高く評価」。⑩は⑨への但し書き「アボット知事はのちに行動制限強化に政策を変更」。
⑪と⑫はこれで一つの構成要素。「米国政府の当初のマスク着用勧告が政治的な分断と対立の争点になってしまった」。この部分は、政治的要因のもう一つの具体例であり、もう一つの根拠。
⑬「アボット知事はマスク強制に反対」。マスク着用が政治的な分断と対立のポイントになってしまったこと

の具体例による説明の一部。
⑭「民主党選出の知事は対照的」、⑮「カリフォルニア州知事はマスク着用の効果を認める」。⑮は⑭の具体例。共和党知事はマスク反対⑬、民主党知事は賛成⑭＋⑮。二つ合わせて、マスク着用が政治的な分断と対立のポイントになってしまったことの具体例による説明になっている。
⑯「トランプ大統領はマスクの着用を拒否」は分断を示すもう一つの例。
というわけで、基本型を取り出すと次のようになる。

【取り出された基本形】これの文番号をはずせばそのままレジュメになる。

主張：⑥＋⑦「先進国であるはずの米国で感染拡大を防ぐことができないことの、注目すべき要因は政治的要因である」

②〜⑤米国での感染拡大の具体的説明（補足）

論拠1：⑧大統領がアメリカ経済を早く再開させようという政策をとった（ことで感染拡大を招いた）
⑨⑧への具体例：トランプ氏はアボット州知事のロックダウン解除を評価
⑩⑨への但し書き：アボット知事はいまでは行動制限政策に転換

論拠2：⑪＋⑫マスク着用が政治的対立の争点と化してしまった（ことで感染拡大への対応策がバラバラに）
⑬具体例による説明の前半：共和党のアボット知事はマスク強制反対
⑭具体例による説明の後半：民主党知事はマスク着用を効果的とみなす
⑮⑭の具体例：カリフォルニア州知事
⑯もう一つの具体例による説明：大統領自身のマスク着用
これを文章の形で書いたものが「要約」だ。

【要約】先進国であるはずの米国では新型コロナウイルスの感染拡大に歯止めがかからない。このことの注目すべき要因は政治的要因である。まず第一に、トランプ大統領がアメリカ経済を早く再開させようという、経済優先の政策判断をとったことで感染拡大を招いた。第二に、共和党系知事および大統領自身、そして民主党系知事との間で、マスク着用強制の是非が政治的対立の争点になってしまったことがあげられる。

35

（274ページ）

強い順に並べると（4）＝（3）＞（1）＞（5）＞（2）になる。えっ。（4）＞（1）＞（5）＞（2）＞（3）じゃないの、という人は残念でした。反対している人の人数順に並べろという問題じゃないからね。（3）はすごく強いことを述べている。（3）は一人でも銃規制に反対の人がいたら間違いになる。それは（4）が、銃規制賛成派が一人でもいたら偽になるのと同じだ。このことは、（3）を次のように言い換えてみればわかるだろう。

（3′）米国民の全員が銃規制に賛成である

36

（280ページ）

根拠3にツッコむ：人が新しい作品を創造するインセンティブは金銭的利益だけではない。自分のために必要だから、名誉のため、人々の役に立ちたいから……、あるいは、良いソフトがないとハードが売れないから、ハードをつくっている会社がただでソフトをつくる、という動機もある。学問研究は、金銭的利益以外のものが創造のインセンティブとして有効に機能することを示している。

根拠4にツッコむ：一歩譲って、金銭的利益が強いインセンティブになるとしても、それを著作権料という形で著作者に与えることが良い方法とはかぎらない。政府や基金による助成金・補助金とか、その他のやりかたがだってある（じっさい科学はそうしている）。

根拠2にツッコむ：さらに譲って、著作権を認めることで仮に創造へのインセンティブが高まるとしても、それを上回るマイナス面があるかもしれない。作品が著作権によって保護されると、誰もが自由に無料で利用することのできる既存作品の集まり（コモンズ）がやせ細る。そうすると、クリエイターが、先行作品を一部利用したり、改善したり、批判して新しい作品を作り出したりすることができなくなる。結果として創造の質・量が低下し、文化の停滞を招くかもしれない。

37（283ページ）

（1）もしかしたら「アファーマティブ・アクション」って何か知らない人もいるだろうから、まず説明しておくね。これはアメリカ合衆国を中心にとられてきた差別是正措置のことだ。雇用・教育・住宅や補助金の配分などについて、これまでずっと不利な立場に置かれてきた黒人・女性・少数民族など社会的マイノリティを優遇するさまざまな措置をひっくるめて「アファーマティブ・アクション」という。たとえば、大学の入学定員に黒人枠や少数民族枠を設けて、一定人数を優先的に入学させるとか。機会の平等を保証するだけでなく、結果の平等をいきなり目指す措置なので、逆差別ではないか、いや、これは許される差別だ（実際、イギリスでは「ポジティブ差別（positive discrimination）」と呼んでいる）、と議論が絶えない。

アファーマティブ・アクションの是非について議論している人たちは、差別は良くないということ、差別の結果生じた不利な立場や格差は是正していかねばならないということは前提としたうえで、そのための手段として、ある種の差別的待遇を実施することは正当化できるかどうかを議論している。ときどき、「差別いいじゃん」な人たちも論争に乱入するので、議論が混乱するけれど。

（2）太陽を観察すると、黒い点のような何かが確かに見える（目の錯覚ではない）。その黒い点は静止していない、動いたり変化したりする。これらを認めて前提としたうえで、その正体は何かが争われている。

（3）進化の事実、つまりいま存在している生物のさまざまな種は、長い時間をかけて共通の先祖から分かれてきたらしいということ。これを前提としたうえで、そうした進化をもたらした主な原因は何かを争っている。

（4）喫煙は本人の健康に有害である。喫煙は副流煙によって周りの人にも健康被害を及ぼす可能性がある。人は副流煙による健康被害やにおいなどによる不愉快さを避ける権利がある。一方、仕事をおこなう能力以外の属性（性別、国籍、肌の色など）や個人の自由に委ねるべきことがら（趣味、嗜好など）によって就職上の差別をしてはいけない。これだけ共有し前提としたうえで、喫煙は個人の自由に属することがらなのか、喫煙習慣は仕事の遂行に害をなすかどうかが争われている。

（5）鯨の絶滅は避けなければならないというのが共通の前提。そのうえで捕鯨が絶滅をもたらすか否かが争点（の一つ）になっている。

㊳（291ページ）

（1）

「水をさしたら悪いかと思って黙ってた」↓自己検閲

「みんな賛成だね、私たちやっぱり気があうねということになって」↓全会一致の幻想

（2）

「いつものメンバーだし大丈夫だろうと思って」↓オレたち負けないもんね幻想

「地元の消防団の注意に聞く耳をもたなかった」↓ステレオタイプ化

「まあ大丈夫だろうとタカをくくっていた」↓自分たちの正しさを疑わなくなる傾向＋心をガードする傾向

㊴（301ページ）

緊急事態宣言解除を理由として通常授業再開を決定しようとしている流れに逆らおう、ってわけだ。だから、

理由そのもの（緊急事態宣言解除）にツッコむことも、サポート関係（緊急事態宣言解除→通常授業再開）にツッコむこともできる。

・緊急事態宣言が解除されたというのはほんとうか？ デマではないか、誤報ではないか、われわれの見た幻ではないか？ 教員一同暑さでおかしくなってそう思いこんでしまったのではないか？ こういったこともツッコもうと思えばできないこともない。そういうツッコミが大事なときもあるだろう。でもまあ、今回はここまでツッコむのはいくら悪魔の代理人でもちょっとやりすぎかもしれない。

・緊急事態宣言の解除という方針は信頼性と妥当性があるか？ こっちはもうちょっとまともなツッコミだ。そもそも、このタイミングで緊急事態宣言を解除することは正しい判断なのか。ちゃんとした専門家のアドバイスに基づいて解除されたのだろうか、政治家の恣意的な判断ではないだろうね。どんな理由やデータに基づいて解除されたのか、そのデータは信頼できるか。全国一律で宣言したりそれを解除したりするというやりかたに問題はないか。

・緊急事態宣言の解除は何を意味するか？ 緊急事態宣言解除は、コロナウイルスの抑えこみに成功して、感染拡大の危険がなくなったということではないだろう、だとしたらそれは何を意味しているのか？ 緊急事態宣言を解除するということは具体的に何をしたらダメで、何をしてよい、ということなのか？

・サポート関係へのツッコミ。 緊急事態宣言の解除はホントウのことで、しかもそれは妥当な決定で、信頼できる根拠に基づいたものだとしよう。しかし、だからといって、通常授業再開じゃなくてもいいんじゃないの、というツッコミだ。感染拡大の可能性はまだあるので、いきなり「通常授業」にする必要はないのではないか。インターネット授業と「対面授業」の併用ではだめなのか。対面授業をするにしても、一部の科目だけにするとか、曜日を限るとか、午前のみ（午後のみ）にするとか、生徒をいくつかのグループに分けて交代制で登校させるとか、基礎疾患があったり自宅に高齢者がいたり、遠くから通うなどの理由で対面授業を望まない生徒はインターネット授業にするとか、いろんな選択肢があるだろう。もっと根本的には、そもそももとに戻さなくてもいいんじゃないの、というツッコミもできる。自宅で勉強できるならそれでもいいじゃん（これってけっこう面白いツッコミだ。なぜなら、学校は何のためにあるのかという問いにつながるから）。

㊵（304ページ）

まず、陪審員制度そのものがもっているルールがある。つまり、**全員一致になるまで議論しなければならない**というルールだ。このルールがあるので、ヘンリー・フォンダ演じる陪審員が有罪の判断に変わらないかぎり、ずっと議論を続けなければならない。これが、その陪審員に悪魔の代理人の役割を演じることを可能にしている。他の11人が、悪魔の代理人を置くことに同意していなくても、陪審員制度のありかたそのものが、悪魔の代理人を生み出すようにできていると言えるだろう。

第二に、次のことが指摘できる。ほんとうは有罪の被告を間違えて無罪と判断してしまう間違いと、ほんとうは無罪の被告を間違えて有罪と判断してしまう間違いは、同じ間違いではない。なぜなら、後者の間違いは取り返しのつかない被害をもたらすからだ。最悪の場合、罪のない人を死刑にしてしまう。だから、前者の間違いが生じてもいいから、後者の間違いだけは避けるように議論のルールができている。つまり、**有罪の判断を批判して無罪だと言いたい陪審員は、無罪を立証する必要はない**ということだ。ただ、有罪の判断の証拠にツッコミの余地があることを示せばよい。このルールが陪審員に共有されているので、逆転が可能になった。ヘンリー・フォンダは被告が無罪であることを証明しようとはしない。じっさい、「私は真実を知らないし誰にもわかるまい。無罪だと思っているがそれは可能性にすぎず間違いかもしれない。ただ殺したという証拠には筋の通った疑問（reasonable doubt）がある。疑問があるかぎり有罪にはできない」と言う。この言いかたが有効なのは、殺さなかったことを立証する必要はなくて、殺したとする側に立証の責任があるというルールが共有されている

（されるようになる）からだ。

さらに、陪審員のみんな（あるいは多数）が共有しているルールがいくつかある。全員一致の評決にいたるまで、陪審員は帰宅できない。議論をしている部屋は蒸し暑く、おんぼろの扇風機があるだけ。ヤンキースの夜間試合を見に行く予定の陪審員もいる。こういうとき、同調圧力が働く。一人だけ意見が違う者がいると、みんな早く帰りたいんだからごちゃごちゃうるさいことを言ってないで、みんなに合わせろ、ということになりがちだ。陪審員長（議論の進行役）を務めている中学校の先生は、そういうとき「もうちょっと話し合ってからにしよう」と言う。また、ヤンキースの試合に行きたいセールスマンは、最初は有罪に同調していたのに、無罪派が増えてくると無罪派に転向する。このふるまいに対して、無罪派の一人は「あんた人の命をそんなに軽々しく扱えるのかね？　無罪に投票したければ無罪を確信してからにしろ」と言う。**早く評決にいたって議論を終わらせることを目的にして議論してはいけない**、というルールを共有しようとしている。

また、どのような意見が採用されないか（無視されるか）も参考になる。徐々に無罪派が増えていくなかで、有罪派と無罪派の数は逆転し、有罪に固執する陪審員が3人残るのだが、一人は、貧困層への偏見を丸出しにして有罪を主張する。「連中は生まれつきの嘘つきだ。おまけに大酒飲みで、みんなドブで死んでいく。殺しなんて平気だ……」。このとき、残りの陪審員はみな席を立ったり、彼に背を向けて、聞いていないよという態度を示して無言の抗議をする。**「偏見による判断は取りあげるに値しない」**というルールが働いている。

最後の一人は、じつは自分の息子との確執を抱えているため、若者への復讐心によって有罪を主張していたのだということを自らバラしてしまい、みなの前で無罪派に転向する（ここの演技は素晴らしい）。**「自分自身の事情に判断を左右させてはならない」**というルールだ。

㊶（322ページ）

こうなると、もうベン図では手に負えなくなる。そうなの？　こんなふうに描けばいいんじゃない、と言うかもしれない（図10）。

でも、四つの円をこんな具合にきれいに重なるように描くことじたいが至難の技《わざ》だし、これではまだ14通りにしか分かれていない。数えてごらん。16通りに分類しないといけないのに、このベン図では14通りしか扱えない。足りない二つの組み合わせは何だろう？　鶏肉とエビの組み合わせに対応する領域はある。Aのところだ。だけど、鶏肉とハクサイだけが好きであとは嫌いという人が入るべき領域がないんだ。鶏肉円とハクサイ円が重なっ

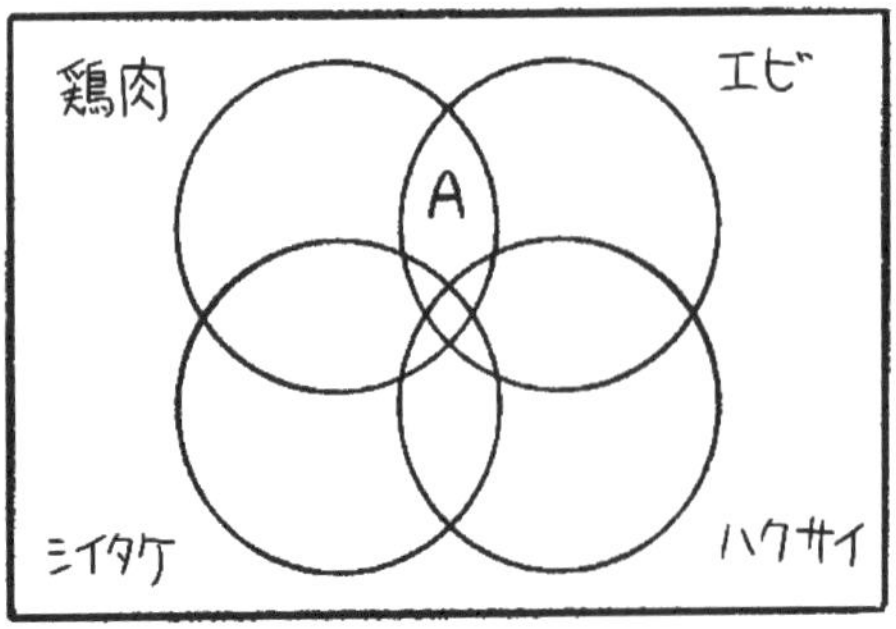

図10

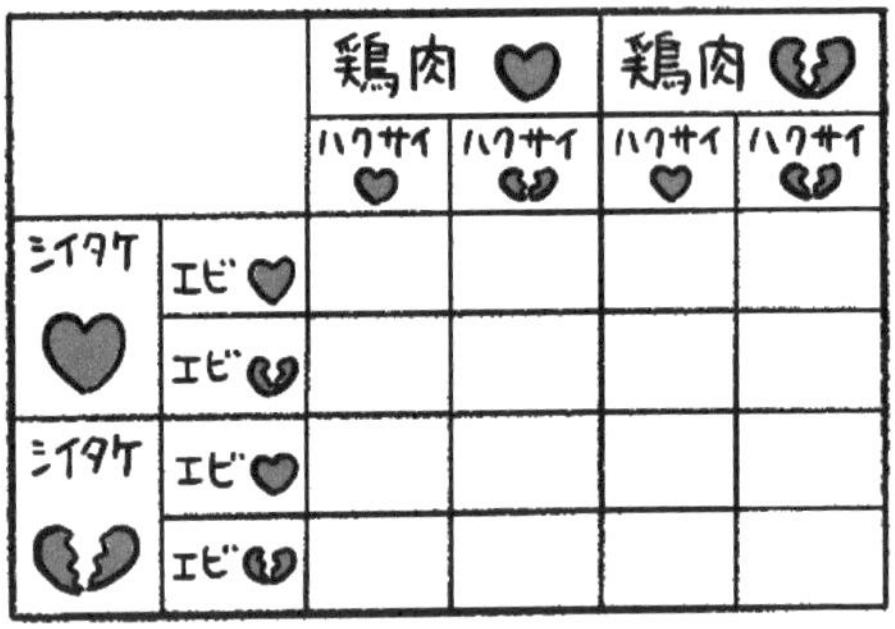

図11

ているところは、シイタケ円やエビ円も重なってしまっている。同じことはエビとシイタケの組み合わせにも言える。この二つの組み合わせがこの「ベン図」では表せない。

だからベン図はあきらめよう。ポイントは、16通りの組み合わせを表す領域を、できるだけ同じ形と大きさで図示することだ。たとえば**図11**のようなのはどうか。

残念ながら、今度はエビとハクサイの好き嫌いを表す領域が、それぞれ二つに分かれてしまっている。たとえばエビ好きは1行めと3行めに分かれている。でも、塗りつぶすときに塗り残しがないように気をつければ、これでもなんとか使い物になる。けっこう実際の役に立つよ。

㊷（326ページ）

ヒントは本文中にある。もともとのツルカメ算の、一匹あたりの足の本数×匹数＝足の総数という関係を、速度×時間＝移動距離という関係にとりかえて問題を書き換えてみると次のようになる。

「22キロメートル離れた山小屋まで8時間かけて歩いて行った。最初は平らな道だったので平均時速4キロでスタスタ歩いた。しばらくすると、坂道になったのと景色が良くなったのとで、平均時速を2キロに落としてゆっくり歩いて行った。さて、平均時速4キロで歩いたのは何時間だったろうか」

これのバリエーションとして次のような問題もつくれる。

「山小屋まで8時間かけて歩いて行った。最初は平らな道だったので平均時速4キロメートルでスタスタ歩いた。しばらくすると、坂道になったのと景色が良くなったのとで、平均時速を2キロに落としてゆっくり歩いて行った。そうしたら、8時間の行程全体の平均時速は2・75キロになった。さて、平均時速4キロで歩いたのは何時間だったろうか」

なぜ、バリエーションかと言うと、山小屋までの距離が、2.75×8＝22と簡単に計算できるから、最初の問題と同じになってしまうからだ。このバリエーションをちょっと変更すると、次のような問題になる。

「1リットルあたり2グラムの食塩を含む食塩水Aと1リットルあたり4グラムの食塩を含む食塩水Bがそれぞれたくさんあった。これら2種類の食塩水を適当に混ぜ合わせて8リットルの食塩水をつくった。その濃度を測ったら、1リットルあたり2・75グラムの食塩が含まれていた。さて、それぞれの食塩水A、Bを何リットルずつ混ぜ合わせたのだろうか」

「8人の生徒に小テストをしたら、2点の生徒と4点の生徒に分かれた。それ以外の点数の生徒はいなかった。8人の平均点を計算したら2・75点だった。さて、4点をとった生徒は何人いただろうか」

さらに学びたい人のためのおすすめブックガイド

本書はけっこう盛りだくさん。だから、一つひとつの話題についてさらにじっくりトレーニングしたい人のために、本書に続けて読むとよいおすすめ本を紹介しよう。どれも勉強になること請け合い。

（1）菊池聡『錯覚の科学〔改訂版〕』放送大学教育振興会、2020年

私たちの頭はじょうずに考えるのにあまり向いていない、という話をした。これは、認知心理学の成果を用いて、私たちの心に備わるバイアスとか偏見といった「認知の歪み」について、かなり網羅的に解説した教科書。放送大学の教材だから、各章がコンパクトにまとめられていて読みやすい。本書では触れることのできなかった話題も豊富。

（2）アレク・フィッシャー〔岩崎豪人ほか訳〕『クリティカル・シンキング入門』ナカニシヤ出版、2005年

「じょうずに考える」ための方法といえば、なんと言っても「クリシン」でしょう。本書では「クリティカル・シンキング」という言葉は使わなかった。誤解を招きやすいからだ。でも、本書でやってきたことは、じつはクリティカル・シンキングへの入門なのである。フィッシャーの本は、さらにクリティカル・シンキングを学びたいという人が頼りにできる古典的な著作。たいへん理論的に書かれているので、理屈で思考法をわかりたい人向け。

(3) 名古屋大学教育学部附属中学校・高等学校国語科『はじめよう、ロジカル・ライティング』ひつじ書房、2014年

中学・高校の先生方が生徒のためにつくったロジカル・ライティングのための副読本。何が素晴らしいかと言って、練習問題がすごくよくできていて、しかも量が豊富な点。題材も、中学・高校生に馴染み深いものがとられていて、サポ文の書きかたは、まずはこの本で練習するのがよいと思う。私も編集に協力しました。

(4) 戸田山和久『新版　論文の教室――レポートから卒論まで』NHKブックス、2012年

大学に入るとやたらとレポートを書かされる。困ったことに、特に書きたいことがないのに書かないといけない。そういうときに、どうやって「書きたいこと」を見つけるかのノウハウを書いておいた。本書と重なっているところもあるけど、レポートばかりで気が重い学生さんはぜひ手に取ってみてください。

(5) 阿部圭一・冨永敦子『「伝わる日本語」練習帳』近代科学社、2016年

文章の書きかたの実戦的トレーニングのための本として、最も素晴らしいと思う。語の選択から始まって、簡潔な文の書きかた、パラグラフの組み立てかた、文章全体の構成の仕方、という具合に、構成要素からしだいに大きな単位へと順序良くトレーニングが進む。さすがは工学博士が書いた本だ。

（6）福澤一吉『文章を論理で読み解くための　クリティカル・リーディング』ＮＨＫ出版新書、２０１２年
福澤一吉『論理的に読む技術――文章の中身を理解する〝読解力〟強化の必須スキル！』サイエンス・アイ新書、２０１２年

クリティカル・リーディングの教科書としては、福澤一吉さんのこの2冊にトドメを刺す。サイエンス・アイ新書は色刷りで楽しいイラスト豊富、ＮＨＫ出版新書は「字の本」という違いはあるが、内容は共通しているので、自分がビジュアル系かどうかで選んだらよいのではないかな。本書よりも進んだクリティカル・リーディングの方法を身につけることができる。

（7）福澤一吉『新版　議論のレッスン』ＮＨＫ出版新書、２０１８年

どうして世の中は、噛み合わない不毛な議論に満ちているのか。「議論の現状」というすごく面白い序章から始まるこの本は、「議論のルール」を解説する入門編・初級編に続けて、実践編で新聞記事など具体的な題材を使って、読者をしっかりトレーニングしてくれる。ちゃんとした議論ができるようになりたい人は、この本の姉妹編とも言える同じ著者の『議論のルール』（ＮＨＫブックス）も読むとよいと思う。

（8）伊勢田哲治『哲学思考トレーニング』ちくま新書、２００５年

哲学は異常に理屈っぽく、常識はずれのとても変わった考えかたをするので、哲学の思考法は、日常生活には役立たないのではないか。こんなふうに思っている人は、この本を読んで目からウロコをポロポロ落としてもらいたい。哲学に特徴的な思考法は、私たちが日常生活で出会う問題を考え、より良い問題解決や意思決定に至るためにとても役に立つことがわかる。類書のないユニークな著作。一読の価値あり。

あとがき

いつも本を書くと「あとがき」にふざけたことを書いて、良識ある読者の怒りをかったり、逆にそこをヘンに期待されたりもする私ですが、本書にかんしてはなんだかそういうことを書く気になれないんだよね。

というのも、私は本書を教科書のつもりで書いたからだ。教科書というのが言い過ぎなら、副読本ないしワークブック。教科書のあとがきで著者がふざけていてはいかんでしょ。「なーんちゃって」みたいなことを書いてはいかんでしょ。ありがたみがなくなる。文章設計術からしてそうなんだ。

では、何についての教科書なのこれは？　学校でまず第一に教えてもらいたいのに、表立っては教えてくれないこと。つまり「じょうずに考えることのできる人」になるためにはどうすればよいのか、そーゆーことがらについての教科書だ。

教科書のつもりなので、スタンダードなことしか書いてない。これさえ身につければビジネスも人生もバッチリ大成功！　みたいな、珍奇なオレ流思考法は出てきません。そういうゲテモノがお望みの方は、ビジネス書のコーナーへどうぞ。だから、本書に書かれていることは、私自身も含めた誰かがすでに言ってきたこと、すなわち定説と常識だらけ。それを、思考とは何か、それを改善するためにはどうしたらいいのかについての私なりのストーリーに沿って並べ、順繰りに体系立てて勉強できるようにしたものが本書だ。教科書というのは創作されるものではなく、編集されるものなのだよ。

いつもの「おちゃらけあとがき」を書く気にならない理由はもうひとつ。私は本書をけっこう本気で書いたから。いや違うな。他の本も本気で書きました、とここで誓っておく所存であります。「本気」と言うより、追い詰められた気分で書いたというのが正しいかもしれぬ。追い詰められたと言っても、締め切りにではない。状況にだ。

考えることのプロ、みたいな人が一定数いて、その人たちがみんなのことを考えて世の中を切り盛りしてくれる。これはこれでハッピーなことかもしれない。その他大勢の人々は、「プロ」にお任せしてついていけば、よく考えなくてもそこそこ幸せに生きていける。むしろ、そういう状態こそ「幸せ」なんだと勘違いするようになる。考えるための基本的能力はもって生まれた。でもそれを育てないでも生きていける。そうすると、世の中みんなでおバカなキャラを演じてるみたいな状況になる。

ところがっ！　みんなに代わって考えてくれる「プロ」たちがちゃんとしているうちはよかったんだが、そういう人たちも「みんな」の中から選ばれるわけで、そのうち、みんなを代表してみんなのためによく考える立場についた人たちの中にも、よく考えられない人が増えてくる。おバカなキャラを演じているうちに、本当にみんなおバカになってしまう。そしてじょうずに考えられる人は誰もいなくなりました……。こうして、若いキミたちの輝かしい（はずの）未来は閉ざされてしまう。それが起こり始めているのが「いま」だ。

こりゃよくない、と思っとるわけですよ。心配のしすぎですかね？　いまなら間に合うかもしれない。未来の世の中を担う若い人たちにじかに訴えかけて、よく考えることの大切さと、そのためのノウハウを伝えたい、と思って本書を書く気になった。なので、追い詰められた気分、焦りを感じながら書いたというわけ。

本書をきっかけに、よく考える人への道を歩み始める若者が一人でもいたなら嬉しい。「なんだこれ、私の方がもっとじょうずに書けるもんね」という人が、もっと体系的で、もっと効果的な決定版を書いてくれて、本書がいらなくなったら、もっと嬉しい。多くの若者が、ここに書いてあることなんて先刻ご承知で、日頃実践してるぜ、いまごろ何を言ってんの？　という評価を下して、本書が最初からいらないものだとわかったとしたら……最高に嬉しい。著者としてはちょいと複雑だし、出版社としては大いに困るだろうけど。

本書は、NHK出版の凄腕編集者、大場旦さんとの5冊目の共同作業だ。いつもながらの丁寧な編集作業のおかげでなんとか出版にこぎつけました。ありがとう。ちゃんとした出版社のちゃんとした編集者は、よく考える人を増やして、その人たちを手助けする、という仕事をしている。その点で、立場は違えど教員と似ている。遅れてきた啓蒙主義者、もしくはしぶとく生き残る啓蒙プロジェクトにたずさわる同志として、変わらぬ感謝を捧げます。

二〇二〇年九月七日　　戸田山和久

装丁	渡邊民人（TYPEFACE）
本文デザイン	清水真理子（TYPEFACE）
本文イラスト	前田はんきち
校閲	大河原晶子
編集協力	猪熊良子
DTP	角谷　剛

初出　「思考入門」（NHK出版ウェブマガジン『本がひらく』2019年7月～2020年3月に連載）
大幅に加筆修正し、書き下ろしを加えました。

戸田山和久　とだやま・かずひさ

1958年東京都生まれ。89年、東京大学大学院人文科学研究科単位取得退学。専攻は科学哲学。現在、名古屋大学大学院情報学研究科教授。著書に『新版論文の教室』『科学哲学の冒険』（以上、NHKブックス）、『「科学的思考」のレッスン』『恐怖の哲学』（以上、NHK出版新書）、『論理学をつくる』『科学的実在論を擁護する』（以上、名古屋大学出版会）、『知識の哲学』（産業図書）、『哲学入門』（ちくま新書）、『教養の書』（筑摩書房）など。

思考の教室

じょうずに考えるレッスン

2020年10月25日　第1刷発行

著　者　戸田山和久

発行者　森永公紀
発行所　NHK出版
〒150-8081 東京都渋谷区宇田川町41-1
電話 0570-009-321（問い合わせ）0570-000-321（注文）
ホームページ https://www.nhk-book.co.jp
振替　00110-1-49701

印　刷　亨有堂印刷所／大熊整美堂
製　本　二葉製本

Printed in Japan　ISBN978-4-14-081833-6 C0010

ＮＨＫ出版　戸田山和久の本

新版　論文の教室
レポートから卒論まで

（ＮＨＫブックス1194）

作文の苦手な大学新入生が読むに耐える論文を仕上げるまでを時系列でたどりながら、論理的に文章を書くためのノウハウを伝授。**累計26万部突破のロングセラー、最強の入門書！**

科学哲学の冒険
サイエンスの目的と方法をさぐる

（ＮＨＫブックス1022）

「法則」「理論」のほんとうの意味とは？　「科学的な説明」って何をすること？　素朴な疑問を哲学的に考察し、科学の意義や可能性を対話形式で軽やかに説く。**科学哲学入門の決定版！**

「科学的思考」のレッスン
学校で教えてくれないサイエンス

（ＮＨＫ出版新書365）

ニュートンから相対性理論、ニュートリノまで。科学の本質を軽妙に説き、原発や生命科学などのトピックをもとに、リスクとの向き合いかたを考える。**速攻で科学アタマをつくる入門書！**

恐怖の哲学
ホラーで人間を読む

（ＮＨＫ出版新書478）

おなじみのホラー映画を鮮やかに分析。感情の哲学から心理学、脳科学までの多様な知を縦横無尽に駆使し、キョーフの正体と人間存在のフクザツさに迫る。**前代未聞の哲学入門！**